Clúdach tosaigh:
Neilí Coinn ag comhrá le Peadar Ó Duibheannaigh taobh amuigh dá cónaí ar na Cruacha sna 1960idí [fótó leis an údar].

Bileog cheangail thall:
Radharc geimhridh ar Theach Eoghan Phádraig ar na Cruacha [fótó leis an údar].

Clúdach cúil:
Trasnú teorann in Éirinn sa bhliain 1932 [fótó le Leonard Puttnam AP (athair an léiritheora scannáin David Puttnam) a tógadh le linn a chuarta chun oscailt pharlaimint Stormont le Prionsa na Breataine Bige a chlúdach)].

De Léim thar Teorainn

I gCuimhne ar mo Thuismitheoirí

Johnny agus Tess

'An bhfuil Béarla agat, a Phádraig?', a dúirt mé.
—'Bhí aon am, ach rinne mé dearmad air!'

SÉAMAS Ó CATHÁIN AG CUR AGALLAIMH AR
PHÁDRAIG EOGHAN PHÁDRAIG 'AC A' LUAIN I
DTEACH EOGHAN PHÁDRAIG SA BHLIAIN 1964

Dóibh siú a bhfuil a gcuid Béarla ligthe i ndearmad acu – cosúil le Pádraig 'ac a' Luain – agus chun feiliúint do lucht foghlamtha na Gaeilge tá clóchur an téacs socruithe sa chaoi is go mbeidh sé ar aon dul le huimhriú na leathanaigh san eagrán Béarla *Jumping the Border* (ISBN 978-1-908420-26-8)

For those who – like Pádraig 'ac a' Luain – may have forgotten their English, and to facilitate students of Irish, the text in this Irish-language edition has been set with its page layout matching that of the corresponding English-language edition: Jumping the Border (ISBN 978-1-908420-26-8)

De Léim thar Teorainn

le

Séamas Ó Catháin

PHÆTON
PUBLISHING LTD.
—— Áth Cliath ——

De Léim thar Teorainn

A FOILSÍODH DEN CHÉAD UAIR IN ÉIRINN
& SA RÍOCHT AONTAITHE SA BHLIAIN 2020
le Phaeton Publishing Limited, Áth Cliath

Cóipcheart © Séamas Ó CATHÁIN, 2020

Dearbhaíonn Séamas Ó CATHÁIN a cheart go n-aithneofaí mar údar an tsaothair seo

Clúdach & dearadh an leabhair cóipcheart © O'Dwyer & Jones Design Partnership, 2020

Clóchur agus Ceangal san RA agus SAM

British Library Cataloguing In Publication Data: tá fáil ar thaifead catalóige don leabhar seo i Leabharlann na Breataine

ISBN: 978-1-908420-28-2 CLÚDACH BOG

EAGRÁIN BHÉARLA – *JUMPING THE BORDER*:
ISBN: 978-1-908420-26-8 PAPERBACK
ISBN: 978-1-908420-27-5 HARDBACK

Gach ceart ar cosnamh. Ní ceadmhach aon chuid den fhoilseachán seo a atáirgeadh, a chur i gcomhad athfhála nó a tharchur ar aon mhodh nó slí, bíodh sin leictreonach, meicniúil, bunaithe ar fhótachóipeáil ar thaifeadadh nó eile gan cead a fháil ón bhfoilsitheoir.

Tá an leabhar seo á chur ar díol ar an acht nach ndéanfar é a athdhíol, nó a ligean ar cíos, nó a scaipeadh bealach ar bith eile gan cead roimhré ón bhfoilsitheoir, faoi cheangal nó faoi chlúdach de chineál ar bith diomaite den chlúdach agus ceangal inar foilsíodh é, agus leagtar an coinníoll céanna seo ar gach ceannaitheoir ina dhiaidh sin.

Clár

leathanach

I.	Gasúr de Chuid na Leamhchoille	1
II.	De Léim thar Teorainn	17
III.	'Felix Education'	24
IV.	Ná Cantar Béarla!	44
V.	'Fainic thú ar an "r" caol!'	50
VI.	Ar Thóir na Gaeilge	64
VII.	Iarchéimí de chuid na hOllscoile	88
VIII.	Taobh ó Thuaidh den Chiorcal Artach	97
IX.	Ag Fánaíocht sa Laplainn	109
X.	Oíche Fhada	128
XI.	Ag Triall Abhaile	152

Iarscríbhinn Phearsanta:
   Mo Mhuintir Féin   162
   Ceap Sinsear ó 1822   189

An tÚdar   191

Liosta Léaráidí   192

Buíochas   195

—*I*—

Gasúr de Chuid na Leamhchoille

IDIR DHÁ NOLLAIG a tháinig mé ar an tsaol Oíche Chinn Bhliana 1942. I nDroim Caoin, paróiste na Leamhchoille, Contae Thír Eoghain a rugadh mé. San am sin, agus go fóill féin, áit Chaitliceach is ea Droim Caoin agus an mhórchuid den Leamhchoill agus na bailte inti. Ceart domsa agus ceart duitse mana an phobail ar an scéal agus déarfá gur áit éacúiméineach go leor í ar a bealach modhúil féin sular ar éirigh an focal sin faiseanta. Bhí cónaí ar an tSagart Paróiste i bhfoisceacht cúpla céad méadar den teampall Preisbitéarach sa chuid ba Phrotastúnaí den bhaile bheag agus trasna na habhna, ar an taobh Chaitliceach den bhaile, bhí an Bansa agus an Ministéir Preisbitéarach soiprithe isteach go sona sásta lena chuid comharsan Caitliceach.

Más 'Seamus' atá ar mo theastas baiste ní shin atá scríofa ar mo theastas breithe ach 'James'. Seo mar a tharla. Ba faoin dochtúir Protastúnach áitiúil, a fágadh cúram chlárú pháistí uile na paróiste san am agus ní le fonn a bhreathnaigh sé ar iarratas mo mhuintire go gclárófaí mar ar baisteadh mé. 'James', a dúirt sé, a chuirfeadh sé síos dom agus ba mar sin a scríobhadh isteach sa taifead oifigiúil mé. Tharla a mhacasamhail de mhíchleachtas do Seamus Heaney, chuala mé é á rá, mar gur ina 'Shames' a cláraíodh eisean.

Lean an dá ainm baistithe seo (agus an sloinne 'O'Kane') mé ar feadh i bhfad go dtí gur roghnaigh mé cloí leis an leagan Gaeilge ar fad agus an dá cheann acu a athrú de réir gníomhas aonpháirtí. Ba 'Séamus' a bhéarfadh mo mhuintir agus mo chairde orm i gcónaí agus minic go leor ba 'Séamus Ó Catháin' a bhéarfaí orm agus mé ag plé le lucht na Gaeilge thall is abhus. Ach ba 'James O'Kane' amháin a mhair i réimse an oifigiúlachais agus ba mar sin a cláraíodh in Ollscoil na Ríona sa bhliain 1960 mé agus mar sin a bhí mé gur bhain mé an iarchéim amach ina dhiaidh sin. Ní raibh aon bhealach ar bith le sin a athrú ach le dhul i mbun dlí agus sin an rud a rinne mé le cuidiú agus comhairle ó Shéamus eile – Séamus 'Kit' de Napier, aturnae Gaelach de chuid Bhéal Feirste. Cuireadh rialú ainbhiosach an dochtúra ar neamhní dá bharr sin agus 'Séamas Ó Catháin' a bheadh orm feasta – agus leasú suas chun dáta sa litriú san áireamh (-us/-as). Fear de chuid na Leamhchoille ó bhun go barr ab ea m'athairse, John O'Kane (1908-1977). Ba é an mac ba shine é ag James O'Kane (1878-1956) agus Alice Gallagher (1880-1967) beirt bhall de theaghlaigh a bhí seanbhunaithe sa pharóiste. Chuir tuismitheoirí m'athar fúthu i mbaile fearainn a dtugann siad An Dubhais air suite i ngaobhar an tséipéil agus os comhair amach halla na paróiste.

Bhí siopa beag tuaithe ag mo mháthair mhór (*'Granny'*) agus m'athair mór (*'Granga'*) ina raibh bunearraí grósaera, beatha d'ainmhithe, nuachtáin seachtainiúla, milseáin agus a leithéid ar díol. Anuas air sin, choinnigh siad cearca agus ba agus dhíol siad bainne leis an uachtarlann áitiúil agus, dála mhórán eile san áit sin, ba ghnách leo a gcuid ime féin a dhéanamh. Bhí cistin den tseandéanamh acu agus fairsingeacht mhór inti gona teallach agus crúca agus slabhra mar aon le potaí daite dubh le súiche. Ar thaobh amháin na cistine, bhí leaba shuíocháin ar aon líne le fuinneog bheag ar aghaidh sheomra leapa a rinneadh san áit a raibh cúilteach roimhe sin sa bhalla cúil. Ba sa tseomra bheag sin a chaith mo mháthair mhór blianta a baintreachais i ndiaidh bhás James sa bhliain 1956.

Bhí mórchuid Mhuintir Chatháin seo againne sa Leamhchoill ceolbodhar murab ionann agus na Gallchóirigh a bhí lán de cheol agus tugtha do rince. Ba mar sin a bhí Alice Gallagher, máthair m'athar, agus a cuid deartháireacha agus deirfiúracha agus a cuid colceathracha uilig. Bhí Alice in ann an fhidil a sheinm. Bhí oiread sa dá theach sin acu buailte lena chéile le foireann Chor Seisear Déag ar a laghad a líonadh go réidh agus ba ag seinm agus ag rince seiteanna agus eile a chaitheadh siad an t-am mórán gach oíche sa tseachtain.

Bhí ceann tuí ar an teach agus ar an tsiopa ceangailte leis. Tá cuimhne mhaith agam ar an scleondar a lean d'athchóiriú dhíon an tí nuair a réabadh anuas an tuí sna 1950idí agus cuireadh ina áit díon úr stáin rocaigh a bhí san fhaisean ag an am agus a bhí gránna go maith ag amharc i gcomórtas leis an tseandíon. Bhailigh an líon tí leo trasna an bhóthair le linn na hoibre a bheith ar siúl go dtí na seomraí tae faoi halla na paróiste a bhí taobh leis na stáblaí inar ghnách le daoine a bhí ag freastal ar Aifreann an Domhnaigh a gcuid trapanna agus pónaithe a lonnú.

'*Come on your céilí*', a deireadh mo mháthair mhór linn agus í dár ngríosadh chun teacht ar cuairt chuici '*and next time make a good céilí*' (.i. cuairt fhada) a deireadh sí ag imeacht dúinn. Bhí agus tá go fóill an focal sin '*céilí*' ar chuid den fhoclóir fholaithe Gaeilge ag mo mhuintirse ar an dá thaobh agus, go deimhin, i measc an phobail i gcoitinne in iarthar Thír Eoghain. Ba mise an chéad gharmhac ag James agus Alice agus bhí dáimh ar leith acu liom dá réir sin: '*What book are you in now, cub?*' (.i. Cén rang ina bhfuil tú anois, a ghasúir?') a deireadh *Granga* liom i gcónaí nuair a chastaí ar a chéile sinn.

Bhí carr agus beathach aige aon am ag taisteal ó cheann ceann na paróiste ag díol earraí grósaera agus eile ó theach go teach. Ar an drochuair dó féin agus dá theaghlach ba mhinic a nglacadh sé le híocaíocht i bhfoirm biotáilte in áit déantús baile eile mar im nó uibheacha. Chas sin an roth tuathal air agus thug sé é féin suas don ól agus thit i bhfiacha ar a dheireadh thiar. Tháinig an teaghlach agus gnó an tsiopa slán nuair a d'éirigh lena gcéad mhac, m'athairse, tarrtháil a thabhairt orthu.

Teach mór fada ceanntuí den tseandéanamh ar thaobh mhala rite a bhí i dteach na gCaisideach seo againne i nGleann Geis, in aice leis an phríomhbhóthar idir Fionntamhnach agus An tIompó Deiseal. Tá na ballógaí ina seasamh ann go fóill agus lorg an úlloird thart orthu le feiceáil chomh maith. D'inis Kathleen, deirfiúr mo mháthaire, dom gur cuimhneach léithi mo mháthair ina tachrán beag neadaithe isteach i gcoiléar bheathach capaill de chois na tine lena coinneáil te teolaí agus lena sábháil ó chontúirt na tine ag an am chéanna.

Ba ball de mhuirín mhór mo mháthairse, Teresa (1917-1996), fosta. I nGleann Geis i bparóiste an Phobail in oirthear Chontae Fhear Manach, buailte le teorainn Thír Eoghain, a rugadh í agus b'ansin a chaith sí céadbhlianta a hóige. Ba ar an Ómaí a chuaigh mo mháthair ar an bhunscoil i gClochar Loreto, áit ar chaith sí seal in aon seomra ranga leis an scríbhneoir Benedict Kiely. Murab ionann agus Ben, áfach, ba bheag dáimh a bhí aici le bunadh na hÓmaí dream, a dúirt sí, nach raibh de mhianach iontu ach '*milk and water*', cibé rud a bhí i gceist aici leis an charachtracht sin. Seans gur airigh sí iad easnamhach ar dhóigh ínteacht i gcomórtas leis an mheon a chruthaigh a cuid fréamhacha láidre tuathúla inti féin agus i gcomhthéacs na nascanna teaghlaigh a bhí aici i gcónaí le muintir na tuaithe, go speisialta a muintir féin ar ndóigh.

Cliar Bhainise John O'Kane agus Teresa Cassidy, 1941

Pósadh m'athair is mo mháthair sa bhliain 1941, eisean in aois a 33 agus ise 24. Chuaigh siad chun cónaithe i dteach le fear a dtugadh siad George Thompson air, cara le m'athair ó bhí siad beag óg ar scoil le chéile i scoil na Dubhaise, scoil ina raibh beirt mhúinteoir Caitliceacha agus múinteoir Protastúnach amháin (i gcoimheas mórán le comhdhéanamh an phobail). Bhí George ina Phrotastúnach. Ba ghnách le m'athair a mhaíomh gur imir an scolaíocht sin tionchar as cuim ar na daltaí a d'fhreastail uirthi agus gur cruthaíodh snaidhmeanna cairdis inti a threascair go leor de na teorainn sheicteacha agus a sháraigh ar mhórán de na difríochta polaitiúla a bhí eatarthu amach sa tsaol. Chuaigh George faoi láimh easpaig in Eaglais na hÉireann, a d'inis m'athair dom, i gculaith de chuid m'athar-sa.

Bhí luí ag an bheirt acu le heagrú gnó agus baint mhór acu le cairéil aolchloiche de chuid na Leamhchoille cúpla ciliméadar óna chéile a oibriú. D'fhág m'athair an bhunscoil in aois a dó dhéag agus chuaigh ag briseadh cloch agus dá n-iompar le beathach agus cairt le haghaidh díol chun bóithre a dhéanamh. Is minic a chuala mé é ag inse faoi eachtra a tharla maidin amháin agus é ag fágáil an bhaile le bánú an lae nuair a chonaic sé bean de chuid na comharsanachta ina seasamh ag geata na reilige ag an tséipéal. Bheannaigh sé di ach níor fhreagair sí agus leis sin scanraigh an beathach agus d'imigh chun scaoill air. Ar theacht

Gasúr de Chuid na Leamhchoille

abhaile dó an tráthnóna sin, fuair sé amach go bhfuair an bhean sin bás le linn na hoíche roimhe agus dá réir sin gurb é a taibhse a casadh air an mhaidin sin.

In am is i dtráth, d'éirigh leis leoraí a cheannach agus de réir mar a chuaigh cúrsaí chun cinn bhí ar a chumas scuaidrín leoraithe a chur ar an bhóthar. Nuair a bhí sé in airde a réime, bhí suas le deichniúr fichead fear ag obair dó. Faraor géar, tháinig deireadh tobann tubaisteach leis an fhiontar sin ach bhí sé ina shuí go te nuair a phós sé Teresa Cassidy sa bhliain 1941.

Ba chuig Bunscoil Phoiblí Dhroim Caoin a cuireadh in aois mo cheithre bliana mé. Ní raibh le siúl agam ach trasna an droichid agus cúpla céad méadar suas an phríomhshráid agus isteach ciotógach ar 'Shráid na Lachan' mar a bheirtí uirthi. Bhí sé amuigh ar scoláire eile de chuid na bunscoile sin gur mhaígh sé go raibh '*Duck Street*' eile i nDoire ach bhí dul amú air mar gur '*Duke Street*' a bhí ann agus ba róléir nach raibh ar a chumas '*duck*' ná '*duke*' a litriú.

Faoi chúram máistreása óig darbh ainm Una O'Kane a bhí mé, bean de chuid Chathánaigh na céad pharóiste eile – An Dreagais – bean a phós m'uncail Pat píosa maith ina dhiaidh sin. Ag deireadh na chéad bhliana, ghnóthaigh mé duais ar chúis éicint – liathróid bheag rubair Nuair a bhain mé Rang a Dó amach, ba faoi chúram máistreása eile, bean de mhuintir Chonúcháin ó thaobh amuigh den Ómaí a bhí mé. Bhí an t-ádh orm gur cuireadh deireadh le mo rása sa scoil sin sula n-aistreoinn céim nó dhó eile chun tosaigh isteach faoi chúram an Ard-Mháistir Ó Faoláin, fear a bhí an-tugtha don mhaide a oibriú le fuinneamh ar na créatúir a raibh sé i ndán dófa a bheith ag fulaingt faoi. Bhí mé sásta go maith nuair a d'éirigh le mo mhuintir áit a aimsiú dom ar Bhunscoil na mBráithre Críostaí ar an Ómaí, áit ar mheas siad go mbeadh cúrsa oideachais ní ba chéimiúla á chur ar fáil dom. Bhí roinn den fhírinne acu ceart go leor ach, faraor géar, ar bhealaí eile ba thuras ó theach an diabhail go teach an deamhain a bhí in ndán dom ansin!

Bhí Bunscoil Dhroim Caoin ar cheann de cheithre bhunscoil Chaitliceacha na Leamhchoille san am sin. Ba ghnách le dornán beag páistí Protastúnacha freastal orthu uilig – b'fhearr leofa sin ná cor bealaigh mór a chur orthu ag triall ar cheann dá gcuid scoltacha féin. Bhí siad mar muid féin ach amháin go scaoiltí saor amach sa chlós iad le linn dúinne a bheith istigh ag plé leis an Teagasc Críostaí.

B'fhurast an bhochtaineacht a bhí go forleathan a léamh ar éide na ndaltaí ba chuma Protastúnaigh nó Caitlicigh iad. Tá cuimhne mhaith agam ar ainniseoir amháin a mbíodh tóir ag gasúir eile air thart fríd chlós na scoile mar nach raibh d'fholach a náire air ach cóta mór gioblach. D'éirigh go maith leis anonn sa tsaol; chuaigh sé le polaitíocht agus toghadh mar bhall den chomhairle áitiúil é.

BUNSCOIL PHOIBLÍ DHROIM CAOIN, 1947 – SÓC SA DARA LÍNE, AN DARA DUINE DÉAG Ó THAOBH NA LÁIMHE CLÉ

Tháinig an t-am gur earcaíodh i m'fhriothálaí aifrinn mé. Tharla sé sin go gairid i ndiaidh séiplíneach úr a theacht chun na Leamhchoille, sagart a dtugadh siad Leo Deery air ó Phort na Binne Uaithne ar chósta Chontae Dhoire. B'iontach an feic é ag imeacht ina sciuird théite ar a ghluaisrothar débhuilleach fud fad na paróiste. Ba mhinic mé i mo phaisinéir aige agus mé crochta ar cúlóg, greim an fhir bháite agam ar 'bhosca an aifrinn' agus muid ar an bhealach chuig 'stáisiún' nó éisteacht i gceann ínteacht de bhailte fearainn na paróiste. Chuireadh sé coirmeacha ceoil ar bun le taos óg na paróiste ar an ardán agus ritheadh sé imchluichí fuist agus 'fiche-cúig'. D'éirigh sé as an rotharghluaiste i ndiaidh tamaill agus cheannaigh carr beag salún ina dtiomáineadh sé ar fud na háite agus an troitheán go síoraí leis an urlár aige. Bhí fuadar faoi!

Tharla uair amháin go raibh sé ar a bhealach isteach chun na hÓmaí nuair a casadh baicle armtha den dream a nglaoití na *B Specials* orthu agus bacainn acu ar an bhóthar roimhe. Bhí a fhios acu go rímhaith cé bhí acu ach níor stop sin iad ó bheith á cheastú faoina ainm agus faoin turas a raibh sé air. Scaoileadh leis agus d'imigh sé faoi lánluas go ceann cúpla céad méadar agus ansin thug thart an carr agus ar ais arís leis i dtreo na bacainne.

Stopadh arís é agus ceastaíodh arís é agus siúd leis píosa síos an bóthar agus ansin aníos ar ais arís chuig an bhacainn chéanna. Bhí sé ar an ealaín sin go dtí gur thuirsigh siadsan den obair sin agus as go brách leis ar a dheireadh thiar ar luas lasrach chun na hÓmaí. B'an-olc ar fad linn ár gcomharsannaí féin ag cur ceastóireachta orainn ar an dóigh sin agus a gcuid gunnaí sáite san éadan orainn agus b'ola ar ár gcroí é gníomh gaile agus gaisce an tséiplínigh óig agus é ag fonóid faoi ghníomhairí údaraithe bhiogóidí Stormont.

Mhúin Father Deery Laidin dúinn nó na freagraí Laidne a bhí riachtanach leis an aifreann a fhríotháil, ba cheart dom a rá. Chuir muid de ghlanmheabhair iad agus scairtigh amach de rúid iad ó bhun na haltóra: *Ad Deum qui laetificat juventutem meam*, a dúirt muid gan mórán ar bith tuigbheála againn ar a raibh á rá againn. Bhí bruíon agus achrann ann go síoraí faoi bhualadh an chloig ag coisreacan na habhlainne agus, mar an gcéanna, faoi fhadú an ghualaigh agus ionramháil an túiseáin nuair a theastaigh sin. An chéad seans a fuair mise ar an túiseán chéanna, ba bheag nár chionsiocair mé le taom croí a bheith ag m'athair mór, James O'Kane. Bhí greim docht daingean agam ar an tslabhra fhada a raibh an túiseán crochta as agus, mar ba ghá a dhéanamh, chuaigh mé á luascadh leis an ghualach a choinneáil ina bheo. Bhí mé á luascadh go millteanach suas san aer gar go maith don chúrsa ar fad a thabhairt agus é a chur thart i gciorcal. Thóg an duine bocht ar leataobh mé i ndiaidh an aifrinn agus mhúin dom mo ghreim a ghiortú agus an dá láimh a úsáid ionann is nach mbeadh teach an phobail curtha le thine agam an chéad uair eile.

Ní lú ná sin an míchompord a bhí orm agus mé i gcomhluadar Father Deery ar ócáid eile nuair a d'iarr sé orm a dhul go Béal Feirste in éineacht leis agus ceadaíodh dom sin a dhéanamh. Shuigh mé isteach sa charr leis agus b'ansin a d'airigh mé nárbh mé an t-aon phaisinéir amháin a bhí aige mar go raibh cailín óg ins na déaga déanacha ina suí ar an tsuíochán cúil, bean de chuid na Leamhchoille agus duine a raibh gaol i bhfad amuigh agam féin léithi. Bheannaigh mé di agus thug sí freagra orm ach focal ar bith eile níor dhúirt sí ina dhiaidh sin le ceachtar againn. Choinnigh Father Deery air ag caint liomsa faoi seo agus faoi siúd gan iarracht dá laghad a dhéanamh ise a tharraingt isteach sa chomhrá ach neamhaird ar fad á thabhairt aige uirthise i rith an ama. Bhain muid Béal Feirste amach agus stop taobh amuigh de chlochar ar Bhóthar Ormeau a dtugadh siad an *Good Shepherd Convent* air agus ordaíodh di éirí amach as an charr agus an sagart a leanstan isteach sa chlochar. Phill seisean ar ais ar ball ina aonar agus d'fhiafraigh mé de cén sórt áit ar fágadh ann í. 'Dídean do chailíní dochomhairleacha', ar seisean go giorraisc, agus sin a raibh de. Bhí sí ag iompar clainne, ar ndóigh, agus í á smugláil amach as an Leamhchoill chun an páiste a bheith aici i bhfad ó bhaile gan aon scannal a tharraingt. Ní raibh mise ach faoi chaimpirín ag an tsagart, fear coimhdeachta ainbhiosach nach raibh de ról aige sa chás ach an sagart a chosaint ar scannal le linn dó a dhualgas Críostaí a bheith á chomhlíonadh aige.

Mórán mar an gcéanna, tháinig sagart na paróiste, Father McCauley, faoi mo dhéin lá. Ní raibh paisinéir ar bith eile i gceist an turn seo agus ní turas rófhada a bhí ann ach oiread. Ní raibh muid imithe ach cúpla céad méadar suas an bóthar nuair a d'fhiafraigh sé díom ar mhaith liom a bheith i mo shagart. Dúirt mé nár mhaith agus leis sin thug sé thart an carr de bhoc agus ar ais arís anuas abhaile linn gan a thuilleadh moille.

Caitlicigh mhaithe dhílse mo mhuintir uilig gan a bheith tugtha don diaigínteacht nó don diagasúlacht. Thacaigh siad go hiomlán leis an Eaglais ach níor mhiste leofa seasamh neamhspleách a ghlacadh agus neamhaird a dhéanamh de bharúil na sagart nuair a bhí gá leis dar leo. Cás mar sin ab ea saothar Phatrick McGill, an t-údar Conallach, agus a dhá leabhar – *Children of the Dead End* agus *The Rat Pit* – go sonrach. Níor cheil an chléir an dubhghráin a bhí acu orthu sin agus thapaigh siad chuile dheis a fuair siad na leabhair sin a cháineadh agus mhol go tréamanta don phobal gan iad a léamh. Ina dhiaidh sin is uile tá cuimhne mhaith agam ar chóipeanna den dá leabhar a bheith á seachadadh ó theach go teach agus ó dhuine go duine taobh thiar de dhroim na sagart. Bhí scríbhinní seo an 'Navvy Poet' mar ar tugadh air i mbéal an phobail ar chúiseanna a bhí thar eolas na sagart de réir cosúlachta: sa Leamhchoill féin a shuitear cuid mhaith de thús an chéad leabhair acu sin, áit a raibh McGill ar fastó in aois a 12 thimpeall na bliana 1900 ag feirmeoir a dtugadh siad Joe Young air ('Joe Bennett' sa leabhar); in Albain a shuitear an dara leabhar, áit ar chaith mórán de bhunadh na Leamhchoille seal dá saol ag iarraidh a mbeatha a thabhairt i dtír agus ag fulaingt mar a d'fhulaing McGill lena linn. Ní ag moladh na cléire go hard na spéire a bhí McGill i gceachtar den dá leabhar, ar ndóigh, agus anuas air sin thagair sé do chúrsaí striapachais go neamhbhalbh anonn is anall sa *Rat Pit*. Stuif contúirteach! Níl agam ach breac-chuimhne dhoiléir ar laethe m'óige sa teach inar rugadh mé. Seans go gciallaíonn sé sin gur laethe sona gealgháireacha a bhí iontu ó thús deireadh mar ba mhian le daoine laethe na hóige a bheith. Bhí an t-ádh linn, ar ndóigh, i gcomparáid le go leor eile de mhuintir na Leamhchoille san am sin. Bhí gineadóir leictríse againn agus bhí muid ar dhream den bheagán daoine a raibh solas mar sin sa teach acu. Bhí carr againn agus, ainneoin an tearcamais de bharr an chogaidh, bhí neart breosla againn agus neart le hithe againn chomh maith céanna. Bhí gnó m'athar ag déanamh go hiontach agus lear mór daoine fostaithe aige; bhí máthair óg fhuinniúil agam a bhí in ann carr a thiomáint (rud neamhghnách go leor san am) agus bhíodh sí féin agus m'athair ag imirt badmantain i gcomórtais áitiúla (cuid acu sin i hallaí de chuid an Oird Oráistigh). D'fhéadfaí a rá gur dream sinne a raibh iarracht bhorrúil de mhianach *petit bourgeois* ionainn.

Le linn m'óige, ba bheag líon tí (Caitliceach) de chuid na Leamhchoille nár ghnás leis teach Cásca a dhéanamh nuair a thiocfadh an t-am sin den bhliain thart. Ainm is tithe a bhí iontu sin mar nach raibh i gceist leo ach craobhacha crainn agus saic caite anuas orthu, tosach oscailte i bhfianaise na tine lasta agus áit bheag le suí istigh iontu. Thógtaí in amanna cúl le claí iad. Maidin Dhomhnach Cásca, ba ghnách linn an tine a fhadú agus pota mór uibheacha a chur síos á mbruith agus shuíodh sinn thart istigh sa 'teach' á n-ithe – oiread acu agus ab fhéidir linn. Dúirt mo mháthair liom go ndéanadh siadsan cinnlitreacha a gcuid ainmneacha baiste a scríobh ar na huibheacha le geir coinnle sula mbruithfeadh siad in uisce iad a raibh craiceann oinniúin caite ann rud a d'fhágfadh dath buí thart uilig ar na huibheacha ach amháin san áit a raibh lorg na geire orthu.

Seachtainí beaga roimh an Nollaig bhíodh baiclí éagsúla de chleamairí na Nollag de chuid na Leamhchoille agus, amannaí, ó áiteacha níos faide ó bhaile, ag dul thart ó theach go teach. D'iarradh siad cead isteach ag an doras faoina gcuid éide aduain agus 'arm' agus aghaidheanna fidil orthu chun an dráma beag simplí a bhí acu a chur ar bun istigh –
   '*Room, boys, room, give us room to rhyme*
   We'll show you some activity about the Christmas time.'
Ba é croílár an dráma, comhrac aonair idir bheirt churadh

(*Prince/King George* agus *Prince/Saint Patrick*) le claimhtheacha adhmaid ina mharaítí duine acu a chuirtí ar a bhonnaí arís go gairid ina dhiaidh sin i ndiaidh dó deoch mhíorúilteach an Dochtúra a bhí lán de chomhábhar samhailteach a ól –
   '*Once I was a dead man and now I'm alive*
   God bless the wee doctor that did me revive.'
Bhí cuid mhaith eile ann le cois ach níorbh é an dráma féin an tslat tomhais lena dtugtaí breithiúnas orthu mar chleamairí nó a gcuid ramáis nó aon chuid eile den chur i láthair ach feabhas a gcuid ceoil agus rince ag an deireadh. Chuireadh an seisiún beag sin le cleamairí agus mná an tí ag steipeáil agus ag pramsáil fud an urláir clabhsúr leis an taispeántas agus siúd ar aghaidh chuig an chéad teach eile ansin iad agus síntiús airgid ó fhear an tí mar luach saothair acu –
   '*Money I want and money I crave,*
   If youse don't give me money
   I'll sweep youse all to your grave!'
– an liú a bhíodh ag an phríomhstracaire agus scuab mhór á hoibriú aige anonn is anall fríd an urlár. D'fhéadfadh na cleamairí an t-anam a scanradh as daoine nach raibh déanta orthu go háirid páistí óga nach bhfaca riamh roimhe iad agus níorbh ionadh linn é nuair a d'fhógair m'athair nach ligfí isteach sa teach feasta iad nuair a bhain siad oiread sin siar as mo dhearthair beag, Aidan, gur éirigh sé fiarshúileach ar feadh seal dá bharr. Bhí na cleamairí breá sásta glacadh le síntiús ag an doras agus coinneáil orthu go dtí an chéad teach eile ar na gaobhair, ar ndóigh.

Anois agus arís, thigeadh tuile mhór uisce san abhainn ag brúchtaíl amach thar bhruach na habhna agus d'fhágtaí na páirceanna taobh léithi faoi uisce. Ba bheag pléisiúr a thug an méid sin don phobal i gcoitinne ach d'fhág sé caitheamh aimsire ar dóigh agam féin agus mo dheirfiúr, Sheila, ag céaslóireacht thart i mbáisín mór millteach stáin in aice an tí. Tá an teach sin ina sheasamh i gcónaí agus clann George Thompson ann agus teach breá é. Ach nuair a bhí muidinne ann, bhí míbhuntáiste millteanach amháin ag roinn leis a chuir isteach go mór ar mo thuismitheoirí mar bhíodh luchógaí móra ag rith agus ag reathaí lá agus oíche ann. Dúirt mo mháthair liom gur ghnách leofa nimh a leagan gach oíche thart ar an chliabhán a mbínn-se i mo chodladh ann agus go bhfaightí francaigh greamaithe don urlár smeartha ann minic go leor.

Bíodh a fhios go mba dhoiligh teacht ar ábhar tógála go gairid i ndiaidh an chogaidh, chinn m'athair ar theach a dhéanamh dó féin is dá chlann agus rinneadh an teach sin a thógáil ar phíosa talaimh a cheannaigh sé gar do shráidbhaile Dhroim Caoin. I gceann na bliana 1947, d'aistrigh muid isteach ann. Teach mór cearnógach dhá stór ar thaobh an bhóthair chun na hÓmaí a bhí ann. Bhí ceithre sheomra leapa ann agus fairsing mhaith le cois agus ní raibh dadaí eile suntasach faoi ach an t-urlár *terrazzo* a bhí sa chistin agus sa halla ann. Ba é sin amháin a bhí ina thréith chúitítheach leis an teach

Droim Caoin, Contae Thír Eoghain

agus chuir chuile dhuine an-spéis ann. Bhí Granda Cassidy agus Dinny O'Hagan ó pharóiste na hEiscrí (fear céile Bea, deirfiúr mo mháthaire) ina siúinéirí ag leagan síos urláir adhmaid sna seomraí eile ann agus mise sna sála acu ag súgradh faoina gcosa ag iarraidh leoraithe beaga a chruthú dom féin as na fuíollghearrthóga adhmaid a bhí fágtha ina ndiaidh acu. Chuir mé rothaí leo sin déanta as cláracha boscaí snas bróige ina dhiaidh sin.

Sa bhliain 1953 d'imigh rudaí ó mhaith bun barr ar m'athair agus d'fhág ar tharla gar do bheith bancbhriste é. Ba sa bhliain sin a nochtadh dealbh cuimhneacháin i bPaite Gabha do na daoine a maraíodh gar don bhaile sin, áit a raibh fórsaí na Poblachta sáinnithe ag Arm an tSaorstáit agus Arm na Breataine sa bhliain 1922. Ceathrar fear a fuair bás sa troid sin agus ba ó pharóiste na Leamhchoille beirt acu sin – Bernard McCanny agus William Kearney. Bhí m'athairse ar dhuine den dream a bhí ag bailiú airgid chun an dealbh sin i gcuimhne na marbh a chur ina sheasamh ar shráid mhór Phaite Gabha. Dealbh beag le rá an dealbh céanna ina bhfuil saighdiúir gona raidhfil dírithe trasna na teorann idir Dún na nGall agus Fear Manach nach bhfuil ach fiche méadar nó mar sin uaidh. Ach bhí bród as cuimse orm m'athair a fheiceáil in airde ar an ardán an lá sin nuair a nocht An tAire Cosanta, Oscar Traynor T.D., an dealbh os comhair an tslua mhóir a bhí i láthair agus na daoine ag brúchtaíl thar teorainn go Fear Manach.

Tharla sé seo uilig mórán ag an am go raibh m'athair tosaithe ar fhorbairt ollmhór ghnó an chairéil a bhí faoi lánseol. Aistriú go hinnealra briste cloch leictríse a bhí i gceist agus ar an chéad dul síos bhí cur ar fáil leictrís thríphasach trasna tíre go láthair an chairéil, baile sna cnoic a dtugann siad An Caladh air, ina chuid riachtanach agus ina chuid chostasach den phróiseas sin. B'éigean dó barántas a thabhairt don Bhord Leictríse go n-ídeofaí luach £900 in aghaidh na bliana de leictrís go cionn deich mbliana sula rachfaí chun cinn leis an fhiontar. Ní bheadh moill ar chairéal a bhí ag feidhmiú mar ba chóir an méid sin leictríse a dhó ach thit an lug ar an lag air nuair a cuireadh an conradh seanbhunaithe a bhí aige le Comhairle Chontae Thír Eoghain ar ceal gan choinne agus i dtobainne agus thit an tóin as gnó an chairéil thar oíche. D'fhan sé dílis don Chomhairle Contae i rith bhlianta an chogaidh nuair a bhí go leor eile sásta a raibh de chlocha le díol acu a riaradh ar an dream a bhí i mbun aerphoirt St Angelo in aice le hInis Ceithleann a thógáil do na Meiriceánaigh agus airgead mór á shaothrú acu seachas seasamh leis an Chomhairle ar airgead níos lú.

Cloch chuimhne Phaite Gabha

Rinne m'athair a chás a agairt go dóite ach tugadh an chluas bhodhar dó. Bhí fear i gceannas mar chineál bainisteoir contae san am a dtugadh siad *Mr Glasgow* air a raibh bá áirid aige le m'athair ach a dúirt leis arís agus arís eile go raibh ceangal na gcúig gcaol air sa chás – '*Mr O'Kane, my hands are tied,*' a deireadh sé – comhartha is dóiche chomh soiléir is d'fhéadfadh an fear macánta sin a thabhairt le fios gur cúinsí polaitiúla seachas cúinsí eacnamúla ba chiontsiocair le treascairt ghnó an chairéil. Déanta na fírinne, ba é cinneadh na nAondachtaithe a bhí i gcumhacht sa Chomhairle pionós a chur air as a chuid 'mídhílseachta', a sholas a mhúchadh agus an dream a bhí fostaithe aige a chur as obair. Ba bhuille crua é, buille a d'fhág briste brúite é óg go leor ina shaol agus gan de chumas ann é féin a thabhairt ar mheá chothrom i gceart ina dhiaidh sin. Díoladh na hinnill bhriste cloch agus na leoraithe ar an luach ab ísle agus níor fágadh sa

deireadh ach na cuaillí leictríse tríphasaí atá ina seasamh ansin
go dtí an lá atá inniu ann mar chuimhneachán críochnaithe
de na fiacha troma a fágadh ina n-ualach air go cionn blianta
ina dhiaidh sin. Is maith is cuimhneach liom na billí leictríse
ag teacht isteach, dornán acu in aghaidh na ráithe agus 'Fógra
Deiridh' dearaithe i litreacha dearga ar an cheann deiridh acu i
gcónaí. Bhí sé ar an ghannchuid go corpanta ach má bhí, b'éigean
dó na billí sin a íoc ceann i ndiaidh a chéile gur rith an conradh
deich mbliana as dáta gan oiread agus aonad amháin leictríse
dóite aige le linn na tréimhse sin.

Ba gharáiste aige feasta an cheardlann ina ndéantaí na leoraithe
a bhíodh aige a dheasú nuair a theastaigh sin agus é ag brath
ar chustaiméireacht áitiúil rud a bhí i bhfad rótheoranta chun
a bheatha a shaothrú maith go leor léithi. Bhíthear ag cur crua
orainn mar theaghlach agus gearradh siar suntasach i bhfeidhm
sa teach. Ba mhinic nach mbeadh ar an chlár bia againn ach
putóg arán ar maos ar bhainne, múta neamhbhlasta bunaithe ar
fhuílleach aráin stálaithe. Ach mhair spiorad na fiontraíochta go
láidir ann féin agus i mo mháthair i gcónaí agus chinn siad ar
ghnó éadaí agus bróg a bhí ag dream Mhic Uidhir i nDroim
Caoin a cheannach le hiasacht airgid a fuair siad ón bhanc. Bhí
rath ar an tsiopa sin ach ba i léig a bhí gnó an gharáiste ag dul i
rith an ama agus ba ag brath ar acmhainní an tsiopa a bhí sé ar
a dheireadh thiar chun é a choinneáil sa tsiúl.

Bhain sé sin an neart as an tsiopa i ndeireadh na dála agus
b'éigean é a chur ar díol. Ar an drochuair, ní fhéadfaí éinne a
mhealladh chun é a cheannach go dtí gur thoiligh dearthair
m'athar, Pat, é a ghlacadh ar láimh ar phraghas íseal. Níor luaithe
ceannaithe aigesean é ná go raibh sé díolta arís aige agus brabach
déanta aige as. Níor leor an méid a dhíol Pat ar an tsiopa ar an
chéad dul síos le hiasacht an bhainc a ghlanadh agus choinnigh
an bainisteoir bainc brú millteanach gan trua ar m'athair fuílleach
fhiacha na hiasachta a ghlanadh agus é sin a dhéanamh go haibéil.
Rinne m'athair a dhícheall a chur ina luí ar an bhainisteoir go
raibh a chlann mhac agus a níon sásta lámh chuidithe a thabhairt
dó agus d'iarr spás air. 'Más ag brath ar do chlann atá tú', a dúirt
an bainisteoir leis, 'tá eagla orm gur maide lofa atá ina chrann
taca fút, *Mister O'Kane*.'

Seans gur ag cuimhneamh siar ar a thuismitheoirí féin agus
an tarrtháil a thug seisean orthu siúd nuair a chuaigh an gnó
s'acusan in abar a bhí sé agus a chlann féin á lua aige mar

shábhálaithe leis an bhainisteoir údaí. Níor lig muid síos é. Bhí
muid uilig ag saothrú san am bíodh a fhios gur pá an-bheag ar
fad a bhí ag cuid againn agus gan mórán lena chois sin ag an
chuid eile againn. Rinne muid suas go n-íocfadh sinn oiread seo
in aghaidh na míosa leis an bhanc de réir ár n-acmhainne agus
socraíodh go gcoinneodh sinn orainn leis an íocaíocht mhíosúil
sin go dtí go nglanfaí na fiacha. Nuair a tháinig an lá sin, dúnadh
an cuntas agus ní raibh aon bhaint againn leis an bhanc sin níos
mó ina dhiaidh sin. Bhí an-iontas go deo ar bhainisteoir an
bhainc nuair a chuir mo dheartháir, Seán, an méid sin in iúl dó.
'Ní maide lofa muidinne', an t-urchar scoir a loisc Seán leis agus
é ag imeacht uaidh.

Bhuail galar croí m'athair sna 1960dí agus diaibéiteas Chineál
1 chomh maith. Baineadh an dá chois de i ngeall ar an aicíd
dheiridh acu seo, leathchos i dtoiseach agus an leathchos eile
tamall ina dhiaidh sin. Bhí sé go dona i ndeireadh a shaoil agus
bhíodh sé ag dul thart ar chosa beaga agus bonn rubair futhu; ba
ghnách leis a mhaíomh nach 'Big Johnny' a bhí ann feasta ach gur
'Wee Johnny' an leasainm a d'fhóir dó sa chruth ina raibh sé. Bhí
baint mhór ag an diaibéiteas leis an ghalar croí a thug a bhás sa
deireadh in aois a 68.

Bhí m'athair deaslámhach agus comhdheasach ar gach láimh
acu. Tím go fóill é ina sheasamh ag an bhinse, an casúr ina
láimh aige agus an uirlis á mhalartú aige ó láimh go láimh de
réir a thola agus sraoille toite ag éirí ón toitín a bhí greamaithe
dá liobar i rith an ama. Bhí cuid eile againn deaslámhach, Seán
agus Brendan, mar shampla. Bhí tallann áirid as an choitiantacht
ag m'athair nach mbíonn ag coiteann na bhfear – is é sin cístí
spúint a dheánamh do sheóanna áitiúla. Níor leasc leis ar chor
ar bith tabhairt le fios go raibh sé go maith in ann ag a leithéid
ach oiread.

Ba ag Seán a fágadh teach mo mhuintire agus an garáiste
mar aon leis an phíosa talaimh thart orthu nuair a d'éag siadsan
agus b'eisean a ghlac gnó an adhlacthóra a bhí ag m'athair ar
láimh fosta. Bhí an mhórchuid againn páirteach in obair na
hadhlacthóireachta ar bhealach amháin nó ar bhealach eile agus,
aisteach go leor, ba é Seán an duine ba mhó againn ar ghoill
an cineál sin oibre air. Ba chuma linn a bheith ag cur séala le
bitiúman ar thaobh istigh chónraí, nó bheith á stuáil chónraí le
héadach speisialta ina dhiaidh sin ach ba phiolóidí go mór fada
linn cóiriú na marbh féin agus á ngléasadh le dul sa chónra. Mo

mháthair a dhéanadh ainmneacha na marbh agus dátaí a mbáis a eitseáil le uirlis speisialta ar an ainmchlár a bhuailtí anuas ar chlár na cónra.

Uair amháin, tharla sé go raibh dhá thórramh ann ar aon lá amháin agus fágadh tórramh amháin acu sin – an ceann 'ba lú tábhacht' mar a déarfá – faoi m'aire-se. Bhí barúil mhaith agam cad a bhí le déanamh ach chuaigh m'athair fríd mhionsonraí na hócáide liom go cúramach ó thús go deireadh chun a chinntiú nach gcuirfinn cos as alt ar an lá. Pointe de na pointí ar leag sé béim air ab ea cúrsaí na gcathaoireacha taobh amuigh den teach; orthu siúd a leagtaí anuas an corp sa chónra sula n-ardófaí chun bealaigh é ar ghuailneacha na ngaolta. Bhí sé ina nós na cathaoireacha sin a leagan anuas in aon turas á luaithe agus a thógtaí an chónra uathu agus iad a fhágáil ina luí sínte mar sin ar an tsráid nuair a bhí muintir an tórraimh ag bailiú leo. Ar eagla nár thuig mé an méid sin i gceart agus go bhféachfainn-se leis na cathaoireacha a thógáil ón talamh, chros m'athair orm sin a dhéanamh. Chaithfí iad a fhágáil glan díreach mar a bhí siad. Ní raibh ach aon dris chosáin amháin eile ag déanamh imní dó agus ba é sin trasnú an tsruthán a bhí ag rith anuas idir an teach agus an bealach mór, áit a raibh cóiste na marbh ag fanacht ar thaobh an bhóthair. Ní raibh de dhroichead trasna ann ach ceis gan dóigh agus bhí an chontúirt ann go sleamhnódh an chónra anuas ó ghuailneacha na bhfear a bhí á hiompar agus go dtitfeadh siadsan agus an chónra san uisce. Buíochas le Dia bhí siad breá déanta ar an cheis chéanna agus níor bhaol dúinn aon tubaiste mar sin.

B'iontach an feic é an cóiste céanna. Gnáthfheithicil den déanamh *Rolls Royce* den bhliain 1926 mura bhfuil dul amú orm a ndearnadh cóiste na marbh de a bhí ann. Ba mheaisín ollásach é bíodh a fhios go mbuailfeadh spadhar é agus stopfadh sé corruair, rud nár réitigh rómhaith lena ról mar chóiste na marbh. Ba bhreá

BRENDAN ⁊ JOHN O'KANE
LE CÓISTE NA MARBH *ROLLS ROYCE*

liom breith ar sheans é a thiomáint ar an bhealach abhaile ón reilig nó aon am eile mar bhí maide na ngiar suite ina chineál bosca ar an urlár ar a dtabhartaí 'geata' agus chaithfeá troitheán na cráige féin a bhrú faoi dhó lena oibriú. Cheannaigh m'athair ar £100 punt é i gContae Dhoire agus thiomáin abhaile go Droim Caoin é. Chosain na boinn speisialta go mb'éigean dó iad a cheannach dó níos mó ná sin. Dhíol sé blianta ina dhiaidh sin é ar phraghas i bhfad Éireann níos airde ná luach na mbonn agus an méid a d'íoc sé ar an chóiste féin i dtosach.

B'ócáidí sa tseanstíl thraidisiúnta sna tithe iad fairí na Leamhchoille agus fairí dhá oíche a bhíodh iontu den chuid is mó. Ba ghnách le Protastúnaigh agus Caitlicigh freastal ar fhairí a chéile gan chotadh gan imreas ach bhí péire adhlacóir sa pharóiste – ceann Protastúnach agus ceann Caitliceach ina dhiaidh sin. Rinne Protastúnaigh m'athair a fhaire chomh maith le Caitlicigh agus, de sheans, tharla i mo shuí mé taobh le seanduine a bhí mór le m'athair a dtugadh siad Willie Nethery air. Protastúnach de chuid na háite a bhí ann. Bhí sé ag bogchaoineadh m'athar agus é ag inse dom chomh briste is a bhí sé fána bhás. Bhí siad glan in éadan a chéile i gcúrsaí polaitíochta agus an bheirt acu gníomhach ar son na muintire s'acu féin i gcúrsaí toghchánaíochta ag iarraidh tosach a bhaint dá chéile bealach ar bith a bhféadfadh siad sin a dhéanamh. Níor spáráil ceachtar acu péin ina gcuid iarrachtaí chun an vóta a uasmhéadú agus d'oibríodh siad go dícheallach dásachtach gan stad aimsir toghcháin chun toradh sásúil a bhaint amach dá muintir féin.

Bhíodh siad ag saighdiúireacht leo mar sin go dtí lá an toghcháin féin ach nuair a bhí an chuid ba mheasa den stoirm thart agus a lándícheall in aghaidh a chéile déanta acu bhuaileadh siad le chéile amach sa lá, a dúirt Willie, i dteach tábhairne de chuid an bhaile. D'óladh siad deoch le chéile chun a raibh bainte amach acu a cheiliúradh, an sos cogaidh a fhógairt agus athnuachan caidrimh chomharsanúil lena chéile a dhearbhú. Arís agus arís eile, níor tháinig athrú dá laghad ar líon na vótaí a chaitheadh an dá dhream in éadan a chéile agus ba é an toradh céanna i gcónaí é. Lean an searmanas beag athnuachan caidrimh chomharsanúil sin den nós a bhí ag James O'Kane, m'athair mór, agus é féin, a dúirt Willie liom.

— II —

De Léim thar Teorainn

Is iomaí sin áit sa domhan a bhfuil cúrsa na slat thar teorainn rite agam ach dheamhan dath níos measa a chonaic mé riamh ná an teorainn a bhí sa bhaile againn i ngaobhar na Leamhchoille.

Nuair a bhí mise ag éirí aníos, ba i mbaile beag Phaite Gabha a bhí an post custam ba ghaire dúinn. Níl ann ach cúpla sráid bheag agus triantáinín ina lár agus dhá dhroichead ag dul trasna na habhna ann go Contae Fhear Manach. Domhnach samhraidh amháin sa bhliain 1964 agus muid ar an bhealach chun na farraige ag Fionntrá, dornán beag ciliméadar siar ó na Cealla Beaga, thrasnaigh muid ceann de na droichid sin agus cúpla méadar ina dhiaidh sin sheas an carr ag an phost custam ar thaobh Dhún na nGall den teorainn, a bhí fá rian chaite seile de phost custam na Breataine ar an taobh eile. Bhí sé de mhí-ádh orainn ansin bualadh le 'Hitler stáin', cancarán postúil den chineál a chastaí leat ar diúité ag an teorainn.

An teora i bPaite Gabha, Contae Dhún Na nGall

Ba é an chéad rud a tharla gur ordaíodh dúinn uilig (agus Granny Cassidy san áireamh) seasamh amach ar an tsráid chun go ndéanfadh seisean an fheithicil a chuartú go mion. Níor thóg sé i bhfad air theacht ar chiseán picnice curtha ar leithshlí faoi cheann de na suíocháin. D'oscail sé amach é agus cad é a fuair sé i bhfolach ann ach cnap uibheacha.

Chaithfeadh sé na huibheacha a ghabháil, a dúirt sé, mar gur impórtáil mídhleathach a bhí iontu. Spreag sé seo racht mallachtaí ó m'athair nár chuala mé uaidh riamh roimhe. I measc rudaí eile, chuir sé i leith mo dhuine nach raibh sé pioc ar bith níos fearr ná diabhal de *B Special*, béim síos nár fhóir rómhaith don ócáid mar nár dhóiche go raibh a fhios ag mo dhuine mórán faoin treibh sin ach an méid de spléachadh a bheadh le fáil aige orthu trasna an droichid uaidh. Shocraigh cúrsaí anuas beagáinín, áfach, nuair a baineadh an blaosc de na huibheacha agus go bhfuarthas an cruthúnas gur uibheacha cruabruite a bhí iontu agus, dá réir sin, gur earraí iniompórtáilte a bhí iontu i ndeireadh na dála.

Léiríonn an mhineachtra aiféiseach sin an frustrachas a bhain le cónaí chois teorann mar ar ghnách leis na ceannairí beaga custam a bheith ina dtiarnaí uirthi agus orainne, teorainn a bhí ina líne dhealaithe idir comharsana agus teaghlaigh. Caithfear a admháil ina dhiaidh sin go raibh fear chustam Phaite Gabha sa cheart a thaobh dlí de agus go sonrach ó thaobh na rialacha a bhaineann le galar na gcearc de. Ach ainneoin na rialacha sin, níor dhoiligh cearca agus coiligh Fhear Manach agus Dún na nGall a shamhailt ag imeacht soir siar faoina chosa Domhnach agus dálach san áit sin. Cad é ab fhiú sinne a chrá faoinár gcuid uibheacha sa chomhthéacs sin?

Ba chúis imní dúinn i gcónaí agus, in amannai, crá croí chomh maith, an teagmháil a bhí againn le lucht custam. Sna 1940dí agus 1950dí bhíodh im agus siúcra agus earraí eile á smugláil thar teorainn ar bhonn rialta ón [Saor] 'stát' go dtí na Sé Chontae. Ba é 'Na Sé Chontae' a bheireadh sinne ar an limistéar ara dtugtar 'Tuaisceart Éireann' go minic anois is cuma mórán cén dearcadh polaitiúil atá ag daoine. B'éard a bhí sa 'Stát' againne Saorstát Éireann nó an chuid eile d'Éirinn taobh amuigh de na Sé Chontae. Chiallaigh 'thuas sa Stát' áit ínteacht ó dheas – Sligeach, Liatroim, Muineachán nó An Cábhán – ach bhí Dún na na Gall chomh gar sin dúinn nach dtugtaí air ach 'Dún na nGall'.

Tá cuimhne mhaith agam ar thuras smuglála a thug muid go ceantar tuaithe gar do Gharastún ar theorainn Fhear Manach agus Liatroim, áit a raibh teach agus feirm bheag ag muintir chara linn. Shiúil muid síos chuig an teorainn taobh thiar den teach, trasna ar chasán leacracha cloch san abhainn agus suas chuig teach feirme ar thaobh Liatroma den teorainn. Bhí seomra ansin romhainn a bhí lán go síleáil le méid dochreidte pacáistí ime agus málaí siúcra. Ceannaíodh oiread is a theastaigh uainn (ní le haghaidh trádála ach dár n-úsáid féin amháin) agus iompraíodh aníos ar ais thar an abhainn ar bhaclainn ár lámh an méid sin agus ar ais 'na bhaile linn go Tír Eoghain leis.

Cur i bhfolach an ghnáthriail a bhí ann nuair a ceannaíodh im agus siúcra i mBun Dobhráin i ndiaidh lá chois trá a chaitheamh ar an bhaile sin. Sheasadh an carr ag spota cúpla míle ón teorainn ar thaobh Dhún na nGall in aice le Béal Leice, Contae Fhear Manach, agus ba ghnách le mo mháthair, agus a deirfiúr, Susie, agus aon bhean eile a bhí sa charr a dhul taobh thiar de bhalla mór a bhí ann. Bhíodh siad ataithe amach mar fhir Mhichelin

AN TEORA SNA 1950DÍ

nuair a phillfeadh siad ar ais, a gcuid éadaí lán d'im agus siúcra, agus jab acu iad féin a bhrú isteach sa charr arís. Nuair a bhí an teorainn fágtha inár ndiaidh againn, tharraingeofaí amach na hearraí coiscthe le mórán scaoileadh cheangail coirséad agus leaisteach agus gáire, ar ndóigh.

Corn flúirse ab ea Dún na nGall do shólaistí eile mar sheacláid *Aero*, greannáin Mheiriceánacha agus cáis phróiseáilte *(Three Counties)*, rudaí nach raibh fáil orthu sa Tuaisceart. D'fhoghlaim mé i bhfad ina dhiaidh sin go mbíodh tóir ag óganaigh Dhún na nGall ar losainn torthaí a dtugadh siad *'Spangles'* orthu nach raibh fáil orthusan ar a dtaobh siúd den teorainn. Mhair ciondáil iarchogaidh agus dáileadh cúpóin do cheannach go leor cineálacha earraí (agus milseáin ina measc) go dtí na 1950dí.

I ndiaidh dom mo chéad charr a cheannach, chuaigh mé in achrann leis an ghnó bambairneach a bhain le cáipéisíocht a lorg chun go bhféadfainn taisteal siar is aniar thar teorainn go Dún na nGall. Bhí sean-taithí ag m'athair ar an cheird sin agus bhí ar a chumas cuidiú liom sa bhfiontar mar go raibh aithne mhaith aige ar fhear a raibh cónaí air i Leifear (i gContae Dhún na nGall) a bhí toilteanach 'dhul i mbannaí' orm – is é sin banna a shíniú ag dearbhú go gcloífinn go dílis leis na rialacha a bhain le iompórtáil/easpórtáil feithiclí thar teorainn ar bhonn sealadach. Más buan mo chuimhne, bheadh sé ag dul i gcontúirt a bheith £200 as póca dá gcuirfinn-se cos amú. Ba mar sin a fuair mé pasleabhar – cáipéis a raibh sé de dhualgas orm í a thaispeáint chun go ndéanfaí í a stampáil ag an teorainn – ag teacht agus ag imeacht dom. (Bhí seans maith ann i gcónaí anuas air sin go ndéanfaí corpchuardach ort ach níor tharla sin dom ach aon uair amháin chomh fada le mo chuimhne).

Dá dtarlódh sé gur bhain tú an teorainn amach agus an t-ionad seiceála druidte don oíche ag teacht duit – ag amanta difriúla ón a naoi a chlog ar aghaidh a dhruideadh siad – chaithfeá fanacht go maidin, é sin de a dhul de léim thar teorainn. B'éard a chiallaigh 'dul de léim thar teorainn' bealach amháin, go gcaithfeá a dhul de léim an bealach eile ar ais arís sa chaoi is go mbeifeá in ann éaló abhaile go dlisteanach le do charr arís ar ball.

D'fhéadfá fosta ar ndóigh 'iarratas a chur isteach' – is é sin glaoch ar an phost custam ba ghaire duit agus am a shocrú leo chun go ndéanfaí iniúchadh ort agus do phasleabhar a stampáil. Dhéantaí sin ar chostas nár bheag liomsa ná le mórán eile é mar bhí dhá scilling agus sé pínn air. Ach d'fhéadtaí cearr bheag a bheith sa scéal mar gur doiligh teacht ar bhoscaí teileafóin san am agus bheadh an t-ádh dearg ort fáil fríd chuig oibritheoir ina dhiaidh sin.

FÓGRA PHOST CUSTAM

Tá breac-chuimhne agam nárbh ionann sceideal oscailte agus dúnta na bpost éagsúil ó áit go háit agus gur fhan cuid acu ar oscailt níos faide ná cuid eile ag brath ar an ócáid – cúrsaí deireadh seachtaine nó gnó eile. Sílim go mb'éigean do m'athair malairt bóthair a thabhairt air féin uair amháin agus é ar a bhealach abhaile ó Dhún na nGall mar gur mheas sé nach mbainfeadh sé post custam Phaite Gabha amach in am agus, dá réir sin, go mb'éigean dó timpeall mór a dhéanamh go Béal Leice chun go dtiocfadh sé slán.

Diomaite de na bealtaí 'neamhcheadaithe', ní raibh ar fáil i ngaobhar dúinne san am sin ach na bealtaí ceadaithe ag Paite Gabha, Béal Leice agus Leifear, gach ceann acu ina bhealach isteach go Dún na Gall; ba bealach isteach Béal Leice go Bun Dobhráin (agus uaidh sin go Sligeach agus Iarthar na hÉireann) agus ba bealach isteach Paite Gabha go Baile Dhún na nGall (agus uaidh sin go dtí na Cealla Beaga agus Gleann Cholm Cille) agus ba bealach isteach Leifear go Leitir Ceanainn (agus uaidh sin síos go Fánaid nó siar 'na Rosann) agus go Bealach Féich (agus uaidh sin siar go Gleann Fhinne agus na Gleanntaí).

Bhí taithí fhada agamsa ar philleadh ar ais ó na Cruacha agus Gleann Fhinne antráthach go maith san oíche agus chaithfinn súil ghéar a choinneáil ar an chlog i gcónaí chun an post custam ag Leifear a bhaint amach roimh an sprioc-am. Mura bhféadainn sin a dhéanamh ní raibh an darna suí sa bhuaile agam ann ach mo lámh a chur síos go domhain i mo phóca agus 'iarratas' a chur isteach. D'fhéadfá a dhul sa tseans in amannaí dá mbeadh damhsa san Orchid, halla rince a bhí i Leifear san am. Bhíodh an halla ar oscailt go dtí go maith i ndiaidh meán oíche rud a d'fhág an post custam ar oscailt chomh maith ó tharla gur ag brath ar chustaiméireacht thrasteorannach cuid mhaith a bhí úinéir an halla. Bhí oícheanta mar sin ag fóirstean go breá domsa mar níor chall dom a bheith buartha faoi chúrsaí teorann agus ba ghnách liom a bheith ag faire amach d'fhógraí faoi dhamhsaí sa halla sin chun pínneacha sin an phionóis a shábháil orm féin.

Ar an ollscoil i mBéal Feirste a bhí mé nuair a thoisigh mé ar cháirdín pianó a sheinm. Dhíol cara liom an seanbhosca a bhí aigesean liom agus thug cúpla ceacht dom. Tig liom é a sheinm ceart go leor ach ní raibh mé riamh ach go lagmheasartha ina cheann. Coinním ceol le daoine atá ag dul d'amhráin agus coinním ceol liom féin in amanna agus mé ag canadh agus tá mé in ann réthionlacan a choinneáil le ceoltóirí cearta agus corrphort a bhualadh mé féin nuair is gá sin a dhéanamh. Ach sin an méid. Cheannaigh mé bosca eile athláimhe ina dhiaidh sin – ceann níos mó agus níos fearr ('JCB' a thugann díspeagaigh áirid ar a leithéid) – agus tá sé sin agam i gcónaí bíodh a fhios, ach oiread liom féin, go bhfuil an aois ag luí air. Tarraingím amach as a chása é ar ócáidí móra teaghlaigh agus a leithéid agus déanaim ceol leis go fóill.

Is iomaí sin easonóir a tugadh don tseanbhosca sin thar na blianta ón oíche a chaith boc pionta beorach ar dhuine taobh thiar díom i dteach tábhairne i Maigh Eo. Ní cuimhneach liom cé air a díríodh an bheoir ach ba státseirbhíseach ardaidhmeannach a bhí ina rúnaí ginearálta ar chúpla roinn rialtais ina dhiaidh sin fear déanta na coire. Buíochas le Dia go raibh an fear sin ardaidhmeannach ar níos mó ná slí amháin agus níor fliuchadh mo sheanbosca mórán san eachtra.

Bhí bagairt i bhfad Éireann níos measa in iompar róchúramach fir chustam ar an teorainn ag Droichead na Muaidhe, idir Tír Eoghain agus Muineachán, lá. Sula raibh aon trácht ar an Chomh-Mhargadh nó a dtáinig ina dhiaidh – an Margadh Aonair (1993) – bhí faireachán géar ar dhá thaobh na teorann céanna. Bhí freagra diúltach, ar ndóigh, ag gach éinne ar an cheist sheasta faoi earraí indleachta a bheith ar bord. Níorbh earra indleachta ná eile mo sheanbhosca ceoil dar liom lá dá raibh mé ag pilleadh go Baile Átha Cliath i ndiaidh cóisir de na cóisirí sin teaghlaigh. Ach ní mar sin a bhreathnaigh an fear custam a d'ordaigh dom cófra bagáiste an chairr a oscailt dó ar an scéal agus b'éigean an cása briste brúite agus an seanbhosca a tharraingt amach ar thaobh an bhóthair chun go scrúdódh seisean iad. Cuireadh croscheistiú crua orm faoina luach agus cén áit ar ceannaíodh é agus cá raibh an admháil don mhéid a d'íoc mé air fadó roimhe sin. Ag pointe amháin, bhagair sé gabháil an bhosca orm mura bhféadfainn é a shásamh. Shílfeá go deimhin gur mórsmuglálaí cáirdíní a bhí ionam ón díogras a léirigh sé i leith na ceiste sin an lá sin. Ba é an grá Dia dom é nuair a scaoil sé liom le droch-chroí ar a dheireadh agus a thug cead dom mo sheanbhosca a athiompórtáil 'na bhaile go Baile Átha Cliath.

Tharla uair amháin gur thaistil mé le dream comhghleacaithe san ollscoil chun tabhairt faoi obair pháirce in Inis Eoghain, áit a raibh sé ar intinn againn taifid físe a dhéanamh de bhaicle amhránaithe agus seanchaithe áitiúla. Bhí an trealamh cuí ar iompar linn agus *carnet* réitithe againn ar a raibh na sraithuimhreacha a bhain leis chun na rialacha iompórtála/ easphórtála a bhí ann san am a chomhlíonadh. Rinneadh grinnscrúdú ar a raibh againn ag trasnú na teorann dúinn idir Muineachán agus Tír Eoghain agus ar ais arís idir Doire agus Dún na nGall agus ansin a macasamhail de ghrinnscrúdú eile ar an bhealach ar ais go Baile Átha Cliath ina dhiaidh sin.

Tá sé sin uilig imithe den tsaol agus tá súil as Dia agam nach bhfeicfear go deo arís é. Ach má tharlaíonn sé, bí cinnte de nach fada go dtiocfaidh dream eile smuglálaithe teorann chun cinn a leanfaidh sampla na nglúnta a chuaigh rompu maidir le rialacha damanta teorann a shárú agus a chur ó mhaith. Ní cruatan ar bith é dul thar teorainn faoi láthair ar an iomad bealtaí beaga agus móra agus tá an lá sin imithe chomh fada agus a bhaineann sé le smugláil ar mhionscála ach is léir go bhfuil gníomhaíochta áirithe smuglála ar scála eile ar fad ina neart go fóill.

Bhítí ag cur síos ar rógaire agus a rothar (as a raibh péire de mhálaí diallaite crochta), teacht i láthair lá i ndiaidh lae ag post teorann áirithe. Ní nach ionadh, bhí na fir chustam drochamhrasach faoi agus ba ghnách leo é a chruacheistiú agus é a chuardach ó bhonn go bathais, é féin agus a chuid málaí. Ach faic na ngrást níor aimsigh siad riamh agus maidir leis na málaí ní raibh riamh iontu ach cnap gainimh. Blianta fada ina dhiaidh sin casadh an rógaire agus fear de na hoifigigh chustam ar a chéile agus thapaigh an fear custam an deis chun eolas a lorg uaidh faoina raibh ar siúl aigesean agus faoina raibh ar iompar faoi cheilt thar teorainn aige. 'Rothair!', a dúirt seisean. Tá an scéilín beag seo ón teorainn idir Dún na nGall agus Tír Eoghain fairsing ó cheann ceann na hEorpa agus níos faide i gcéin áit ar bith a bhfuil teorainn ann.

Scrúdú phost custam 1932 [*fótó: Leonard Puttnam AP*]

— III —

'Felix Education'

Tháinig turas bus in aghaidh an lae isteach agus amach as an Ómaí i gceist leis an aistriú go Scoil na mBráithre Críostaí ar an bhaile sin. Ba leis an *Ulster Transport Authority* na busanna, feithiclí bunúsacha míchompordacha ar ar tugadh sna luath-5odí, 'busanna úsáide' gona n-easpa teasa agus suíocháin lata adhmaid. Ba ghearr gur mhaolaigh ar bhua nuacht an turais thrí chiliméadar déag nó mar sin chun na hÓmaí agus gur gnáth-thuras laethúil chun na scoile agus ar ais a bhí ann feasta go cionn na naoi mbliana a chaith mé ag freastal ar Bhunscoil na mBráithre agus ar Mheánscoil na mBráithre ina dhiaidh sin.

Ba ghnách leis an bhus Droim Caoin a fhágáil ag 8:30 ar maidin agus pilleadh ar ais ón Ómaí ag 3:45 san iarnóin, rud a d'fhág nach raibh ach scóip theoranta ama againn an scoil a bhaint amach in am ar maidin (9:00) agus stáisiún na mbus a bhaint amach in am le breith ar an bhus abhaile tráthnóna. Ní nach ionadh, ba ghoilliúnaí go mór fada linn an darna teora ama acu sin agus shílfeá in amanna gur in aonturas a chuireadh cuid de na múinteoirí moill orainn ag fágáil an tseomra ranga, cúinse a d'fhágadh ag rith ar chosa in airde ceann ar aghaidh muid agus ár gcuid málaí scoile ag eitilt san aer taobh thiar dínn síos Sráid Ard na hOmaí agus trasna Shráid an Droichid agus muid ag déanamh ar an bhus abhaile. Tharla sé anois is arís gur fágadh folamh muid agus go mb'éigean dúinn fanacht leis an chéad bhus eile ina dhiaidh sin ag a 6:00. Ní raibh aon dídean againn ach seasamh droim le balla nó an t-am a mheilt ag faire ar na hiascairí slaite ag flaidireacht ar abhainn na Sruthaile taobh thiar de stáisiún na mbus nó foireann na mbus ag imirt caidhtí in aice láimhe.

Ar dtús ní bhíodh ach baicle bheag dhaltaí scoile ag taisteal chun na hÓmaí ach le himeacht ama ba dhaltaí scoile iad tromlach na bpaisinéirí ag fágáil Dhroim Caoin ar maidin agus bhíodh an bus chomh plódaithe sin go mbíodh ar dhaltaí na Leamhchoille áit a lorg ar bhusanna eile ag triall ar an Ómaí

fríd Dhroim Caoin ó Chaisleán na Deirge ag an am chéanna.
B'fhearr linn go mór fada bus 's'againn féin' mar go raibh aithne
mhaith againn ar a chéile idir Phrotastúnaigh agus Chaitlicigh
agus gan aon naimhdeas eadrainn, daltaí Scoil na mBráithre,
daltaí Chlochar Loreto agus daltaí Acadamh na hÓmaí, faoinár
n-éide éagsúil chulaith scoile a d'aibhsigh an deighilt eadrainn.
Bhí an dubhghráin againn ar bhusanna Chaisleán na Deirge mar
gur strainséirí ba mhó iad na paisinéirí a bhí orthu sin ar dhaltaí
an Acadaimh an mhórchuid acu.

Fear macánta ón Droim Mhór a dtugadh siad George Knox
air a bhí ina thiománaí ar bhus Dhroim Caoin. Aimsir shiocáin
chrua, thigeadh sé isteach chugainne ar maidin ag iarraidh lán
chiteal d'uisce te chun cuidiú leis an bus a chur ar an bhóthar.
Anois is arís, ba mhór an t-aoibhneas againn na crainn a bhí
leagtha anuas ag gála gaoithe na hoíche roimhe agus an cor
bealaigh a chaitheadh George a chur air féin chun baile na
hÓmaí a bhaint amach rud a d'fhágadh mall ag teacht isteach

'na scoile muid agus leithscéal daingean doshéanta againn faoi. Tharla turn amháin gur cuireadh abhaile luath muid ón scoil i ngeall ar thuilte uisce a raibh bagairt mhór iontu ach bhain muid an baile amach slán sábháilte agus an t-uisce ag slaparnaigh fá chéimeanna dhoras an bhus.

Sa tríú rang i mBunscoil na mBráithre a cuireadh mé i mo ghasúr de chuid na tuaithe nár de thógáil na hÓmaí ná a timpeallachta é. Ní fear an bhaile mhóir ach oiread a bhí sa mhúinteoir a bhí agam, fear a raibh 'Gandhi' mar leasainm air agus fear ó Dhroim Caoin a thaistil isteach 'na hÓmaí ar an bhus chéanna liom. Dheamhan focal a labhair muid lena chéile taobh amuigh den tseomra ranga. Ba dhiansmachtaí é ar mhinic an slatmhaide fada caol ina ghlaic aige agus é á lascadh go deaslámhach agus go bagrach fríd an aer ó am go ham. Is breá liom a rá nár tháinig mé salach air riamh.

D'éirigh mé cairdiúil le cuid de bhuachaillí an bhaile mhóir agus chuaigh ar aghaidh leo an chéad bhliain eile isteach sna céad ranganna eile, an ceathrú agus an cúigiú rang bunscoile. Nuair a bhí an scrúdú ar a dtugtaí an 'Eleven Plus' curtha dínn againn, b'shiúd trasna an phasáiste linn isteach sa scoil ar a dtugtaí Scoil Ghraiméir na mBráithre Críostaí agus a ndéanfaí buachaillí meánscoile dínn inti. Bráthair Críostaí fada caol a raibh cuma dhiantréanach air a bhí ina mháistir sa cheathrú rang bunscoile againn agus, faoina réimeas siúd, nocht iarracht de choimhlint acadúil idir an chuid ab éirimiúla de bhuachaillí na hÓmaí agus mé féin.

Bhí an seomra ranga faoi dhiansmacht an Bhráthar sin agus bhí mionscrudú maidine ina chuid bhunúsach de, scrúdú ina gcaithfeadh chuile ghasúr a phaidrín, a hancarsan gan smál agus a chuid ighne glana a thaispeáint dó. Pionós a bhí i ndán don té nár ghéill dó agus pionós crua. Bonn le bonn leis sa scuaine a bhí ag fanacht le dul faoi scrúdú na maidine, bhí radharc breá againn ar a raibh le fulaingt ag na creatúir a sháraigh na rialacha, iad cromtha trasna ar a ghlúna agus an stropa leathair á oibriú go fuinniúil aige ar a gcuid tóineanna in airde san aer. Blianta beaga ina dhiaidh sin d'fhág an díograiseoir sin Ord na mBráithre agus pósadh ina dhiaidh sin é.

Gnáthscríobh nó scríbhneoireacht reatha an cineál peannaireachta a bhí ar eolas agam go dtí sin agus bhí sin agam go paiteanta. Go deimhin féin bhí duaiseanna gnóite agam aistí ag seóanna áitiúla agus bhí mé mórálach go maith as an

stíl a bhí agam. Baineadh siar go mór asam nuair a chinn an
córas oideachais go gcaithfí stíl eile ar fad a chleachtadh feasta,
stíl a dtugtaí *'script'* uirthi, más ceart mo chuimhne. B'éigean
dom maitheamh a thabhairt feasta ar an scríbhneoireacht
sheanfhaiseanta chuibhiúil agus tabhairt faoi scríobh a fhoghlaim
arís ó bhun.

Ba é buaicphointe na bliana acadúla i rang a ceathair, an
scrúdú bliantúil ranga a thóg seachtain iomlán le cur i gcrích
agus ina dtáinig gach gné den churaclam faoi mhionscrúdú. Níl
mórán cuimhne agam ar an scrúdú sin ná ar aon chuid de ach
aon pháirt amháin a tháinig chun tosaigh i dtreo dheireadh
na seachtaine nuair a d'oscail an Bráthair beartán mór leabhar
filíochta nár leag éinne againn súil orthu go dtí sin. Bronnadh
leabhar an duine orainn agus ordaíodh dúinn dán a roghnú agus
é a fhoghlaim de ghlanmheabhair. Tugadh spás dúinn le sin a
dhéanamh agus ansin bailíodh na leabhair uainn arís agus sheas
muid duine i ndiaidh an duine eile chun tabhairt faoin dán a bhí
roghnaithe againn a aithris.

Ba mise an t-aon duine sa rang a bhí ábalta a phíosa féin
a aithris go foirfe, rud a d'fhéad mé a dhéanamh mar go raibh
an dán a d'fhoghlaim mé ar cheann de na dánta ba ghiortaí sa
leabhar. Seans gur lig na gasúir eile an seans áirithe sin tharstu i
ngeall ar a theideal aisteach agus mianach speisialta an dána sin
le Hilaire Belloc. *'The Yak'* an teideal a bhí air, ainmhí nár chuala
mé trácht riamh air go dtí sin agus focal nach rómhaith a thuig
mé an chaoi lena fhuaimniú.

'As a friend to the children commend me the Yak,
You will find it exactly the thing:
It will carry and fetch, you can ride on its back,
Or lead it about with a string.

The Tartar who dwells on the plains of Thibet
(A desolate region of Snow)
Has for centuries made it a nursery pet,
And surely the Tartar should know!

Then tell your papa where the Yak can be got,
And if he is awfully rich
He will buy you the creature – or else he will not.
(I cannot be positive which.)'

Rinne aithris dhán Belloc gan barr cleite isteach ná bun cleite amach an gnó dom agus seans gurab é sin an meáchan comhthromaithe a ghnóthaigh an scrúdú mór seachtaine ar fad dom le marc nó dhó le spáráil ar an duine ab fhearr de bhuachaillí breátha an bhaile mhóir. Bhí an lá leis an 'ghasúr ó na cnoic os cionn Iúdia' (ag tagairt go hindíreach do theideal an amhráin '*The Hills above Drumquin*'), mar a ghlaodh an Bráthair sin orm. Is cuimhneach liom an ruathar abhaile ón bhus a thug mé an lá sin leis an dea-scéal a inse do m'athair ina sheasamh ag a bhinse oibre sa gharáiste faoin dóigh a ndearna mé cruipidín de mo pháirtithe ranga. Staon mé ó bhronntanas de gheac a iarraidh air!

Bhí cuma agus teacht i láthair ar fad eile ag an Bhráthair a bhí i gceannas orainn i rang a cúig sa bhunscoil. Bhí aoibh lasta air agus sútán salach lán de roicíní buailte go ciotach thart ar a chabhail dhingthe. Bhí dúil nimhe sa tobac aige agus toitín go síoraí ina bhéal agus de thairbhe an luí a bhí aige le nicitín bhíodh sé ag diúgaireacht toitíní ó am go chéile ó chuid de bhuachaillí báire an bhaile mhóir a bhí sa rang aige. Bhí easpa folláine coirp ag cur as dó rud a mhaolaigh go pointe ar a inniúlacht i gceann an stropa leathair, anbhainne nár thóg muid air í, ar ndóigh. Bhí nádúr ann ar chaoi éicint ina dhiaidh sin agus ba duine geanúil é ainneoin a chuid lochtanna.

Ar an láimh eile, bhí nós aige brú isteach in aice leis na buachaillí sna binsí cúnga, chun pointe éicint a shoiléiriú, mar dhea, ach ag iarraidh sinn a mhuirniú ag an am chéanna, rud nár thaitin le éinne againn. Ba mhúinteoir den scoth é, áfach, a d'oibrigh ar luas nimhe, fiú amháin ar na maidineacha Shathairn a gcuirfeadh sé uaireanta breise isteach linn dár n-oiliúint do scrúdú gránna an *Eleven Plus*.

Dá ritheadh an scrúdú sinn leat, ba chead isteach é chuig breisoideachas meánscoile saor in aisce, ach mura n-éireodh leat sheolfaí isteach i rang a sé thú faoi chúram Bhráthar eile gan trua gan taise a raibh raidhse pionóis bhrúidiúla mar chuid den chlár teagaisc aige agus an claonadh céanna chun muirnithe ann, de réir mar a chuala mé. Bhíodh tuairt an stropa leathair le cluinstin go minic againn ón tseomra sin agus anois is arís nuair a bhí an doras idir an dá sheomra ar leathadh, bhíodh spléachadh le fáil ar ainniseoir éicint sínte ar a bhéal agus a shrón trasna ar stól ag cúl an ranga sin agus a thóin lom san aer ainlithe do ghreadadh ón stropa.

Tuigeadh dúinn go dtabharfaí léasadh dúinn luath nó mall

agus nuair a tharla sé sin ní raibh le déanamh againn ach glacadh leis agus an phian a fhulaingt go cróga. Choinnigh mé orm ag staidéar go dícheallach agus mo cheann crom agam agus bhí an t-ádh liom gur éalaigh mé ón chuid ba mheasa den fhoréigean agus eile.

Ba bheag de mhaith é a bheith ag clamhsán faoi chúrsaí mar nach dtabharfaí aon aird ort. Ní bhfaighfeá é mura raibh sé tuillte go maith agat, an freagra seasta a bhíodh ag tuismitheoirí dá luaití leofa an cineál oibre a bhí ar siúl ag múinteoirí. Is ródhócha nach gcreidfí ar chor ar bith muid dá ndéanfaí ciapadh gnéasach a lua fiú amháin dá mbeadh sé de dhánaíocht ionainn agus de chéill againn sin a dhéanamh nó dá mbeadh sé ar ár gcumas cur síos ceart a dhéanamh ar a leithéid. De réir gach cosúlachta, ní dhéanfaí dadaí faoi i gcás ar bith.

Tríd is tríd, ba mhó de thriail bhuanseasmhachta ná tréimhse shona oideachasúil blianta deiridh sin na bunscoile agamsa. D'éirigh mé tuartha leis an smaoineamh gur mhair oideachas agus foghlaim gualainn ar ghualainn le drochíde, gur cosúil gur i gcomhar lena chéile mar sin sa phróiseas ina iomláine a bhreathnaigh tuismitheoirí agus múinteoirí araon orthu san am sin. Is beag mo chuimhne ar aon eachtraí grinn mar chuid den phróiseas sin, ar scor ar bith.

Is é mo bharúil gur dóiche go ndeachaigh sé seo uilig i bhfeidhm orm go pointe ar bhealach. Dá mba rud é gur ghéill daltaí d'éadrócaire an chórais oideachais go mb'éigean dóibh cur suas leis is doiligh a chreidbheáil nach dí-íograithe ar fad ag an eadrócaire a bheadh siad ar a dheireadh thiar agus an dul thar fóir le pionóis agus eile a chonaic muid agus a d'fhulaing muid. Maidir liom féin, mar a deirim, d'éirigh liomsa an chuid ba mheasa de a sheachaint agus ainneoin na daorsmachta oiread a fhoghlaim is a cháiligh don mheánscoil mé.

Gléasta i gculaith úr scoile agus cíocrach chun foghlama, bhí mé réidh le haghaidh a thabhairt go misniúil ar fhalang mhúinteoirí coimhthíocha agus réimse úr ábhar acadúl agus toiseacht amach ar an chéad chéim eile de mo chúrsa scolaíochta. Gan trácht ar aon rud eile, bheadh atmaisféar timpeallach na bunscoile ina réamhullmhúchán don rud a tháinig ina dhiaidh ag leibhéal na meánscoile, áit ar saighdeadh ionainn baicle bheag de thuathmhúinteoirí nach raibh ríomh leis an dúil a bhí acu i bpionós corpartha.

Gaeilge agus Stair an chéad dá ábhar a casadh i mo threo sa

mheánscoil agus ba é an múinteoir céanna a bhí ina mbun siúd mar aon le Béarla. Ba mhúinteoir ábalta agus fear éirimiúil a bhí ann ar mhórán bealaí. Chuir sé é féin in aithne dúinn an chéad mhaidin agus thug faoi ar an bhomaite liosta míghníomhartha a scríobh ar an chlár dubh mar aon leis an scór pionóis a rith leo ó cheann go ceann – buille amháin den stropa dá leithéid siúd agus dhá bhuille dá leithéid eile agus suas uaidh sin de réir a chéile go dtí dhá bhuille déag dá ndéantaí na rialacha a bhí leagtha síos aigesean a shárú. 'Felix Education' a thug sé ar an stropa a raibh sé amuigh air gur líonta le boinn thrí phínn a bhí sé ag gréasaí áitiúil dó chun go mbeadh na buillí a bhuaileadh sé ar bhosa na ndaltaí níos blasta. Thuig muid go raibh ciall áirid aige don ghreann nuair a d'inis sé dúinn gur focal Laidine a bhí in 'Felix', focal a chiallaíonn 'sona'. B'fhearr le múinteoirí eile breith ar phluca agus ar chluasa na ndaltaí agus iad a tharraingt aníos as na binsí chun iad a smachtú. 'Reign of terror' a bheireadh múinteoir amháin acu sin ar an riocht inar mhair muid faoi dhaorsmacht agus muid ar thóir an eolais sna hábhair a mhúin seisean dúinn.

Chonaic mé íde fhisiciúil beagnach gach lá dá raibh mé sa mheánscoil ach, arís eile, d'éirigh liom éaló ón chuid ba mheasa di agus níor rugadh orm ach anois is arís. Uair de na huaireanta sin ab ea an lá a cuireadh m'athair mór, James O'Kane, i mí na Nollag 1956. Rinne mé Aifreann na Marbh a fhriotháil an lá sin i séipéal na Leamhchoille ach á luaithe is cuireadh é, bhí oiread fuadair faoi mo mhuintir nach gcaillfinn an méid den lá scoile a bhí fágtha gur sciobadh chun bealaigh mé 'na hÓmaí go gairid ina dhiaidh sin. D'agair mé ar m'athair focal a bheith aige leis an Bhráthair a bhí ina Phríomhoide le míniú dó cad chuige a raibh mé as láthair agus rinneadh amhlaidh. Thit an lug ar an lug an lá dár gcionn, áfach, nuair a theastaigh ón mhúinteoir Fraincise fáil amach cad chuige a raibh mé as láthair an lá roimhe. Mhínigh mé dó cad é mar bhí agus dúirt go raibh chuile eolas ag an Bhráthair faoin scéal. Níor thug sé aird dá laghad orm ach tharraing an stropa leathair sé uaire ar mo bhos mar go raibh sé de dhánaíocht ionam gan an gnáthnóta ó thuismitheoir a bheith liom ag míniú an scéil dósan go sonrach. Goilleann an chaoi bharbartha ar chaith sé liom orm go dtí an lá atá inniu ann. Maidineacha áirithe ní bhíodh sé ar a mhian i ngeall ar an tinneas óil a bhíodh air in éis na hoíche roimhe agus chaitheadh sé cuid mhaith den rang agus a chloigeann crochta amach an fhuinneog aige ag cneadach agus plobarnaíl gan aird ar bith aige orainne. Ba mar sin ab fhearr linn é ar ndóigh. Chun nach mbeadh baint ar bith agam leis feasta, d'éirigh mé as an Fhraincis mar ábhar scoile an chéad seans a fuair mé.

Ghlacadh sinn le pionós gan cur ina choinne den chuid is mó agus shiúileadh sinn ar ais chuig an bhinse, ár lámha sáite faoinár n-ascaillí againn agus, chomh luath is a bhíodh sinn inár suí arís bheireadh sinn greim ar phostaí iarainn an bhinse chun faoiseamh a thabhairt do na bosa agus le maolú ar an phian bhroidearnúil a bhíodh iontu. Bhí cuid de na gasraí níos doscúiche ná a chéile, iad sotalach neamheaglach ag tabhairt dúshláin lucht a gciapaithe nuair a d'fhéad siad. Bhí cuid eile nach raibh chomh cruachúiseach agus claonadh iontu gan an méid a bhí siad ag fulaingt a cheilt. Bhí buachaill amháin mar sin ag cúl an ranga agus á luaithe is a ghlaoití chun tosaigh chun go mbuailfí leis an stropa é, théadh sé ar aon bharr amháin creatha agus smeacharnaí agus choinníodh sé air mar sin go barr an tseomra agus anuas ar ais arís. Bhí a fhios againn go maith an cineál duine a bhí ann agus bhíodh súile gach éinne againn tiontaithe leis an bhalla le linn an phróisis náirigh sin agus gan éinne ag amharc air nó ag fonóid faoi ina dhiaidh ach oiread. Is minic a ritheann sé liom gur mhó d'ionbhá a bhí againne leis mar pháirtí ranga ná mar bhí ag na hoideoirí cruálacha a bhí i gceannas orainn.

Os a chomhair sin bhí buachaill eile ann a bhíodh go síoraí ag iarraidh olc a chur ar mhúinteoir áirithe, úinéir beag *'Felix Education'* a dtabharfaidh mé 'Learaí Leathair' anseo air. Bhí an buachaill seo ceanndána agus cliste agus eagnaí do dhuine dá aois murab ionann agus an chuid eile againn ón taobh sin de. Rinne sé a shaibhreas sa tsaol mar fhear gnó ina dhiaidh sin. Bhí sé ina chomhrac fada righin idir an bheirt acu lá i ndiaidh lae, troid a nochtaigh a raibh de mhailís iontu beirt dá chéile. Is é mo mhórbharúil gur ag an dalta a bhí an bua morálta san imreas gránna eatarthu mar nár ghéill sé orlach dá ghéarleantóir póca. Lá i ndiaidh lae, thug sé dúshlán Learaí, agus lá i ndiaidh lae ghnóthaigh sé cibé pionós a bhí leagtha amach dó – buillí iomadúla den stropa, sé cinn acu deasóg agus ciotóg. Bhíodh Learaí ardaithe suas ar a bharraicíní chun an fórsa ba mhó a bhí ina chorp a chur le gach buille acu sin agus nuair a bhí an jab déanta aige, chuireadh mo dhuine a lámh amach arís ar nós cuma liom agus d'iarradh tuilleadh air. Ba ghnách le Learaí a dhul i mbun oibre arís agus ansin dhéanadh sé nóta de na buillí breise sin agus chuirtí 'sa bhanc' iad. Bhíodh sinne ag breathnú ar an dráma bheag sin ó lá go lá gan gíog asainn ach mórtas orainn agus muid ag déanamh iontais de chumas ár bpáirtí ranga an phian a sheasamh.

Bíodh a fhios go raibh sé ina bhagairt uileláithreach ní cúrsaí pionóis amháin a tháinig i gceist le cúrsaí scolaíochta mar go raibh foghlaim ina chuid dhílis díofa (agus ina chuid phléisiúrtha chomh maith den chuid is mó), ar ndóigh. Chuir mé spéis faoi leith i gcuid mhaith de na hábhair – Gaeilge, Stair, Béarla, Fraincis, Laidin agus Tíreolas ina measc. Bhí mé santach ag an léann ach níor leor sin chun mé a spreagadh chun mórán taitnimh a thabhairt don Eolaíocht (Fisic agus Ceimic ina dhiaidh sin), nó don Ailgéabar, Uimhríocht agus Geoméadracht (Matamaitic ina dhiaidh sin). Bheadh sé ina mhaoláisnéis a thabhairt le fios nár rug mé an barr leo sin.

I bhfad ina dhiaidh sin ag cruinnithe agus díospóireachta ollscoile mhoithigh mé daoine ag tabhairt íde béil do na Bráithre Críostaí mar go mbíodh siad, dar leo, ag cur smaointe ceannairceacha i gcloigne a gcuid daltaí. Ba mhinic a leithéid de ráitis ag cosantóirí an aondachtachais arbh é cur chun cinn an chultúir a bhain le hÉirinn agus múineadh stair na hÉireann go háirid a bhí ag dó na geirbe astu go fírinneach. Níor chall dófa a bheith buartha mar a léiríonn an scéilín seo faoin cheacht tosaigh sa stair a fuair mise i meánscoil na mBráithre.

Ba cheacht é seo faoi theacht na Críostaíochta, téama a cuireadh i láthair go snasta le léarscáileanna ilchasta balla agus ainmneacha na bpríomhphearsana – Iútlannaigh, Anglaigh agus Sacsanaigh – scríofa orthu. Ba é an t-ainm ba mhó acu sin, ar ndóigh, Naomh Aibhistín mar gur teacht na Críostaíochta go Sasain seachas go hÉirinn ba bhun leis an cheacht staire sin. Níor tháinig an t-oileánín s'againn féin i gceist de réir an tsiollabais a cheap Roinn Oideachais Stormont do mhúineadh na staire dúinne. Lena gceart a thabhairt dófa, thapaigh cuid de na Bráithre an deis chun plé a dhéanamh faoi ghnéithe de stair na hÉireann dá gcastaí rang saor sa chasán orthu ach dheamhan dath níos gaire don cheannairc ná don cheilg a tháinig siad ná sin.

Mar an gcéanna, níor fhoghlaim muid mórán faoi oileán na hÉireann sa Tíreolas, ach os a choinne sin bhí ar mo chumas aibhneacha na Breataine Móire a liostáil amach de ghlanmheabhair agus iad a aimsiú ar an léarscáil chomh maith. Aisteach go leor, d'fhoghlaim mé ainmneacha chontaetha na hÉireann agus a gcuid príomhbhailte i rang a ceathair sa bhunscoil: *'Omagh, Dungannon, Strabane and Cookstown'* an ramás a bhain le Contae Thír Eoghain, agus mar sin de le gach contae eile a bhfuil a bhformhór ligthe i ndearmad anois agam. Nuair a tháinig sé go Contae an Chláir, níor chuir mé sonrú ar bith san ainm *'Ennis'* (bhí an t-ainm céanna ar bhaile fearainn de chuid na Leamhchoille chomh maith) ach ar chúis amháin nó ar chúis eile bhuail fuaimniú *'Ennistymon'* mo chluais agus ghreamaigh ionam, seans i ngeall ar an litriú nó an bhéim ghuagach a bhain leis na siollaí ann.

Ba mar sin a bhí an Béarla fosta mar ba ar fhilí móra Shasana ba mhó a tráchtadh, leithéidí Wordsworth, Coleridge, Pope, Milton, Keats agus Shelley; bhí aistí Charles Lamb ann agus imleabhar beag dar teideal *'Adventures, and Encounters'* ina raibh cuntas ar eachtraí a bhain le Winston Churchill i bhfad i gcéin aimsir Chogadh na mBórach.

Ní mar sin don Ghaeilge é agus mar a bheifeá ag súil leis ba chás eile ar fad í sin. I mBunscoil na mBráithre a d'fhoghlaim mé focla Gaeilge an Áivé Máiria agus an Phaidir fríd phróiseas osmóise, mar a déarfá, mar níor thuig mé i gceart focal dá raibh á rá agam sna leaganacha teimhneacha de na paidreacha sin. Ní thuigfeadh éinne eile an meascán siollaí agus fuaimeanna sin ach oiread murab é gur léir dóibh an comhthéacs ina raibh siad á bhfógairt. Tháinig athrú bunúsach ar chúrsaí sa mheánscoil nuair a thoisigh muid ag foghlaim Gaeilge ó bhun i gceart.

Ar an chéad dul síos bhí mé ar bior chun Gaeilge a fhoghlaim, dúil a bhí agam ó dhúchas i ngeall ar an spéis a léirigh mo mhuintir inti. Mar a bhí mórán eile de bhunadh na Leamhchoille, bhíodh siadsan ag freastal ar ranganna Gaeilge de chuid Chonradh na Gaeilge i halla na paróiste, Halla Naomh Pádraig, geimhreadh i ndiaidh geimhridh. Bhí cead agam bheith leo ó am go chéile agus bhí iontas orm fán slua daoine a bhíodh i láthair ann, a gcuid leabharthaí beaga d'fhoghlaimeoirí ina nglaic leo agus iad ag ag aithris a gcuid ceachtanna don mhúinteoir. Chomh fada le mo chuimhne, tháinig seisean ar a rothar ón tSrath Bhán, baile teorann os cionn scór ciliméadar ar siúl ar bhóthar i gcoinne an aird gach orlach den bhealach.

Ó thaobh an teagaisc de, caithfidh sé gur i gcoinne an aird chomh maith a bhí an obair a bhí á déanamh aige i ngeall ar thimpeallacht dheacair an ranga – múinteoir amháin i halla plódaithe – agus ba shaothar in aisce é den chuid is mó déarfainn, más cruthú ar bith é lagchumas Ghaeilge mo thuismitheoirí dá bharr nach raibh ach roinnt abairtíní beaga simplí ar eolas acu riamh. Bhí siad in aiféala faoin easpa deise a cheil orthu dul i dtaithí i gceart uirthi agus a d'fhág dall iad ar a raibh de shaibhreas le fáil inti.

Ní bhfuair mo thuismitheoirí ná mórán eile de mo lucht aitheantais sa Leamhchoill buneolas ar an Ghaeilge ar scoil nó ó sheanGhaeilgeoirí na Leamhchoille a raibh sí acu ó dhúchas agus a raibh, lena linn, cuid bheag acu ann i gcónaí thall is abhus thart ar imeall iartharach agus deisceartach na paróiste. Bhí sí ag cuid de na seanfhondúirí a bhí ann san am a dtáinig mise ar an tsaol ach níor mhair sí i bhfad ina dhiaidh sin. Ba chainteoir dúchais de chainteoirí dúchais na Leamhchoille máthair mhór m'athar mhóir, bean a fuair bás sa bhliain 1901 in aois 79. Faoin am gur tháinig mise i méadaíocht, ní raibh de chainteoirí dúchais Gaeilge fágtha sa pharóiste ach bunadh Dhún na nGall, fir agus mná a fostaíodh sa Leamhchoill agus a chónaigh go buan ann ina dhiaidh sin. Ag obair d'fheirmeoirí na háite den chuid is mó a bhí siad agus pósta ar fhir de chuid na háite a bhí an mhórchuid acu. Chomh luath is bhí brocamas beag Gaeilge agam, thoisigh mé ag cur aithne orthu sin agus chuaigh mé ag brú mo chuid Gaeilge orthu agus mé ag iarraidh a bheith ag comhrá leofa sa chanúint chiotach a bhí agam san am.

Bhí beirt ina measc atá anois ar shlí na fírinne a raibh dáimh ar leith agam leo, fear a rugadh in Inis Meáin taobh amuigh de chósta Dhún na nGall in aice le Cnoc Fola agus bean de chuid na Rosann ó

Coláiste Bhríde, Rann na Feirste

Loch na nDeorann in aice le Rann na Feirste. Seán Mac Culadh a bhí airsean agus Siúán Ní Ghallchóir a bhí uirthise agus ba dhaoine eisceachtúla an bheirt acu. Tháinig Seán ina stócach ag obair d'fheirmeoir Protastúnach de chuid na Leamhchoille a d'fhág a ghabháltas beag talaimh aige le huacht.

Níor phós Siúán riamh ach shocraigh sí síos i nDroim Caoin agus níor phill ar a háit dúchais ach corrthurn ina dhiaidh sin.

Ní thabhartaí uirthi ach '*The Rossie*' nó '*Shusan*'. Bhí teachín beag aici gar do Mhargadh na mBó i nDroim Caoin agus ba ag plé le cearca agus uibheacha a bhíodh sí mar ghléas beatha. Bhí an chuid is fearr den Ghaeilge ag an bheirt acu agus iad breá sásta cur suas liomsa á gcrá sa teanga sin. Is minic a shiúil mé ar ais abhaile ó Aifreann an Domhnaigh céim ar chéim le Siúán cluas le héisteacht orm agus í ag spalpadh chanúint bheoga Rann na Feirste liom.

Bhí sé de phléisiúr agam blianta ina dhiaidh sin a cineáltas liom a chúiteamh léithi nuair a thug mé cuireadh di pilleadh ar ais ar a fód dúchais liom sa tsean-*Ford Prefect* a bhí agam san am. Bhí mé eolach go maith ar Rann na Feirste mé féin faoin am sin i ndiaidh roinnt téarmaí a chur isteach ar Choláiste Bhríde agus ar Choláiste Phádraig i Loch na nDeorann, an darna ceann acu sin lonnaithe in aice leis an áit ar rugadh is tógadh Siúán. Is cuimhneach liom gur inis sí dom fán toradh ghreannmhar a lean den chéad taispeáint scannáin i halla Anagaire nuair a scanraigh an pobal agus thug do na bonnaí nuair a fuair siad aon amharc amháin ar a dtáinig aníos ar an scáileán. Bhí siad dearfa cinnte de gurb é an diabhal a bhí ann, a dúirt Siúán. Gach seans nach raibh ann ach Charlie Chaplin!

Ní bhuailinn chomh minic sin le Seán ach bhíodh neart le rá aige nuair a chasadh sinn ar a chéile. Bíodh a fhios go raibh sé imithe anonn go maith sna blianta, bhíodh sé go síoraí amuigh ag plé lena ghabháltas, ag déanamh draentacha agus ag deasú sconsaí agus go leor eile mar sin. Tharla gur bhuail mé leis ar thaobh an bhóthair in aice le Droim Caoin cúpla bliain ó shin agus é ag dul d'obair ínteacht den chineál sin. Thoisigh sé ag cur síos ar an chineál saoil a bhí aige istigh in Inis Meáin agus d'inis sé dom fán dóigh ar fhoghlaim sé an curach beag bunscoite a bhí ag a mhuintir a láimhseáil agus go speisialta an chéasla a oibriú.

Tiomáineann céaslóir curach den chineál sin chun cinn agus é ar a dhá ghlúin i dtoiseach an churaigh, a mheáchain chun tosaigh agus deireadh an churaigh ardaithe san aer taobh thiar de, sin mura bhfuil an dara duine ina shuí ar an tochta deiridh lena choinneáil cothrom. Bhí Seán go síoraí ag agairt ar a uncail seans a thabhairt dó dhul ag céaslóireacht ar an fharraige agus fá dheireadh ghéill sé dó. Leis sin chuaigh Seán ar a dhá ghlúin ar ghruaimhín an bhealaigh mhóir agus lig air gur i dtoiseach an churaigh a bhí sé agus é ag céaslóireacht leis mar dhea agus é ag inse i rith an ama fán treoir a bhí a uncail ag tabhairt dó agus é ag foghlaim na ceirde mar bheadh siad beirt amuigh ar an fharraige i gcuideachta a chéile.

Chun an jab a dhéanamh i gceart chun teacht slán chaití sac lán de chochán a bheith faoina ghlúna ag an chéaslóir agus chaití bonn na mbróg a bheith teannta in éadan blocán beag adhmaid i mbun an churaigh taobh thiar d'fhear na céasla sa dóigh is nach mbuailfí amach é i lár na dtonntracha corracha. 'Coinnigh do bhonnaí leis an tac'! Coinnigh do bhonnaí leis an tac'!' an chomhairle a bhí ag uncail Sheáin dó sa dóigh is nach gcaifí amach ar mhullach a chinn i mbaol a bháite é. Bhí an bhéiceach chéanna ag Seán in aird a chinn an lá sin agus é ag céaslóireacht leis le taobh an bhóthair ar thalamh tirim Thír Eoghain.

Agus mé i mo bhuachaill meánscoile sa bhaile i dTír Eoghain casadh roinnt mhaith eile de chainteoirí Gaeilge Dhún na nGall orm sa Leamhchoill agus sna paróistí eile in aice léithi. Tháinig siad as gach ceard den chontae sin – Na Rosa, Oileán Thoraí, Cloich Cheann Fhaola, Gleann Fhinne agus Na Gleanntaí. Agus ar a mbealach féin thacaigh siad uilig liom agus mé ag iarraidh cur le mo chumas núíosach sa teanga agus a cuid canúintí. Bhí canúint láidir Chloich Cheann Fhaola ag máthair an fhir a bhí pósta ar dheirfiúr mo mháthaire, Susie, agus bhí a cuid cainte siúd breac leis na míreanna diúltacha *cha*, *chan* agus *char* a chuaigh sa mhuileann orm agus na gnáthmhíreanna *ní/níor* ag cur crua go leor orm cheana féin.

De réir a chéile, tháinig labhairt na Gaeilge chugam oiread is a chuir ar mo chumas comhrá ciallmhar a dhéanamh leo siúd a bhí sásta cur suas liom, ach bhí roinnt bheag de chainteoirí Gaeilge sin Dhún na nGall ar imirce a raibh dearcadh andiúltach ar fad acu fána dteanga dhúchais nach raibh inti, dar leo, ach údar náire. Níor fháiltigh siad siúd roimh rud ar bith a bhéarfadh chun cuimhne an bochtanas a chuir d'iachall orthu an baile a fhágáil ar an chéad dul síos chun a mbeatha a bhaint amach ar urlár na gcoimhthíoch i dTír Eoghain agus ní raibh aon bhrú den chineál sin uaimse de dhíth orthu. D'fhoghlaim mé go leor ón phróiseas sin agus ní pointí gramadaí agus cúrsaí foclóra amháin é.

Tharla eachtra inspéise i ngeall ar an tóir seo ar Ghaeilge agam agus mé sa mheánscoil ar an Ómaí nuair a chuir bean de na Gaeilgeoirí sin ar an eolas mé faoin fhocal 'eireog', an Ghaeilge a bhí ar *'chicken'*, focal a líon bearna go héifeachtach sa cheacht baile a bhí le déanamh agam an lá sin. Ciallaíonn 'eireog' *'chicken'* ceart go leor ach is téarma teicniúil é sa mhéid is gur cearc bliana no *'pullet'* atá i gceist leis ó cheart. Agus sin an áit a ndeachaigh mé in abar. Bhí an-iontas ar an mhúinteoir nuair a chonaic sé gur 'eireog' a bhí agam in áit 'sicín' ach níor dhúirt sé faic. Rith sé liom ina dhiaidh sin go raibh oiread de ghalar na gcás air agus a bhí orm féin maidir le brí an fhocail bhig thaitneamhaí sin.

B'iad *Scéala Éireann* agus an *Irish News* an dá nuachtán a bhí againn sa teach agus ba mhinic a chuirtí mise chuig siopa beag de chuid na háite le hiad a fháil. Thaitin sin go mór le fear an tsiopa, fear a dtugadh siad Frank Quinn air, a raibh an-chion aige ar Ghaeilge agus ar thaitin leis í a labhairt liomsa go speisialta nuair a bhí custaiméirí eile ag cúléisteacht linn. Ba Phoblachtánach den tseandéanamh é Frank a d'fhoghlaim Gaeilge agus é ina chime ar bord loinge an *Argenta* i Loch Lao sna 1920idí.

Tharla uair amháin ar cuairt i mBaile Átha Cliath mé le m'athair agus Frank agus bhí muid ag dul aníos Sráid Mhuirfean in aice le Tithe an Rialtais nuair b'shiúd chugainn amach an geata carr mór oifigiúil. Níor thuig mise dadaí dá raibh ar siúl nó cén áit go baileach a bhí muid ach, go tobann, chonaic mé Frank ag teacht ar aire, é chomh díreach le feag, agus cúirtéis á déanamh aige ar thaobh na sráide an áit a raibh an carr ag sleamhnú amach romhainn. Chonaic mé aghaidh duine sa charr agus é ag croitheadh lámh chugainn go gnaíúil. Cuireadh in iúl dom gur Éamon de Valera, An Taoiseach, a bhí ann, duine nár chuala mé mórán cainte faoi sa Tuaisceart agus nach raibh mórán ar bith eolais agam faoi. D'fhoghlaim mé ón eachtra sin go raibh cuid ar a laghad de bhunadh na Leamhchoille dílis do *'Dev'* agus, murab ionann agus mise, eolach faoi, agus nochtaíodh dom gné úr de phearsantacht an úinéara siopa ísealghlórach séimh a raibh stair ag roinnt leis.

Beirt fhear ba chúis liom tuilleadh spéise a chur sa Ghaeilge agus mé sa mheánscoil seachas í a mhúchadh le brúidiúileacht, mar bhí Learaí Leathair agus an Bráthair Tomás de Nógla (ar a dtugtaí 'An Béar'). Bhíodh stropa ar iompar ag an bheirt acu ach ba lú go mór fada an úsáid a bhaineadh An Béar as ná an firín eile. Bheadh siad beirt ag tabhairt isteach gan dabht don tseantréidhe Gaelach *'Trí rud gan feidhm; máistir scoile gan slat, píobaire gan dos, táilliúir gan mearacán'*.

Bíodh a fhios gur Muimhneach go smior é an Bráthair de Nogla, ba é an t-údar ar an *vademecum* – *Graiméar Gaeilge na mBráthar Críostaí (leagan Ultach)* – ina rianaítear samplaí d'fhoirmeacha gramadaí Ghaeilge Uladh a bhí le foghlaim againn. Leagadh amach an córas Ultach i rannóg na n-uimhreacha, córas nach ndéantar duifear ar bith ann idir chomhaireamh rudaí agus comhaireamh daoine sa dóigh is gur féidir 'beirt, triúr', mar shampla, an chiall *two, three people*', a bheith leo ach, mar a gcéanna, *'two or three things or objects'*. Is í an eiseamláir den úsáid seo atá sa *Ghraiméar* – 'D'ól muid dhá ghloine uisce beatha agus d'ordaigh muid beirt eile!' Is dóiche go ndiúltófaí inniú don ráiteas sin i ngeall ar an easpa airdeall cuí polaitiúil ann agus níl mé ag rá go dtaitneodh sé mórán le Cumann na Réadóirí ach oiread, ach bhí de bhua aige gur mhínigh sé an modh comhairimh údaí go hachomair agus go héifeachtach.

I ndiaidh dom cúpla seisiún a chur isteach i gColáiste Bhríde i Rann na Feirste, thuig an Bráthair de Nógla an spéis a bhí agam sa teanga go rímhaith agus nuair a bhí mé ar tí cuairt eile a thabhairt ar na Rosaibh, thug sé ar leataoibh mé agus bhronn orm liosta mór fada focal a bhí aimsithe aige i saothair 'Máire' (Séamus Ó Grianna), údar cáiliúil Rann na Feirste, agus d'ordaigh dom Micí Sheáin Néill, seanchaí de chuid seanchaithe móra na háite sin a mbínn ag fanacht leis, a cheistiú go mion agus nóta a dhéanamh dá raibh le rá aige fúthu. Óg go leor is eile mar a bhí mé, bhraith mé gur dualgas tromchúiseach a bhí ann agus rinne mé mo dhícheall leis. Samhlaímse gurb é sin an an chéad chéim thuisleach a thug mé ar an bhóthar i dtreo an tsaoil acadúl a roghnaigh mé ina dhiaidh sin.

Rinne Learaí Leathair mo spéis sa Ghaeilge a chothú fosta. Bhí de bhuntáiste aigesean a bheith ina mhúinteoir Gaeilge agus ina mhúinteoir Béarla agus ardspéis aige i gcanúintí na beirte. Chuir sé mo sháith iontais orm an chéad lá a casadh orm é nuair a d'fhiafraigh sé den rang an raibh aon duine ar bith inár measc a raibh Gaeilge aige. A leithéid de cheist amaideach, dar liom! Ach thoisigh sé agus líon sé an clár dubh arís agus arís eile le focla agus leaganacha cainte a raibh go leor againn eolach go maith orthu agus ar ghlac muid leis go neamhairdeallach gur Béarla a bhí iontu uilig. Níorbh ea, ar ndóigh, ach focla Gaeilge go bunúsach iad agus leaganacha cainte faoi chló an Bhéarla ar mhúnla bunaidh Gaeilge.

Cuireadh ina luí orainn dá bharr sin nach raibh muid dall ar fad ar a raibh i gceist le Gaeilge mar gur léir go raibh foclóir beag Gaeilge ar eolas againn i ngan fhios dúinn féin agus de thairbhe na n-abairtíní aisteacha eile 'Béarla' a bhí againn go raibh léargas áirid againn ar chuid de chastacht chomhréir na Gaeilge agus a cora cainte dá réir. Leag sé a mhéar ar ghnéithe a bhain le corás fuaimeanna an Bhéarla a bhí againn fosta agus an gaol a bhí aige le fuaimeanna na Gaeilge, *rs*-anna agus *sr*-anna aislúbtha agus *d*-anna agus *t*-anna déadacha Gaeilge fríd an Bhéarla sin againn, mar shampla. Níor thuig muid a leath ar ndóigh, ach ba léir dúinn ar mhodh ar bith go raibh eolas sa dúchas againn cheana féin faoi rudaí a raibh úsáid iontu cé nár léir dúinn ar fad an tábhacht a bhí leo.

Chothaigh seo uilig an iaróg ionam agus nuair a casadh an briathar 'Tá' orm den chéad uair agus mé ag breacadh síos foirmeacha éagsúla an bhriathair sin i mo chóipleabhar, rinne mé iarracht iad a litriú de réir fuaimeanna an Bhéarla a bhí agam. D'fhág sin gur '*shed*' gona dhéfhoghar (trífhoghar?) aisteach neamhchaighdeánta a scríobh mé do 'siad', iarracht nach raibh míle míle ar siúl ón fhuaimniú ceart Gaeilge.

Chuaigh an eipeafáine chumhachtach sin chomh mór sin i bhfeidhm orm gur rith sé liom i ndiaidh an tosú ruthaig sin go raibh liom cheana féin. Ní mar sin a bhí, ar ndóigh, mar a fuair mé amach ina dhiaidh sin ach d'fhág nochtadh an eolais a lorg orm ar an iomad bealach agus bhí sé sin ina spreagadh iontach dom go cionn i bhfad ina dhiaidh sin. Tuigim anois go raibh mo theanga dhúchais lomlán de bhunsraith Gaeilge – focla, fuaimeanna, comhréir agus leaganacha cainte faoi chrot an Bhéarla – agus nuair a chuireann daoine ceist orm inniu faoin chéad teanga a bhí agam, cuimhním ar na múinteoirí breátha sin agus na cúrsaí sin uilig agus admhaím nár chainteoir dúchais Gaeilge mé ach deirim leo fosta nach cainteoir dúchais Béarla na Banríona a bhí ionam ach oiread.

Thaitin sé liom a bheith ag scríobh aistí Béarla agus ba é an Learaí céanna a ba chúis le mo shuim a spreagadh san ealaín sin. Bhíodh mo mháthair do mo mhisniú fosta agus léadh sí agus cheartaíodh sí mo chuid scriobláileacha. Tháinig ceann acu sin i gcló gan mé go fiú sna déaga i *Scéala Éireann* i rannóg na bpáistí a bhí faoi chúram 'An Caiptín Mac'. Ina cholún siúd ar an 25 Márta 1952 a foilsíodh an píosa véarsaíochta seo gan iarraidh uaimse:

> '*I wake up in the morning to hear the Thrushes sing,*
>   *Upon the branches slender I see them hop and swing.*
> *I watch them flutter up and down waiting for the Worm.*
>   *Their whistling cheers me up a lot early in the morn.*'

'*Isn't that nice and happy and lively*', léirmheas an Chaiptín ar an iarracht sin uaim, rud chomh cineálta is a d'fhéadfaí a rá faoin cheathrú bheag lagmheasartha sin ó ghasúr naoi mbliana d'aois.

Bhain deacracht spéisiúil le scríobh aistí, is é sin tionchar forleata an Bhéarla sin ó dhúchas a bhí agam a bhí breac le focla áitiúla, nathanna agus cora cainte, an mhórchuid acu a raibh a gcuid rútaí le fáil sa Ghaeilge agus cuid eile acu san Albanais. Is maith is cuimhneach liom an mearbhall a bhí orm nuair a dhiúltaigh Learaí Leathair do leithéidí '*suvendable*' (sa phrása '*suvendably well*' – is é sin 'thar a bheith go maith'), nó '*longsome*' ('malltriallach, fadálach'), agus '*carnaptious*' ('cantalach'), focla a d'úsáidtí ar bhonn laethúil againne sa bhaile ach nach raibh iontu ach fodar na líne deirge i gcomhthéacs na scoile.

Thuig mé ar a dheireadh thiar, ar ndóigh, nach raibh áit ar bith ag téarmaíocht mar sin sa chóras scolaíochta agus go gcaithfinn géilleadh do na noirm a rabhthar ag súil leo sa chóras sin. Bheadh thíos liom mura ndéanfainn sin agus seans go dtéití ag gáirí fúm fiú. Sin é go díreach mar a d'eirigh do chailín de chuid mheánscoil Loreto na hÓmaí nuair a d'fhiafraigh an múinteoir Béarla den rang an raibh focal comhchiallach ar an bhriathar '*search*' ar eolas ag duine ar bith acu. Chualathas glóirín beag caol girsigh de na girseacha agus – '*Please, Miss, hoke*' á rá aici! Bhí an ceart ar fad aici ach rinneadh staic mhagaidh di os comhair an ranga ina dhiaidh sin is uile.

Thóg sé achar fada ama ormsa mé féin a thabhairt chun sástachta i dtaobh na constaice seo agus an claonadh a cothaíodh ionam fáil réidh le raidhse den stór focal a bhí agam ó dhúchas a mhúchadh agus maitheamh a thabhairt ar an tóir a bhí agam ar fhocla inghlactha a bheadh ar chomhbhrí leo. Ba bheag de mhaith dom iad ag an am sin, ar ndóigh, agus anois cuireann sé crua orm cuimhneamh orthu gan trácht ar úsáid a bhaint astu sa ghnáthchomhrá. Ba dhlúth agus inneach ghnáthchomhrá mo mhuintire agus ár gcuid comharsana iad tráth den tsaol. Meallann foclóir den tsórt seo daoine agus tugann siad taitneamh dó scaití. Dar le go leor daoine gur bunús Gaeilge atá le focla mar seo – dáiríre níl ann ach gur mian leo bunús Gaeilge a bheith leo – agus is mar sin atá cuid mhaith den am. Ach is amhlaidh go bhfuil bunús Albanaise le cuid mhaith mhór acu fosta agus is minic nach dtuigtear an duifear idir an dá chineál. Den chuid is mó, áfach, níor léir don phobal cé as a dtáinig na focla seo a bhí ina gcuid aiceanta de chaint na daoine.

Ag leibhéal eile, áfach, aithníodh gur eilimintí iad na focla seo nár bhain le caint fhoghlamtha nó le daoine léannta agus bhíthear ar an eolas faoi dhuifear idir an dá chineál go pointe agus corrabhuaiseach faoi. Ach ní ábhar mór díospóireachta a bhí ina dhiaidh sin ann den chuid is mó diomaite de chorrthagairt do chleachtais áirithe mar ábhar grinn. Tá scéilín acu sin bunaithe ar an fhocal Albanaise *'sheugh'* a chiallaíonn *'díoga'* agus seo mar a instear é: 'cad é mar a litríonn tú *"sheugh"*?' – 'ess-*haitch-ee-uch-uch*'! Sampla den dóigh a mheasctar an dá chód sa chaint is ea an leagan seo a leanas: '*out of the sheugh on to the broo*' (as an díoga amach ar an bhruach), áit a bhfuil focal Albanaise (*sheugh*) agus focal Gaeilge (*bruach*) le fáil gualainn ar ghualainn le chéile san aon fhrása amháin.

Seans go bhfuil gnéithe mar mhúnlaí chomhréire agus chora cainte níos fadsaolaí ná aon chuid eile de na tréithe seo ach má tá, ní furast breith orthu i gcónaí. Tá mo shaol caite agam ag iarraidh teacht suas leofa mar go bhfuil siad chomh domhain suite ionam gur doiligh dom iad a aithneachtáil go dtí go dtairrneoidh duine ínteacht eile aird ar rud éicint atá ráite agam. Is minic gurb é an chaoi a ndeachaigh rud éicint a dúirt mé i bhfeidhm ar dhaoine – focal nó frása a fhágann i gcruachás iad agus mearú orthu sa chaoi is nach dtuigeann siad i gceart mé – a thugann leid dom gur dóiche go raibh dul speisialta éicint ar an chaint sin uaim. Is cosúil nach mian liom nó, b'fhéidir, nach féidir liom fáil réidh leis na cainteanna duibheagánacha sin bíodh a fhios go gcuireann siad bac orm a bheith i mo mháistir ar an teanga Bhéarla. Ar thaobh an fháltais, áfach, tá foghlaim iontach le fáil uathu ar chraiceann a chur ar scéal agus ar mhiondifríochta eile teangan a bheadh imithe uaim dá n-éagmais.

Bhí seanchleachtadh agam ar obair na meánscoile i gceann an ama gur bhain mé Rang a Cúig amach – leibhéal an Ghnáththeastais nó Leibhéal *'O[rdinary]'* agus bhí oiread muiníne agam asam féin faoin am sin agus go raibh sé de mhisneach agam cur isteach ar chomórtas aiste do mheánscoltacha uile na hOmaí a bhí á reáchtáil ag Club Rothlach na hOmaí agus duais – saoire bheag nó a leithéid – ag dul leis don bhuaiteoir.

Ba é an téama a leagadh síos don aiste *'Patriotism is not enough'*, ráiteas banaltra cáiliúil a dtugadh siad Edith Cavell uirthi a chuir na Gearmánaigh chun báis sa Chéad Chogadh Domhanda (1914-1918). Ní raibh a fhios agam faic na ngrást faoin bhanaltra Cavell nó fiú gur óna béal siúd a tháinig an mana áirithe sin agus ba mhór an t-ionadh a bhí orm go raibh mé ar dhuine den triúr nó ceathrar daltaí a glaodh chun lóin agus agallaimh le ceist an bhuaiteora a dheimhniú. Ba mhó arís, braithim, an t-iontas a bhí ar mhúinteoirí agus ar dhaltaí Scoil na mBráithre go ndeachaigh mé an fad sin sa chomórtas. Ach ní dheachaigh mé níos faide ná sin mar gur amhlaidh gur imithe thar mo bhaint a bhí mé agus scanraigh mé sa timpeallacht inar cuireadh faoi agallamh mé. Ba dhalta de cuid Acadamh na hÓmaí a ghnóthaigh an duais agus tá mé lánchinnte gur thuill sé go maith í.

Tháinig comórtas eile chun cinn go gairid ina dhiaidh sin, comórtas a d'eagraigh Gael Linn do mheánscoltacha an Tuaiscirt inar éirigh liom cuid mhaith níos fearr ná mar rinne mé leis an Chlub Rothlach. Bhí ceithre cinn de scoláireachtaí dhá mhí chun na Gaeltachta á dtairiscint agus bonn óir le cois don té a thiocfadh sa chéad áit. Bíodh a fhios nach raibh mé ach sa Chúigiú Bliain sa mheánscoil, dáileadh ceann de na scoláireachtaí orm nuair a tháinig mé sa cheathrú áit sa chomórtas, rud a chinntigh go mbeinn ag pilleadh ar ais arís go Rann na Feirste i samhradh na bliana 1959. Chuir mé isteach ar an chomórtas arís an bhliain dár gcionn agus ba sa chéad áit a tháinig mé an turn sin. Chinn Gael Linn ar an bhonn óir a bhronnadh orm ach deich faoin chéad de na marcanna a ghnóthaigh mé a choinneáil uaim sa chaoi is go n-éascódh sé ardú an duine a tháinig sa chúigiú áit agus go bhfaigheadh sé/sí an scoláireacht a bhí ag dul domsa. Ní nach ionadh bhí mé cineál míshásta faoi sin ag an am ach ag breathnú siar ina dhiaidh sin air dar liom gur cinneadh críonna go leor a bhí ann.

Ba fear de chuid Rann na Feirste, fear darbh ainm Pádraig Ó Baoighill ('Paddy Gael Linn') a bhí ag obair do Ghael Linn le fada an lá agus fear a rinne cion fir ar son na Gaeilge sa Tuaisceart, an fear a chuir an dá scrúdú sin orm. Sílim gur sa dara agallamh acu sin a bhuail sé an bobaire seo orm nuair a d'iarr sé aistriúchán Gaeilge ar an abairtín '*The crooked leg of the little black hen*' orm. 'Cos cham na circe bige duibhe' an t-aistriúchán a sholáthraigh mé go pras ar an fhrása sin lánluchtaithe le gramadach crua. Creidim gur ghnóthaigh an freagra sin an bonn óir dom. Fuair mé litir ó Phaddy cúpla seachtain ina dhiaidh sin inar úsáid sé frása beag soineanta nár casadh riamh orm go dtí sin, cúpla focal nár thuig mé ar chor ar bith iad a thug le fios dom go raibh neart le foghlaim go fóill agam agus a chuir ag méaradrú fríd m'fhoclóir Gaeilge mé go bhfaighinn amach cén bhrí a bhí le 'maidir le'. Go bhfios dom ní bhíodh mórán trácht ag bunadh na Rosann a raibh mise ag plé leofa ar 'maidir'.

Ní raibh ach trí ábhar ar siúl agam sa bhliain deiridh ar an mheánscoil don scrúdú Ardteastais nó *'A[dvanced] level'*. Dá n-éireodh maith go leor liom sa scrúdú sin bheadh seans agam fáil isteach san ollscoil agus scoláireacht ollscoile a ghnóthan le cois. Ach bhí liosta na n-ábhar a raibh fáil orthu sa mheánscoil s'againne ag an leibhéal sin teoranta go maith mar nár fhéad an scoil cuid de na hábhair ab ansa liom a thairiscint – Stair, Tíreolas nó Béarla, mar shampla. Ó tharla nach raibh fáil agam ar cheann ar bith de na hábhair sin, b'éigean dom ábhar eile ar fad a roghnú mar aon le Laidin agus Gaeilge chun go mbeadh painéal iomlán ábhar agam, painéal ina gcaithfinn 40% ar meán a shroichint chun áit ollscoile a bhaint amach agus 50% ar meán a bhaint amach chun an scoláireacht ollscoile a theastaigh go géar uaim a ghnóthan ó Údarás Oideachais Chontae Thír Eoghain. I ndeireadh na dála, bhí orm glacadh le Ceimic mar an tríú hábhar, rud nach raibh spéis dá laghad agam ann ná aon scil ar bith agam ann ach oiread. Bhí ar chumas daltaí eile a bhí san fhaopach chéanna Béarla, mar shampla, a dhéanamh sa scrúdú mar go raibh sé d'acmhainn ag a dtuismitheoirí íoc as ranganna príobháideacha dóibh taobh amuigh de bhallaí na scoile.

Le scéal fada a dhéanamh gairid, bhain mé marc sna 60%dí amach sa Laidin ach ní raibh de thairbhe an dua a chur mé orm leis an Cheimic ach marc sna 30%dí (marc 'cáilitheach' mar a tharla!). Níor chuidigh an codladh go headra a rinne mé an mhaidin a raibh an scrúdú Ceimice ar siúl mórán liom nuair a b'éigean don phríomhoide glaoch ar m'athair ag impí air mé a thiomáint isteach go beo 'na scoile sula mbeadh an scrúdú thart. Ba bheag uilig an duifear a rinne sé mar go raibh mé curtha go tóin agam féin cheana féin de thairbhe na tubaiste inar phléasc mé an goireas trí huaire i ndiaidh a chéile sa scrúdú turgnaimh cúpla mí roimhe sin.

Ba í an scrúdú Gaeilge a shábháil mé mar gur 94% an marc a fuair mé ann, an marc ab airde in Ardteastas na bliana sin (1960) sna Sé Chontae agus d'fhág sin gur sháraigh mé an sprioc de 50% ar meán gan stró sna trí ábhair agus d'éirigh liom cúrsa a choinneáil go Béal Feirste áit ar chónaigh mé go dtí go maith anonn sna 1960dí. B'éigean do chairde liom nár bhain an sprioc sin amach fanacht bliain bhreise sa mheánscoil leis an cháilíocht riachtanach sin a bhaint amach. An bhliain dár gcionn íslíodh go híorónta agus go tobann an meán le haghaidh na scoláireachta go dtí 40% sna trí ábhair.

— *IV* —

Ná Cantar Béarla!

THUG MÉ MO CHÉAD CHUAIRT ar Ghaeltacht Dhún na nGall agus mé i mo naíonán beag i mo luí i gciseán a rinneadh go speisialta dom agus a bhí leagtha ar shuíochán cúil charr m'athar. Is minic a chuala mé mo mháthair ag cur síos ar an taisteal a dhéanadh siad fud fad na dúiche sin agus chuireadh sí síos ar na daoine a casadh orthu, cainteoirí Gaeilge agus eile, bíodh a fhios gur i mBéarla a bhíodh siad ag labhairt lena chéile, ar ndóigh.

Nuair a bhí an dara bliain curtha isteach agam ar Mheánscoil na mBráithre ar an Ómaí, chaith mé mí Iúil na bliana sin ar Choláiste Bhríde i Rann na Feirste – an t-aon cheann amháin a bhí ar eolas ag mo thuismitheoirí is dóiche. Ba iadsan a d'íoc an costas. Bhí cliú agus cáil ar an Choláiste sin agus thuig siad an méid sin. Bhí sé d'ádh orm gur cuireadh ar billéad mé go teach Mhicí Sheáin Néill Ó Baoill ina raibh, ag an am sin, Micí agus a dheirfiúr Annie agus a níon siúd, Bríd, agus, blianta eile ina dhiaidh sin, deartháir Mhicí, John, ina gcónaí.

Ní raibh mé ar an eolas faoin dóigh ar tharla sa teach sin mé thar aon teach lóistín eile de chuid Rann na Feirste. Bhí mé aineolach faoi chúrsaí na Coláiste i gcoitinne agus chomh fada is a bhain sé liomsa bhí glactha agam leis gur cinneadh randamach a bhí ann. B'fhéidir nár mhiste cur síos beag a thabhairt faoinar tharla sa chás sin mar go dtugann sé léargas beag ar mhodh oibre a bhaineann le cumhacht agus pribhléid agus an tosaíocht a thugtar don bheagán a bhfuil fabhar acu sa tsochaí, ealaín nach raibh teacht ag Caitlicigh an Tuaiscirt air den chuid is mó sa tsaol inar mhair muidinne ó thuaidh.

Ba i Leifear a bhí páirtí ranga de mo chuid ina chónaí áit a raibh a athair ina ardhfheidhmeannach i maorlathas Chomhairle Chontae Dhún na nGall san am. Thigeadh an buachaill seo chun na hÓmaí ón tSrath Bhán ar thraein de chuid an *Great Northern Railway* gach maidin – sula ndearna rialtas Stormont ar siúl leis an iarnród.

Cláraíodh eisean agus deartháir óg leis le Coláiste Bhríde

Ná Cantar Béarla!

don chúrsa chéanna liomsa agus socraíodh gur i gcuideachta a chéile a rachadh sinne go Rann na Feirste. Fear a bhí ag obair in oifig na Comhairle a thiomáin muid 'na Coláiste. Thóg sé tamall beag orainn fáil amach cén áit a raibh muid le fanacht ach ba go Teach Mhicí Sheáin Néill a seoladh muid ar a dheireadh thiar. Níorbh fhada gur tugadh le fios dúinn gur díbríodh triúr lóistéirí eile as an teach chun spás a sholáthar dúinne ann. Teach de na tithe ab fhearr a bhí ann de réir cosúlachta, suite gar don Choláiste agus seanchaí cáiliúil ina fhear an tí ann. Bhí an chuma air gur de thoradh ar idirghabháil ardchumhachtach ínteacht a aistríodh an triúr leaid sin go teach eile agus lonnaíodh ansin muidinne ann ina n-áit. Níor cheil an triúr sin a díbríodh a míshástacht faoinar tharla dófa agus faoin ghar ar a gcostas siúd a rinneadh dúinne i ngan fhios domsa.

Ba thús ciotach go leor é le mo chéad téarma ar an Choláiste agus lean am léanmhar eile é nuair a cuireadh ar mo shúile dom á righne is bhí an riail faoi chosc ar Bhéarla a labhairt á cur i bhfeidhm. Bhí tuigbheáil bheag agam ar Ghaeilge ach bhí mé an-bhliotach sa chaint agus b'éigean dom fanacht gan gíog asam formhór an ama faoi ionann is móid tosta. Bhí mé i mbarr mo chéille ag éisteacht le gasraí óga a naoi nó a deich de bhlianta d'aois ó Dhún Dealgan agus áiteacha eile sa tSaorstát ag spalpadh Gaeilge agus mise agus Tuaisceartaigh eile mar mé in aon rang leo inár mbalbháin. Dar liomsa go raibh líofacht as miosúr acu sin sa teanga ach ní raibh ann ach líofacht Ghaeilge na scoile i ndáiríre, rud nár thuig mé i gceart go dtí i bhfad ina dhiaidh sin.

Ainneoin chosc ar Bhéarla, bhí claonadh againn é a labhairt *sotto voce* eadrainn féin nuair ba ghá é ach chaitheadh sinn a bheith san airdeall faoi éinne (go speisialta giolla díograiseach de chuid na Coláiste) a dhéanfadh cúléisteacht orainn. Dá mbeirtí orainn thuig muid go rímhaith gurb é 'an chéad bhus ar maidin' a bhí i ndán dúinn – is é sin go gcuirfí caol díreach 'na bhaile muid – agus chonaic muid sin déanta. Bhíodh na múinteoirí ar phatról san oíche ar bhóithre agus ar chosáin an bhaile faoi scáth taobh thiar de na sceacha agus i gcásanna áirithe ag crochadh thart ar fhuinneoga sheomraí leapa na dtithe i ndúil is go bhfaigheadh siad greim ar ainniseoir bocht éicint a raibh siolla beag ar bith Béarla i ndiaidh éaló as a bhéal.

Lá amháin, tháinig mo thuismitheoirí ó Thír Eoghain ar cuairt chugam agus thiomáin thart an dúiche mé. *'What's wrong with you, cub?'* [*cub* = gasúr], a dúirt mo mháthair liom nuair a

thug sí faoi deara nach raibh mórán á rá agam le linn an turais.
Ní raibh dadaí orm ach go raibh ainchleachtadh i mbun comhrá ag cur as dom, de thairbhe an réim tosta, agus eagla go gcuirtí abhaile mé dá gcluintí ag dul don Bhéarla mé.

Bhí meascán múinteoirí sa Coláiste, cuid acu an-dian – mar Aodh Mac Eoin ó Bhéal Feirste, fear a dtugtaí *'Fish and Chips'* ina leasainm air; bhí fear eile ann, Peadar Ó Ceallaigh ó Chontae na Mí, a raibh glór caol ard aige agus cuma cineál seafóideach air. Bhí dúil mhór aige sa tóir oíche ar dhaltaí a mbeadh claonadh acu fealladh ar riail na Gaeilge agus an Ghaeilge amháin. Ní mar sin a bhí an múinteoir amhrán den scoth a bhí againn, Aodh Ó Duibheannaigh (Hiúdaí Phaddy Hiúdaí nó *'Oody Oo'*) mar a bheireadh cuid de na foghlaimeoirí air in amannaí.

Ach i gcionn na 1950idí bhí athrach mór sa tsaol ar cois fiú amháin sa choirnéal cúlriascúil sin de Thír Chonaill. Bhí saol corrach ann le pobal an cheantair anonn is anall go hAlbain ar lorg oibre agus thug an madhmadh isteach de chuairteoirí anall i mí Iúil le linn an fheiniméin ar a dtugtaí an *'Glasgow Fair'* faisin úra agus stíleanna eile amhránaíochta leofa agus orthu siúd cultúr aduain an dreama a dtugtaí na *'Teddy Boys'* orthu. Bhí cosc iomlán ar Bhéarla chomh fada is a bhain sé linne ach ní raibh aon ghá do chlann agus garchlann phobal Rann na Feirste cead a iarraidh faoin teanga a roghnódh siadsan agus iad sa bhaile. Ba ghnách le scaifte acu sin dul ar an fhoscadh tráthnóna i ngar don fhoirgneamh céanna ina mbíodh Hiúdaí Phaddy Hiúdaí ar a dhícheall ag iarraidh na seanamhráin Gaeilge a mhúineadh dúinne i rith an lae. Is cuimhneach liom ógánach amháin acu siúd gona ghiotár a raibh teanga mhaith Ghaeilge na háite aige agus blas láidir na hAlban ar a chuid Béarla ag ligean amach an dúil nimhe a bhí aige agus a chuid mátaí sa stíl cheoil ar a dtugtar 'Rac agus Rolla'. Ba é a bhí maith ina cheann agus bhí grúpa mór den dream a bhí geallmhar ar an chineál sin bailithe thart air agus iad ag coinneáil leis sna babhtaí amhráin éagsúla. Ach b'éigean dúinne fanacht inár dtost.

Ba ghnách le foghlaimeoirí a mbíodh cnagaois mhaith ag cuid acu crochadh thart sa cheantar sin le linn an tsamhraidh ag iarraidh snas a chur ar a gcuid Gaeilge. Ba mhinic duine nó beirt acu a bheith trodach go leor maidir le Béarla ar bith a úsáid sa chomhthéacs sin agus ag ionsaí réidh dul chun spáirne faoi in amannaí. Tharla go raibh beirt nó triúr acu seo ag iarraidh eolas an bhealaigh agus iad ar strae i gceantar ar imeall na Gaeltachta nuair a thug fear de chuid na háite sin freagra orthu go múinte mánla san aon teanga amháin a bhí aige – *'I'm sorry sir, but there's no Irish at me'*, a dúirt sé. Bhí alltacht ar na cuairteoirí agus is cosúil gur chas siad leis an Bhéarlóir – *'Well there's f... all English at you either!'*

Mhoithigh mé Micí Sheáin ag trácht ar dhuine eile a bhí ar thóir na Gaeilge a raibh nádúr níos míne ann ach a raibh claonadh láidir ann cloí go daingean le Gaeilge amháin

Micí Sheáin Néill

le linn a chuairte bíodh a fhios gur ar an bheagán ar fad di a bhí sé. Dúirt Micí gur cosúil go ndeachaigh an fear seo amú agus é ag spaisteoireacht amuigh ar an phortach agus gur chaith sé scathamh ag guairdeall thart gan tairbhe. Ar a dheireadh thiar, tháinig sé ar fhear a bhí ag gróigeadh móna agus ar an bhomaite chruinnigh sé suas a raibh de Ghaeilge aige agus mar seo a labhair sé: 'Níl a fhios agam, an bhfuil a fios agat', a dúirt sé. Thuig fear an phortaigh go maith an cruachás ina raibh an stráinséir agus sheol i dtreo an bhealaigh mhóir gan mhoill é.

Bhí Rann na Feirste druidte le daoine san am sin a raibh cáil orthu mar sheanchaithe agus amhránaithe agus orthu sin bhí fear darb ainm Seán Bán Mac Grianna, duine de chlann iomráiteach Mhic Grianna, dearthair de chuid na scríbhneoirí, Séamus agus Seosamh, a raibh leabhair dá gcuid ar shiollabas Gaeilge mheánscoileanna an Tuaiscirt. Bánaí fir ab ea Seán Bán a raibh amharc na súl go dona agus an pinsean caoch aige. Bhí lionsaí chomh tiubh le gloine íochtair bhuidéal bainne ina chuid spéacloírí agus, ní nach ionadh, bhí sé ina jab crua ag an chréatúir smacht a choinneáil ar an dream míréireach mac léinn a bhí faoina chúram i gColáiste Bhríde mar gur ar éigean a bhí sé in ann iad a fheiceáil ar chor ar bith.

Ba sheomra beag díon le balla nach raibh ach cúpla fuinneoigín ann lena aerú láthair ranganna Sheáin Bháin agus ba sa phluais sin a tharla an eachtra léanmhar seo a leanas. D'éirigh buachaill ina sheasamh (raispín a raibh sé i ndán dó bheith ina bhall d'ord foriata ina dhiaidh sin) agus thug ordú na fuinneoga a dhruid; tharraing sé ina dhiaidh sin buidéilín éatair aníos as a phóca, d'oscail agus d'fhág go formhothaithe ar an rostram taobh le Seán Bán bocht é a thit ina shámhchodladh in áit na mbonn. Ba chleas gránna é a imríodh ar sheanduine a bhí ar a dhícheall chun cuidiú linn ar a bhealach saoithiúil féin.

Bhí ard-Ghaeilge ag Seán Bán, ar ndóigh, agus thuig an dream a raibh Gaeilge acu go maith gur mar sin a bhí ach bhí dream beag eile ag éad leis mar gheall ar a chumas sa teanga agus luí acu le bheith ag fonóid faoi. Tharla istigh i dteach tábhairne in Anagaire lá gur thug túitín de na túitíní sin fogha faoi i mBéarla: *'You're supposed to know Irish'*, a dúirt sé seo, *'so tell me what's the Irish for myxomatosis?'* Rinne Seán Bán é a fhreagairt go dúshlánach sa teanga chéanna: *'You put English on it and I'll put Irish on it for you!'*, ar seisean. Ainm aicíde is ea an charraig sin d'fhocal, ar ndóigh, aicíd thógálach a mharaigh na mílte coiníní in Éirinn sna 1950dí. De bhunús Greigise é.

Chuaigh muid i ngleic le gach cineál rince céilí dá raibh ann ó Chor Seisear Déag agus Caidhp an Chúil Aird go dtí Tonnaí Thoraí agus damhsaí simplí eile mar é, ócáidí a thug fairsinge bhreá dúinn a bheith ag plé leis an chineál banda. Fear giortach fuinniúil ó Bhéal Feirste a raibh Séamas Ó Mealláin air (ach nach nglaoití air ach *'Ducky'*) a bhí ina mhúinteoir rince againn. Bhíodh cleachtadh damhsa againn i halla na Coláiste nó amuigh faoin spéir, fiú ar an bhealach mhór in amannaí. D'fhoghlaim muid rudaí eile fosta, an dóigh le toitíní a chaitheamh, mar shampla, i mo chás-sa de, rud a chuir oiread mearbhaill orm is go gcaithinn luí siar ar shlat mo dhroma san fhraoch chun toit *Sweet Afton* a shéideadh uaim san aer. Corr-Dhomhnach ag am fóirsteanach, théadh foireann agus daltaí uile na Coláiste ag spágáil trasna an deáin chun an Phointe (Carraig Fhinn) anonn ó Rann na Feirste chun dul ag snámh agus ag déanamh macnais ar ghaineamh na trá. Bhíodh sé ina lán mara ag pilleadh ar ais dúinn go Rann na Feirste agus chaitheadh sinn cor bealaigh fada a chur orainn féin thart fríd an Mhullach Dhubh agus Anagaire, na céadta againn ag crágáil linn ina líne fhada streachlánach mar chimí cogaidh ag triall ar champa géibhinn.

Ba mhór an cuidiú ó thaobh ioncaim de do phobal Rann na Feirste suas le sé chéad cuairteoir in aghaidh na míosa sa dá mhí sin de shamhradh, Iúl agus Lúnasa, a bheith ar an bhaile. Bhí muid triúr ar aon leaba mórán den am agus bhí muid beo ar a bhfuair muid le hithe sna tithe lóistín móide ar cheannaigh muid de shólaistí i Siopa Bhrianaí, Siopa Searcaigh agus Siopa Cassie. Má bhí muid féin faoi strus in amannaí ba mheasa an mhaise do chearca Rann na Feirste é a raibh brú damanta orthu uibheacha a choinneáil leis an tslua sin daoine. Bhíthear ag cur chomh crua sin orthu nach mbíodh ar phláta bricfeasta an Domhnaigh againne mar aon leis an tslisín bagúin agus ispín ach uibheacha friochta agus iad gearrtha ina dhá leath – agus leath an duine againn.

Dé réir mar a bhí mo chumas cainte ag dul i bhfeabhas, bhí mé in ann comhrá bacach a dhéanamh le bunadh an tí agus tháinig borradh ar an spéis a bhí ag Micí ionam, dar liom. Thug sé leis mé lá amháin trasna an deáin leis chun an Phointe go dtí baile beag ina raibh sé nó seacht gcinn de thithe ceanntuí suite gar dá chéile, tithe a bhain le 'Albanaigh an Phointe', mar ar tugadh orthu – is é sin Protastúnaigh na háite. Le huibheacha a cheannach uathu a tháinig muid, oiread is bhí muid ábalta a iompar, agus chuige sin a thug Micí leis mé.

Fuair mé ceacht teangan ó Mhicí ar an bhealach anonn agus ar ais arís nach ndéanfaidh mé dearmad air a choíche agus é ag cur síos ar an uile rud a bhí le feiceáil ar an trá, san aer agus san uisce agus muid ag dul trasna, *flora* agus *fauna* na háite ar fad – a raibh beo ar an chladach agus faoi ghaineamh na trá. D'ól muid deoch uisce ag an tobar ar bhéal na trá agus mhínigh Micí dom go raibh Gaeilge mhaith ag cuid den mhuintir a raibh muid ag tarraingt orthu ach go raibh cuid eile acu ar an bheagán agus dá gcastaí cuid acu sin orainn agus dá labhairtí liom i mBéarla gur cheart dom freagra a thabhairt orthu sa teanga sin. Ba lá mór Gaeilge agam é ach ní raibh aon chosc ar Bhéarla an lá sin ach oiread; d'fhoghlaim mé gurbh fhearr a bheith múinte sibhialta ná fanacht dílis do dheachtráiteas ar bith faoi chúrsaí teangan.

Ba ó Mhicí a fuair mé an chéad eolas a bhí agam faoi dhaingean láidir Gaeilge i lár Dhún na nGall a dtugann siad 'Na Cruacha' air. Mar seo ba ghnách le cainteoirí breátha Gaeilge Ghleann Fhinne ardmholadh a thabhairt do Ghaeilge na gCruach ar a híonacht – 'Tá sean-Ghaeilge mhaith fá na Cruacha', a deireadh siad. Blianta ina dhiaidh sin, thug mé Micí ar cuairt lae ann agus chas sé le cuid de bhunadh na gCruach a raibh aithne mhaith agam orthu faoin am sin agus rinne dreas fada comhrá leo. Ag tagairt do chuairt Mhicí ina dhiaidh sin, ní thabharfadh siad aon ainm air ach 'an fear a bhfuil an Ghaeilge aige'. Bhí ardmheas acu air – bhí sé chomh maith leofa féin, dar leo!

— V —

'Fainic Thú Féin ar an "R" Caol!'

CHUAIGH MÉ CHUN CÓNAITHE i mBéal Feirste mar mhac léinn céad bhliana in Ollscoil na Ríona i bhfómhar na bliana 1960. Bhí idir chritheagla agus sceitimíní orm faoin chéim mhór sin sa tsaol a ghlacadh agus mé ag gluaiseacht i measc an tslua daoine óga mar mé féin; bhí cuid mhaith ón tuath gan mórán taithí acu ar shaol na cathrach ach oiread liom féin agus muid i ndiaidh slán a fhágáil ag ár muintir sa bhaile agus aghaidh a thabhairt ar shaol eile ar fad sa timpeallacht úrnua inar casadh muid. Ba mise an chéad bhall den chlann sínithe a fuair seans ar chúrsa ollscoile agus bhí mé ar an bheagán ón Leamhchoill a ghlac a leithéid de chéim roimhe sin. Glasstócach a bhí ionam ar chuile chaoi ach glas is eile mar a bhí mé níor ghéill mé do chathú na cathrach chomh réidh agus rinne buachaill eile ó Mheánscoil na mBráithre ar an Ómaí bliain nó dhó roimhe sin a chaith bunús seachtaine i Músaem Uladh – chan le treise na spéise a bhí aige sa tseandálaíocht nó san ealaín – ach sa spórt a bhain sé as dul suas anuas san ardaitheoir saor in aisce.

Sa bhliain 1947, d'oscail Acht de chuid Phairlimint na Breataine an doras chun na hollscoile domsa agus do mhórán eile mar mé agus phlódaigh na sluaite isteach de réir a chéile ón chineál céanna cúlra liomsa. Is cuimhneach liom gur chuala mé ag duine ínteacht go raibh suas leis an cheathrú cuid de mhic léinn na hOllscoile ina gCaitlicigh faoin am go dtáinig mise ar an láthair, staitistic a chuir uafás orm i dtús báire de thairbhe an tógáil a fuair mé i bparóiste a raibh tromlach mór ag Caitlicigh inti. Bhí mé i mo bhall de mhionlach den chéad uair ar an dóigh sin i bpobal na hollscoile agus ní raibh cleachtadh ar bith agam ar ról den chineál sin arbh fhiú trácht air go dtí sin. Bhí agus tá go fóill, comhaireamh cloigne gránna den chineál sin ina chuid bunaidh de shochaí sheicteach an Tuaiscirt.

Ceann de na dualgais a bhí orm mar mhac léinn céad bhliana ab ea dul chun cainte leis an Chomhairleoir Staidéar a ceapadh dom, léachtóir i Roinn an Bhéarla a dtugadh siad John

Braidwood air. Albanach (ó Albain) macánta a bhí ann a bhí ríshásta leis an rún a bhí agam Gaeilge (nó Ceiltis mar ar tugadh air) agus Laidin a roghnú mar ábhair sa chéad bhliain. Thaitin sin go mór leis agus chuir sé in iúl dom gur rogha fíoroiriúnach a bhí ann. Theastaigh an tríú hábhar agus mhol sé Fealsúnacht Scolaíoch dom mar ábhar ionadach. Bhí Fealsúnacht ar fáil mar ábhar fosta ach cuireadh ar mo shúile dom go raibh sé inmholta do Chaitlicigh Fealsúnacht Scolaíoch seachas Fealsúnacht a ghlacadh mar ábhar.

Is dóiche gurb é an Séiplíneach Caitliceach ba chúis leis an 'mholadh' sin, fear a dtugadh siad Patrick Kelly air agus go mba eisean a thug le fios domsa é le linn an chruinnithe shainordaithe a bhí agam leis thart fán am chéanna. Beidh cuimhne go brách agam faoin racht feirge a tháinig air nuair a d'inis mé dó faoi roghnú an dá ábhar eile, Ceiltis agus Laidin, roghnú gan dóigh agus ionann is seans a ligean amú a bheadh ann cloí leis na hábhair sin, dar leis, rud a thug sé le fios dom go neamhbhalbh. Aineolach agus eile mar a bhí mé, bhí sé den chéill agam gan aird ar bith a thabhairt air. Bhí idir dhéistean agus díomá orm faoin dearcadh a bhí aige i ndáiríre agus ba mhór idir é agus an misniú a thug John Braidwood dom roimhe. Lena cheart a thabhairt don tsagart, áfach, is dóiche gur bhraith sé go raibh sé ina dhualgas air Caitlicigh óga mar mé a bhrú i dtreo cáilíochtaí gairmiúla de chineál ínteacht a bhaint amach ar mhaithe le dul chun cinn a dhéanamh sa tsaol. Ach ghoill an brú brúidiúil sin uaidh orm ag an am agus go fóill féin dá ndéarfainn é.

I ndeireadh na dála ní raibh de rogha agam ach cloí leis an Fhealsúnacht Scolaíoch sa chéad bhliain agus ag deireadh na bliana lean mé leis an Cheiltis agus an Laidin (mar fho-ábhar). Ceiltis amháin a bhí agam sa tríú agus sa cheathrú bliain agus bhain mé an chéim BA amach i samhradh na bliana 1964.

Bhí Theodore Crowley O.F.M. agus An tAthair James Mackey ar bheirt de na léachtóirí a bhí agam san Fhealsúnacht Scolaíoch. Bhí An tAthair Cahal Daly (a bhí ina Ardeaspag ar Ard Mhacha agus ina Chairdinéal ina dhiaidh sin) ina léachtóir sa Roinn sin fosta ag an am. Ba thaibhseach an feic é an tAthair Crowley é lán den eagna shaolta. Fear ard dathúil é An tAthair Mackey a bhí ina dhia bheag ag na mná ar ghnách leo teachtaireachtaí cumainn a scríobh chuige ar an chlár dubh.

Bhí faisean ag an Athair Crowley scéilíní faoin taisteal

domhanda a dhéanadh sé a dháileadh go rialta orainn. D'inis sé dúinn faoina chuairt ar an Chongó turn agus an brothall as miosúr a d'fhulaing sé ann. Bhí sé ar a bhealach le tacsaí ón aerphort chun na príomhchathrach agus é ina chuid allais, a dúirt sé, agus b'éigean dó iarraidh ar an tiománaí an fhuinneog a oscailt chun faoiseamh beag a thabhairt dó. Rinne an tiománaí go drogallach mar a iarradh air ach nuair a d'impigh an sagart air an dara ceann a oscailt, stop sé an carr, d'éirigh amach as agus bhain cóta mór as cófra an bhagáiste agus chuir air é. Tá glandearmad déanta agam ar bhrí an scéil seo ach is dóiche gur le haghaidh pointe ínteacht a bhain le fealsúnacht a chur ina luí orainn a bhí sé.

Bhí mé ar lóistín thall is abhus gar don ollscoil agus mé i m'fhochéimí agus ní raibh aon cheann de na tithe ina raibh mé thar mholadh beirte ach bhí siad saor. Ba chás eile ar fad é nuair a bhog mé go 26 Sráid Camden mar a raibh an lánúin lách, Pat agus Bridget Kelly, ina gcónaí. Bhí sé ina bhaile agamsa agus ag na lóistéirí eile agus bhí an táille sheachtainiúil thar a bheith réasúnta. D'fhan mé ann ar feadh i bhfad i m'fhochéimí agus i m'iarchéimí agus bhí Pat (ón Chrois Ghearr, Contae an Dúin) agus Bridget (ó Achadh Lon, Contae Fhear Manach) ina gcairde agam i rith an ama sin agus i bhfad ina dhiaidh.

Caithfidh mé a admháil nár oibrigh mé chomh dian sin uilig mar mhac léinn ach d'fhreastail mé an mhórchuid de na léachtaí agus ranganna teagaisc agus théinn a léitheoireacht sa leabharlann go minic. Bhí leabhar faoi chanúint de chuid Dhún na nGall – leabhar E.C. Quiggin faoi Ghaeilge Mhín an Bhainne gar do na Gleanntaí – ar cheann de na leabhair ar thug mé suntas di. Bhí an teideal tarraingteach – *A Dialect of Donegal* – ach bhí sí i bhfad ró-theicniúil domsa agus d'fhág mé uaim í.

SEANLEABHARLANN
OLLSCOIL NA RÍONA

Cháiligh mé don chúrsa onóracha sa Cheiltis agus sa dara bliain ar an ollscoil bhí cead agam dá réir sin a dhul ag póirseáil fríd an bhailiúchán leabhar ar na hurláir uachtaracha den leabharlann, áit ar aimsigh mé méid dochreidte (domsa) leabhair faoi stair agus cultúr na hÉireann. Bhain go leor acu seo le Bailiúchán Henry, Éireannach céimiúil a bhí ina ollamh le Laidin san ollscoil tráth den tsaol, agus cuid eile le T. F. Ó Raithile, scoláire mór Gaeilge de chuid Bhaile Átha Cliath, ar cheannaigh Ollscoil na Ríona sciar dá chuid leabhar ó sheastán díoltóra leabhar ar chéibheanna Bhaile Átha Cliath, más fíor. Ní raibh an póca teann agam agus d'fhág sin nach raibh sé d'acmhainn agamsa mórán leabhar a cheannach ach théinn chuig siopa Serridge i Sráid an Chaisleáin corruair nuair a bhí leabhair ar fáil ar shladmhargadh ann agus cheannóinn ceann nó dhó acu ar shé pínn nó scilling agus seanuimhreacha de *Béaloideas* ina measc.

Ba é an tOllamh Heinrich Hans Wagner agus an fhoireann léachtóirí faoi a bhí i mbun an teagaisc. Eilvéiseach ab ea Heinrich ó chathair Zurich, coimhthíoch a raibh blas láidir aisteach ar a chuid Béarla ach a labhair Gaeilge Dhún na nGall mar a bheadh cainteoir dúchais Conallach ann. Bhí Sean-Ghaeilge, Gàidhlig na hAlban, Meán-Bhreatnais, Nua-Bhreatnais, an Ghaeilge Chlasaiceach, Canúintí na Gaeilge, Fiannaíocht agus Béaloideas ar an chúrsa againn agus bhí Heinrich féin agus léachtóirí eile againn mar Bhreandán Ó Buachalla ó Chorcaigh (a bhí ina Ollamh le Nua-Ghaeilge i gColáiste Ollscoile Bhaile Átha Cliath i bhfad ina dhiaidh sin), bean ó Bhéal Feirste, Deirdre Flanagan (née Morton), a chuir faoi dhubhiontas muid le feabhas na Gaeilge a bhí aici agus a háilleacht, Patrick Leo Henry ['P. L.'] ó thuaisceart Ros Comáin a mbíodh éadan doicheallach air agus bealach dorrga aige ach arbh é croí na féile é – a bhean Siobhán ó Chorca Dhuibhne a chuir ar an eolas muid faoi Ghaolainn na Mumhan; bhí Colm Ó Baoill ó Ard Mhacha, Nollaig Ó hUrmoltaigh agus Anraoi Mac Giolla Chomhaill ó Dhoire, Gearóid Stockman ó Bhéal Feirste, agus Dick Skerritt anuas ó Bhaile Átha Cliath againn ó am go chéile chomh maith, agus tháinig Seán Ó hEochaidh chugainn ó Ghort an Choirce uair sa choicís agus James Carney anois is arís ó Bhaile Átha Cliath. Bruce Williams (Breathnach a bhí ina léachtóir le Fraincís) agus Mrs Williams (Breathnach mná a bhí pósta i mBéal Feirste) a bhí i mbun na Nua-Bhreatnaise agus rinne muid cúrsa i Seandálaíocht na gCeilteach faoin Ollamh E. M. Jope ó Roinn na Seandálaíochta.

Ag deireadh an chead téarma, i mbéal na Nollag, ar chúis ínteacht, roghnaigh P. L. Henry mise agus roinnt bheag eile de na mic léinn a bhí sa rang aige chun achoimre, nó *précis* mar a dúirt sé, a scríobh le linn na saoire ar chaibidil de leabhar mór Daniel Corkery, *The Hidden Ireland*. Ní raibh barúil ar bith dá laghad agam cad é a bhí i gceist le *précis* agus b'éigean dom dhul i muinín an fhoclóra leis an fhadhb áirithe sin a réiteach. Tá faisean agam barraíocht de bhunbhrí a bhaint as rudaí in amannaí agus b'amhlaidh a bhí sa chás sin de. Chaith mé an Nollaig sin sa bhaile i nDroim Caoin ag síormheilt agus ag snoí ar theann mo dhíchill brí agus foclaíocht na caibidle sin go dtí gur éirigh liom í a bhruith anuas ina leath-leathanaigh. Thug mé an obair bhaile a bhí déanta agam do P. L. go luath san athbhliain, mé breá sásta liom féin agus lánchinnte go mbeadh seisean lán chomh sásta liomsa. Faraor géar ní raibh sé chomh sásta is a mheas mé go mbeadh mar ní dhearna sé ach mo leath-leathanaigh a chrochadh in airde is a rá *'It's a bit on the short side, isn't it!'* Bhí mise go mór fríd a chéile leis an bhreithiúnas a tugadh ar thoradh na húnfairte a rinne mé leis an chaibidil a ghiortú oiread agus thiocfadh liom. Nárbh é sin a bhí gceist le *précis* ar an chéad dul síos! Níor léir dom chomh greannmhar is a bhí an cás ag an am ach ina bhealach aisteach féin, bhain mé ceacht luachmhar as an eachtra uilig: ní raibh aon ghlacadh le mo leath-leathanaigh ró-bhearrtha ró-ghiortaithe a bhuíochas sin do shainmhíniú foclóra. Gheibh seancheann féin ciall!

Bhí an chanúint aisteach a bhí ag Heinrich sa Bhéarla ina cúis gháire againn in amannaí agus bhíodh cuid againn ag iarraidh aithris a dhéanamh air. Cheartaigh sé cailín a bhí sa rang foghraíochta aige aon am amháin agus léirmheas beacht á dhéanamh aige ar a cuid urlabhraíochta. De réir cosúlachta, ní raibh ar a cumas idirdhealú ceart a dhéanamh idir *r* caol agus *r* leathan agus theip uirthi iad a fhuaimniú mar ba mhian le Heinrich iad a bheith. B'éard a dúirt sé léithi, más fíor – go deas sibhialta ach go débhríoch i ngan fhios dó féin: *'Ach vell Miss X you must mind your slender rs!'*

Bhí An Cumann Gaelach ar cheann de na cumainn ar chláraigh mé leo nuair a bhain mé an ollscoil amach agus d'fhan mé i mo bhall de go bun scríbe. Toghadh mé i mo bhall de choiste an Chumainn, i mo leasreachtaire air agus i m'eagarthóir ar iris an Chumainn, *An Scáthán*. Níorbh bhraig ar bith í an iris chéanna mar nach raibh inti ach leathanaigh chiclistíle a chlóbhuail mise agus mic léinn eile ar ár mbealach amaitéarach féin. Bíodh a fhios nach ndearna muid mórán gaisce mar iriseoirí, d'eirigh linn ina dhiaidh sin éacht a dhéanamh le linn ceann d'Fhéiltí na hOllscoile bliain amháin nuair a chuir muid agallamh i nGaeilge ar Mhícheál Mac Liammóir. D'fháiltigh sé roimh thriúr againn isteach in Óstán an *Wellington Park* lena ghnáthiompar amharclannaíoch agus labhair go cneasta linn ar feadh uair a chloig nó mar sin. Bhí réalt eile trasteorannach de chuid na Féile ag cúléisteacht linn i ngan fhios dúinn agus ghlac sé de thrioblóid air féin éirí ón stól ard ar a raibh sé ina shuí ag an bheár le teacht trasna chugainn chun íde na muc is na madadh a thabhairt dúinn as a bheith ag cur ár gcuid ama amú ag caint Gaeilge. Ba é sin an t-aon uair amháin ar bhuail mé le drámadóir mór Lios Tuathail, John B. Keane.

Ollscoil na Ríona, Béal Feirste

Ba ghnách leis an Chumann Ghaelach céilithe a reáchtáil le linn na bliana agus Céilí Mhór le linn na Seachtaine Phléarácaim in áiteacha mar Halla Seoirse VI (in aice le Halla na Cathrach), an Ardscoil (i Sráid Divis) agus i Halla Naomh Muire ar Bhóthar na bhFál agus bhíodh freastal maith ar na hócáidí sin i gcónaí. Bhíodh céilithe againn anois agus arís san Lárionad Meitidisteach gar don ollscoil, foirgneamh nuathógtha a raibh an tOirmhinneach Ray Davey i gceannas air. Chuaigh an ministéir éacúiméineach sin i mbun an *Corrymeela Centre* i dtuaisceart Chontae Aontroma ina dhiaidh sin. Tharla bliain amháin gur reáchtáil an Cumann céilí sna bólaí céanna sin i bhfad ó bhaile i mBun Abhann Dalla in óstán a dtugadh siad *Delargy's Hotel* air, gur le muintir Shéamuis Uí Dhuilearga aon am é. Ní ann dó níos mó mar gur 'shéid na tírghráthóirí san aer é', an bealach ar ghnách leis an Duileargach cur síos ar an ghnó sin.

Ní cumann Caitliceach a bhí sa Chumann Ghaelach bíodh a fhios gur Caitlicigh is mó a chláraigh leis. Ba ghnách le mic léinn eile de gach cineál freastal ar na céilithe, mar shampla, ach ainneoin sin is uile breathnaíodh go minic ar an Chumann Ghaelach mar dhúnchla an phoblachtánachais agus ceárta na ceannairce. Is cosúil gur mheas mórán gur bagairt ann féin do 'Ulaidh' úd na nAondachtóirí spéis ghníomhach sa teanga Ghaeilge agus an cultúr a bhain léithi a léiriú. Go bhfios domsa ní raibh aon bhaint ar bith ag an Chumann le cúrsaí polaitíochta de chineál amháin nó de chineál eile, in m'am-sa cibé ar bith.

Ar an láimh eile, ceann de na buntáistí móra a bhain leis an Chumann ab ea an ceangal a bhí aige le heagraíocht a dtugadh siad An Comhchaidreamh air, eagraíocht a bhunaigh Gael Linn chun nasc a chruthú idir na Cumainn Ghaelacha ollscoile in Éirinn. Chuir An Comhchaidreamh díospóireachtaí idirollscoile agus ócáidí cultúrtha eile ar bun agus reáchtáil Tionól bliantúil thall is abhus sa Ghaeltacht. D'fhreastail mé féin ar phéire acu sin, ceann sa bhFeothanach i gCorca Dhuibhne, agus ceann eile i nGaoth Dobhair. D'oscail An Comhchaidreamh fuinneog ar an tsaol ó dheas dúinne, mic léinn an Tuaiscirt, agus chuir ar ár gcumas bualadh le cairde na Gaeilge fud fad chóras ollscolaíochta na hÉireann. Thairis sin, ba é buaicphointe na bliana Dinnéar Gléasta an Chumainn i Halla *McMordie* san ollscoil nó i dtimpeallacht ghalánta Óstán an *Wellington Park*. Ba comhthéacs tairbheach comhluadar sultmhar sin na Gaeilge chun ceangail ghearrshaolacha rómánsúla a éascú.

Ba sna luath-1960dí agus mé i mo mac léinn óg in Ollscoil na Ríona i mBéal Feirste a thug mé mo chéad chuairt ar an daingean sléibhtiúil sin ar a dtugtar Na Cruacha. Lean mé Abhainn an Ríleáin a ritheann síos i dtreo abhainn na Finne a théann uaidh sin síos léithi go mbuaileann sí leis an Mhorn go ndéantar an Fheabhail di ag an tSrath Bhán agus Leifear agus uaidh sin amach léithi chun na farraige ag Doire Cholm Cille. Lonnaithe istigh i lár na gCruach atá an spota ina n-éiríonn an Rileán gar don áit a mbuaileann trí pharóiste, Cill Taobhóg, Cill Ó mBaird agus Inis Caol, le chéile.

'Fainic Thú Féin ar an "R" Caol!' 57

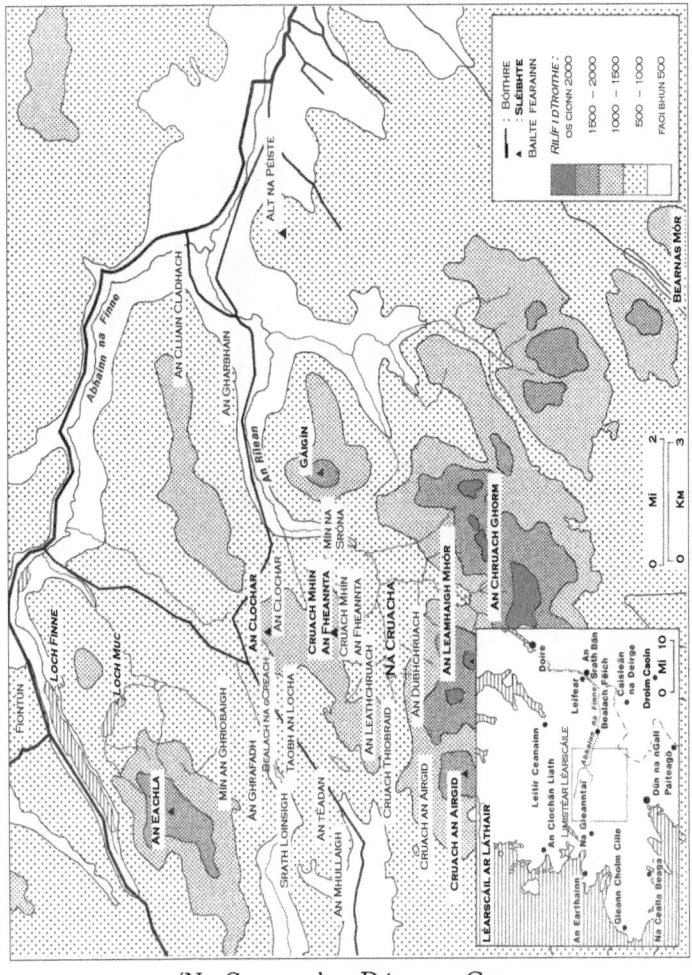

'Na Cruacha' i nDún na nGall

Tá an mhír 'cruach' ina chuid aiceanta de mhórán d'ainmneacha na gcnoc maorga géarchrochta os cionn na habhna sin ar a bealach síos eatarthu, cuid mhaith acu dathchódaithe – An Dearg-Chruach, An Dubh-Chruach, An Leath-Chruach, Cruach Mhín an Fheannta dea-fhoghrach agus Cruach an Airgid – 'an baile is deise ainm in Éirinn'. Os a gcionn, féachann An Chruach Ghorm féin anuas orthu uilig, an cnoc as a n-ainmnítear an ceantar sin i mBéarla mar atá *'The Blue Stack Mountains'*. 'Na Cruacha' a thugadh bunadh na gCruach ar a gceantar féin

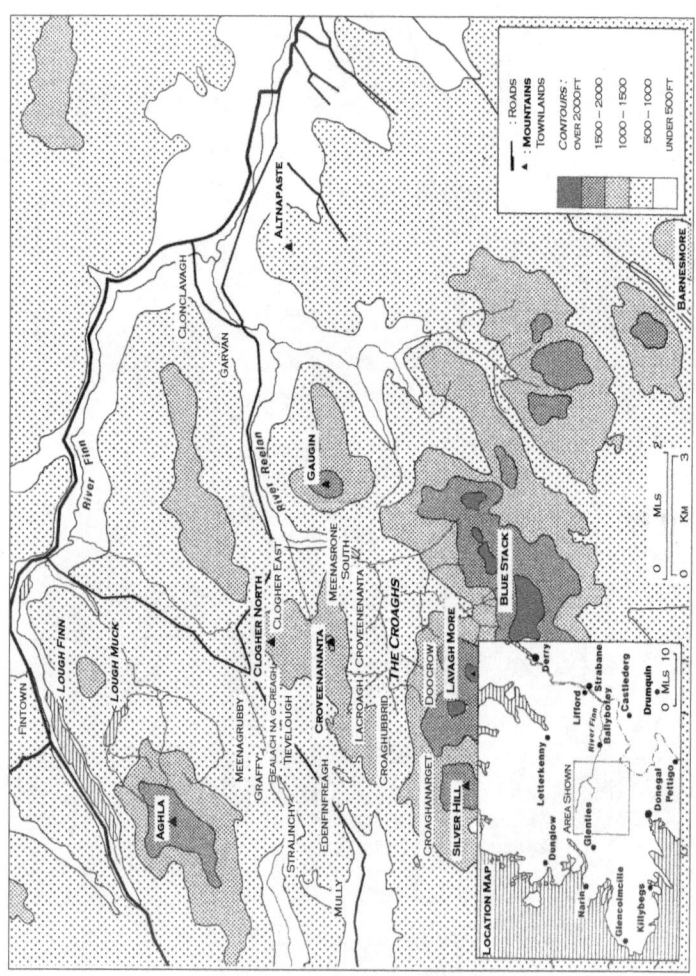

'THE CROAGHS', COUNTY DONEGAL

agus *The Croaghs* a thugann Béarlóirí air. Tá na beanna seo le feiceáil amach siar ó chnoic na Leamhchoille agus ní thógann an turas carr ón Leamhchoill go lár na gCruach uair a chloig féin.

I samhradh na bliana 1964, bhronn Comhaltas Uladh (mar a ghlaoití ar Chonradh na Gaeilge in Ultaibh) a raibh fear breá arbh ainm dó Gearóid Mac Giolla Domhnaigh ina rúnaí air scoláireachtaí Gaeltachta orm féin agus ar thriúr eile a léirigh dubhspéis sa Ghaeilge chun go bhféadfadh sinn seal a chaitheamh ar na Cruacha ag cur feabhais uirthi mar Ghaeilge.

Ba sheanpháirtí ranga liom ó Mheánscoil na mBráithre, Peadar Ó Duibheannaigh ón Ómaí, agus péire ábhar sagairt, fear ó Dhún na nGall agus fear ó Chontae Lú (a ndearnadh easpag de ina dhiaidh sin) an triúr eile a bhí ann. Fuarthas lóistín dúinn sna tithe ar na Cruacha agus thoiligh máistreás Scoil na gCruach, Máire Bean Uí Cheallaigh (Mary Amrais) ceachtanna Gaeilge a chur ar fáil dúinn le linn na tréimhse a chaith muid ann. Bean de chuid na gCruach, bean chliste agus múinteoir tuisceanach a bhí inti agus d'fhoghlaim muid a lán Éireann uaithi faoin Ghaeilge agus faoi chanúint ársa na gCruach fosta. Ba san am sin a casadh fear de mhuintir Dhochartaigh, fidléirí cáiliúla Dhún na nGall orm, Micí Simie agus a bhean Mary Rua. Chasfaí deartháir Mhicí, John Simie, orm ina dhiaidh sin ar na Cruacha fosta. Bhí fearadh na fáilte rompu uilig i dtithe na gCruach agus sa cheantar máguaird. Bhí Micí agus Mary ag fanacht ag Fanny McGinley ar an Chlochar, pánaí mná a raibh an-rith cainte aici agus dúil mhór sa chuideachta agus sa cheol aici. Sheinn Micí mórán cineálacha poirt dúinn os comhair na tine i dteach Fanny an lá sin agus ina measc siúd bhí fonn an-taitneamhach: *'Going to Mass last Sunday'*, a duirt Micí, an t-ainm a bhí air. Bhuail mé le John Doherty, deartháir Mhicí, ar na Cruacha ina dhiaidh sin i dTeach Eoghan Mhicheáil, áit ar chuir bunadh an tí fáilte chroíúil roimhe i gcónaí. Ba ghnách leis an bheirt Dochartach sin (a raibh buanchónaí orth i Srath an Urláir) fanacht le teaghlaigh thall is a bhus fríd Dhún na nGall ar feadh mí nó dhó i gcásanna áirithe agus bhíodh fearadh na fáilte rompu i dtólamh i measc na ndaoine.

Bhí agus tá jabanna samhraidh ina gcuid de shaol an mhic léinn. Á luaithe is bheadh scrúduithe an tsamhraidh thart ba ghnách le baicle mac léinn bailiú leo thar sáile go Sasain ag obair ar na busanna i *Kent* nó ag plé le próiseáil píse agus a leithéid i *Lincolnshire*. I mo chás-sa de, fuair mise mo chéad jab samhraidh sna míonna roimh dhul chun na hollscoile dom. I bPort an Dúnáin, Contae Ard Mhacha, a bhí sé, an áit á a raibh Margaret (Cissy), deirfiúr mo mháthaire, agus a fear, Tommy Fullan, ina gcónaí. Chuirtí go Port an Dúnáin muid ar 'laethe saoire' chucusan agus bhí an-chion acu orainn agus ar a gcuid nianna agus neachanna eile chomh maith. Ní raibh aon chlann orthu féin ach an bheirt taibhseach a dtugadh siad 'James' agus 'Catherine' orthu nár chas muid riamh leo agus a bhí go síoraí as baile ar scoil chónaithe, mar dhea.

Bhí agus tá go fóill Port an Dúnáin ar cheann de na bailte is seictí sa Tuaisceart agus bíodh a fhios go raibh Tommy agus Margaret ar a ndícheall ag iarraidh sinn a chosaint ar an chuid ba mheasa den chineál sin, bhí a fhios againn go rímhaith nach raibh cúrsaí chomh réchúiseach ón taobh sin de agus a bhí sa bhaile sa Leamhchoill. Bhí áit trasna ón teach a bhí acu i Sráid an Droichid ar bhruach abhainn an Bhanna a dtugadh siad na *'Pleasure Gardens'* air. Bhí sé lomlán de luascáin agus timpealláin spraoi agus faichí bollaí maisithe agus ba é ár mian go síoraí cuid den lá a chaitheamh ann. Bhíodh an geata ar oscailt Dé Domhnaigh ach ní raibh aon mhaith dúinne ann mar bhí slabhraí móra ar na luascáin agus eile agus chuile rud faoi ghlas ann chun cuidiú linn gan an tsabóid a bhriseadh. Is cuimhneach liom lá ag súgradh 'Buachaillí Bó agus Rua Indiaigh' le gasraí na háite i bpáirc mhór phoiblí eile in aice láimhe nuair a fiafraíodh díom ar Pápaire mé. Ní raibh mé in ann freagra a thabhairt mar nach raibh a fhios agam cad faoi a bhí siad ag caint. Ba leor an caesúr sin chun deireadh a chur lenár súgradh an lá sin agus gach lá eile ina dhiaidh.

Níor sheas mé an chéad jab a bhí agam i bPort an Dúnáin i bhfad. Ba sna gáirdíní cáiliúla rósanna ag Sam McGready a bhí mé agus ba í an obair a bhí agam ag glanadh spíon ó ghais róis. Ní raibh agam ach cúpla punt suarach sa tseachtain; níorbh fhiú liom é agus na méara stróicthe agus an fhuil ag rith astu agus ba ghearr gur chaith mé isteach an tuáille. Ádhúil go leor thángthas ar phost eile dom in Óstán an *Imperial* i lár an bhaile a bhí i bhfad ní ba phléisiúrtha agus d'éirigh liom ní b'fhearr ansin ag foghlaim na ceirde mar fhreastalaí beáir le cúnamh an úinéara agus a foirne cineálta. Níor thóg sé i bhfad orm teacht isteach ar an obair agus d'éirigh mé cleachtaithe leis taobh istigh d'achar gearr. Ag deireadh an tsamhraidh agus mo sheal tugtha ann, bhí an t-úinéir chomh sásta liom agus gur thairg sí cúnamh airgid dom dá dtogróinn dhul ar chúrsa bhainistíochta óstáin agus lónadóireachta.

Chuir iompar duine de na buanchustaiméirí oideas breise orm i mbealach eile ar fad. Iarmhúinteoir scoile a bhí ann agus choinnigh sé air lá i ndiaidh lae ag tathaint orm dhul ar cuairt chuige ina theach nuair a bheadh lá saor agam. Bhí barúil mhaith agam go raibh rud ínteacht contráilte faoi agus ní raibh rún dá laghad agam géilleadh dó agus ní dhearna mé ach é á bhrú uaim go béasach. Tharla gur chuala an cócaire, iarshaighdiúir doscúch

de chuid Arm na Breataine, mo dhuine á mo mhealladh le
blandar lá agus bhí sé den bharúil go raibh mé ag dul i gcontúirt
i ngan fhios dom féin. Thug sé ar leataobh ina dhiaidh sin mé sa
chistin agus dúirt i mbeagán focal dá nglacfainnse le cuireadh ó
mo dhuine dhul chun tí chuige nár mhór dom drár iarainn, mar
a dúirt sé, a bheith á chaitheamh agam! Ba leor sin.

An samhradh ina dhiaidh sin agus mé ar an ollscoil, fuair mé
jab eile ag obair i mbeár i mbruachbhaile de chuid Ghlaschú na
hAlban a dtugann siad *Yoker* air. Bhí an *Forum Bar*, ollsiopa óil,
gar go maith do na longchlósanna i gClydebank agus b'ann ba
ghnách le hoibrithe an cheantair sin a dhul ag ól lena gcuid ban
agus a gcuid leannán, go speisialta ag an deireadh seachtaine. Ba
le fear crua ó Chontae an Chabháin é a thug £11 sa tseachtain
dom ach a choinnigh mé féin agus na baill eile foirne ag obair
gan stop gan staonadh ann. Bhí lóistín saor in aisce agam an
taobh eile den chathair ag lánúin a raibh aithne mhaith ag mo
mhuintir orthu – John agus Sadie Hamilton – a thug aire mhaith
dom. Bhí oiread cruinnithe agam ag deireadh an téarma a chaith
mé ann a chuir ar mo chumas turas traenach a thabhairt go
hÒban ar chósta thiar na hAlban agus uaidh sin le bád isteach
go Barraidh in Inse Gall. Bhí sé d'ádh orm bualadh le máistreás
scoile i mBarraidh a bhí ina hamhránaí mór le rá agus ina
díograiseoir i dtaobh chultúr na Gàidhlige – Anna Nic Iain nó
Annie Johnstone. Ba í an chéad cheist a chuir sí orm an raibh
aithne agam ar Shéamus Ó Duilearga. Ní raibh san am sin ach
tháinig an t-am go gcuirfinn aithne mhaith ar an fhear chéanna
a rinne cion fir do chultúr na Gaeilge agus do bhéaloideas na
hÉireann (agus na hAlban).

Ba ghnách liom sciar maith den am saor a bhí agam a
chaitheamh i gcomhluadar Tommy Docherty, fear de thógáil na
hAlban, a bhí ag obair do chomhlacht mór uiscí mianra agus
deocha glasa a dtugann siad *Dunns* air, comhlacht a bhí ar
bheagán de na comhlachtaí Caitliceacha mór le rá i nGlaschú
san am sin. Ba cineál bainisteora díolacháin é agus bhíodh sé ag
taisteal fríd an chathair ag plé le tithe tábhairne agus na húinéirí
agus bainisteoirí a bhí orthu. Bhí cuid acu sin ina Híleantóirí
agus Gàidhlig acu agus fuair mé seans castáil leo siúd thall is
abhus chun iarracht a dhéanamh a dhul i dtaithí ar Ghàidhlig.
Shocraigh Tommy am amháin go rachainnse leis chuig dinnéar le
húinéir *Dunns* i dteach mór i mBearsden, bruachbhaile faiseanta
de chuid Glaschú. Ní raibh ann ach an triúr againn ag bord.

Creidim gurb é a bhí taobh thiar den chuireadh a fuair mé seans a thabhairt don tseanduine mé a mheas go bhfeictí an mbeinn infhostaithe aige. Níl agam ach cuimhne dhoiléir ar an ócáid ach i gcás ar bith níor tháinig dadaí de. Seans maith go raibh mé róleanbaí chun a raibh ar siúl ann a thuigbheáil i gceart agus gur chaith mé barraíocht ama ag cur síos ar an dúil a bhí agam leanstan den Léann Cheilteach seachas dhul le buidéalú mar shlí bheatha.

Go hOileán Mhanainn a chuaigh mé don chéad jab samhraidh eile a bhí agam, go beár i nDoolish a dtugadh siad an *Texas Bar* air. Bhí mise agus na hoibrithe eile gléasta mar bhuachaillí bó ann gonár gcuid piostail bhréige, seaipeanna, boiléaros, agus hataí *stetson*. Turasóirí lae ó Bhéal Feirste cuid mhaith de na custaiméirí a tháinig ann agus glincín sa ghrágán acu. '*Thee Mackies by the nack Jum!*' a bhéiceadh siad liom: is é sin le rá trí bhuidéal pórtair Mackeson gan gloine. '*Thee*' (gan -*r*-) a thugann bunadh Bhéal Feirste ar '*three*'. Ní nach ionadh, níor thaitin an *Texas Bar* mórán liom agus níor sheas mé ach seachtain é go dtí gur bhain mé an feisteas amaideach díom agus gur phill mé ar ais go hÉirinn. B'shin an deireadh a bhí le mo ghairmréim idirnáisiúnta sa bhrainse sin agus an chríoch mhíchlúiteach a tháinig ar an am a chaith mé ag dul do cheird an fhreastalaí beáir. Bhí sé de shásamh agam a chluinstin ina dhiaidh sin go bhfuair an deachtóir beag de bhainisteoir ar an beár sin bata agus bóthar mar gur rugadh san ócáid air agus é ag goid ón chomhlacht gur leis an áit.

Sa bhliain deiridh mar fhochéimí dom san ollscoil, luigh mé isteach ar dhianstaidéar le haghaidh na céime agus bhí toradh measartha maith agam de bharr an dua a chuir mé orm féin – Onóracha den Dara Grád (Rang I) an rud ar a dtugtar 'Dó a hAon'. Fuair mé amach blianta in a dhiaidh sin go bhféadfainn céim amháin níos airde a ghnóthan murab é an laige a léirigh mé i scrúdú na Sean-Ghaeilge. Ba é Heinrich mo sheanmhúinteoir agus mo sheanchara faoin am sin a d'inis dom é agus a dúirt ag an am chéanna go ndearna mé lán chomh maith agus a rinne sé féin ag an staid sin!

Go híorónta, ba é an gaisce a rinne mé maidir le Sean-Ghaeilge sa scrúdú béil a d'fág an cheist sin idir dhá cheann na meá i ndáiríre. Ba scrúdú foirmeálta faoi gach gné den chúrsa ina iomláine a bhí i gceist ann agus Heinrich mar aon le P. L. Henry agus an scrúdaitheoir seachtrach, Tomás Ó Máille (an tOllamh le Nua-Ghaeilge i gColáiste na hOllscoile, Gaillimh), i mbun na ceastóireachta. Le linn mo chéasta, leagadh macasamhail de leathanach lámhscríbhinne as *Leabhar Laighean* (lámhscríbhinn a tiomsaíodh *c.* 1160 A.D.) ar an bhinse agus iarradh orm sliocht marcáilte ann a léamh gan radharc agam air roimh ré. Ba léir dom den chéad spléachadh go raibh dhá abairt ann agus go bhféadfainn na giorrúcháin a bhí iontu a scaoileadh ina n-iomláine. Ach ag an am chéanna, d'aithin mé nach bhféadfainn lámh ar bith a dhéanamh den dara abairt ó thaobh céille de. Léigh mé amach an dá abairt agus d'aistrigh an chéad cheann acu gan stró. Ar ámharaí an tsaoil, stop P. L. ag an phointe sin mé agus dúirt go raibh mo dhóthain déanta agam agus sábháladh tuilleadh dua orm an lá sin.

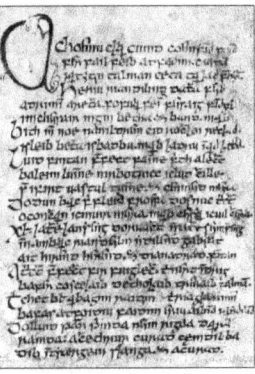

LEABHAR LAIGHEAN

Ba é an chéad dea-thoradh a bhí leis sin uilig gur bronnadh scoláireacht iarchéime de chuid Roinn an Oideachais i Stormont orm a chuir ar mo chumas clárú do chéim Mháistreachta chun tráchtas a dhéanamh faoi stiúir Heinrich. Leis sin cuireadh tús le mo phrintíseacht sa tsaol acadúil agus £600 in aghaidh na bliana agam (agus mo chuid fiacha ollscoile glanta), suim airgid fiúntach san am sin.

Ar Thóir na Gaeilge

STAIDÉAR AR LOGAINMNEACHA dhá pharóiste i nDún na Gall agus an béaloideas a bhain leo an t-ábhar tráchtais a bhí agam agus theastaigh carr uaim chun an obair sin a chur i gcrích. Le comhairle m'athar, cheannaigh mé sean-*Ford Anglia* ar £20 (déanamh ingearach). Dhíol mé arís go gairid ina dhiaidh sin an carr sin agus cheannaigh ceann eile, *Ford Prefect* (déanamh ingearach) ar £40, a choinnigh ag imeacht mé go ceann blianta ina dhiaidh sin.

Ní raibh mórán trioblóide agam leis ach corrchliseadh meicniúil ó am go chéile ach bhí locht ínteacht ar an dionamó a bhí ann a raibh faisean aige barraíocht cumhachta a phumpáil isteach sa chadhnra. Chun nach bpléascadh an cadhnra dá bharr sin, bhí orm a bheith ag tiomáint lá agus oíche agus gach solas a bhí ar an charr lasta leis an ionchur cumhachta a ídiú agus murab é gur bhraith mé go mbeinn ag dul thar fóir ar fad leis an chineál sin théinn, anuas air sin, i mbun síorshéideadh na hadhairce agus comharthaíocht mhire leis na treotháscairí oráiste a bhí ag gobadh amach ó dhá dhoras tosaigh an chairr.

Bhí neart spáis taobh istigh sa *Phrefect* agus dhá cheann de chláir reatha mhaiseacha ar a thaobh a chúitigh an míbhuntáiste a bhain leis an chadhnra go pointe. Ach bhí poll san urlár díreach taobh thiar de shuíochán an tiománaí agus bhí contúirt ann go bplúchfadh an toit a bhí go síoraí ag brú isteach ón sceithphíopa mé, rud a d'fhág go mbínn ag tiomáint agus mo leiceann leis an fhuinneoigín taobh liom chun go bhféadfainn m'anáil a tharraingt i gceart. Mar bharr ar an donas, ní oibreodh an téiteoir ach go taomach agus b'éigean dom ruga a fháisceadh thart ar mo chosa in aimsir gheimhridh chun an dé a choinneáil ionam. Caithfidh sé gur cuireadh suntas sa chuma shuaithinseach a bhí orm taobh thiar den roth stiúrtha ach buíochas do Dhia ní dhearna mé aon damáiste dom féin ná d'éinne eile ach oiread. Dhíol mé an *Prefect* blianta ina dhiaidh sin ar leath an mhéid a thug mé féin air agus bhain an t-úinéir úr tamall maith eile de bhlianta as sular lig sé síos é den uair dheiridh ar réamhchúirt gharáiste ínteacht áit ar dhíol se ar an toirt é ar a dhramhluach.

Thug Deirdre Flanagan a bhí ina saineolaí ar logainmneacha agus a raibh baint mhór aici leis an *Ulster Place-Name Society* gearrchúrsa dom sa réimse sin agus ar bhain le taighde a dhéanamh ann. Chuir sí ar an eolas mé faoi na cineálacha luathfhoinsí a bheadh le hiniúchadh agam, cáipéisíocht a bhain le Plandáil Uladh den chuid is mó (Rollaí Seansaireachta agus Cúistiúnachtaí) agus dáileadh thalamh na nGael díshealbhaithe ar an dream a phlódaigh isteach ó Shasain agus Albain faoi cheannas ghníomhairí Choróin Shasana i dtús na seachtú haoise déag. B'éigean na tailte sin a athainmniú i bhfoirm sho-aitheanta (dófasan) chun go leagfaí séala orthu ó thaobh dlí de. Córas bhuille faoi thuairim a bhí ann cuid mhaith den am ach bhí eolas úsáideach faoi bhunbhrí na n-ainmneacha le fáisceadh in amannaí as na leaganacha áiféiseacha de na hainmneacha dúchasacha Gaeilge a cheap na Béarlóirí sin dófa de réir fhuaimniú Bhéarla na linne sin.

Chuir Heinrich ar an eolas mé faoi fhogharscríobh anuas ar an mhéid a bhí foghlamtha agam i m'fhochéimí chun go bhféadfainn na fuaimeanna cearta a thabhairt liom agus iad a bhreacadh síos glan díreach mar a bhí siad i mbéal na ndaoine. Chun cur leis an mhéid a bhí ar eolas agam cheana féin cuireadh amach ar obair pháirce mé faoi stiúir Anraoi Mhic Giolla Chomhaill, an fear a bhí ina Chúntóir Taighde ag Heinrich san am, agus bhailigh muid ábhar breise thall is abhus i nDún na nGall dá mhórshaothar, *A Linguistic Atlas and Survey of Irish Dialects.*

Ní in aon lá amháin a chuir mé aithne ar bhunadh na gCruach ach de réir a chéile thar na blianta. Ba é Pat Gobain agus a bhean Ródaí agus a mac Joe a raibh cónaí orthu ar an Dearg-Chruach an chéad dream acu a casadh liom. Bhí mé i m'fhochéimí in Ollscoil na Ríona ag an am agus shocraigh mé le m'athair go dtiomáinfeadh sé mise agus mo dhearthár, Aidan, mar aon le páirtí ranga liom ar an ollscoil, móide fearas campála chun dul ag campáil ann. Bhuail muid isteach ag Oifig an Phoist ar an Choimín in aice le Droichead an Ríleáin agus thoiligh an postmháistir, Ned Gobain, muid a thionlacan fhad le teach a dheartháraa, Pat.

Fuair muid cead an campa a chur ina sheasamh gar don teach agus thit m'athair agus Pat chun comhrá i mBéarla faoin am go raibh Pat ar fastó sna Speiríní i dTír Eoghain le muintir Ghormfhlaith i nGleann Mórnáin. Bhí fear acu sin ina shagart agus meas ag cách air a chaith seal ina shéiplíneach i bparóiste na Leamhchoille agus a raibh aithne mhaith ag m'athair air.

Bhí neart Gaeilge acu sa teach sin, a dúirt Pat, rud a bhí ag feiliúint go mór dó, agus thaitin an teaghlach sin agus daoine eile an cheantair leis. Bhí am breá aige ann agus mhol sé go spéir na daoine sin agus pobal an cheantair sin frí chéile. Bhí an t-ádh air a bheith ar fastó ag an dream sin murab ionann agus go leor Conallaigh óga eile, fireann agus baineann, a chuir isteach téarmaí crua oibre faoi anró ar an Lagán.

Bhí togha na Gaeilge ag an triúr a bhí sa teach sin – Pat, Ródaí agus Joe – ach ba Pat amháin a bhí líofa sa Bhéarla. Ní shílim go raibh focal ar bith ar chor ar bith den teanga sin ag Ródaí. Thaitin Aidan go mór léithi-se ach bíodh a fhios nach raibh mórán Gaeilge aige san am labhaireadh sí Gaeilge leis i gcónaí. Bheireadh sí greim ar a leathláimh chuile thurn a chastaí sa chasán uirthi é agus, le miongháire ceanúil, deireadh sí – 'Och, Aidan, tá tú chomh bog le héan gé!' Chuir muid uilig aithne mhaith ar a chéile agus níos moille anonn nuair a thiginn ar cuairt chucu, ba ghnách le Ródaí breith ar mo láimh agus í a phógadh le haoibhneas sa stíl uasal den tseandéanamh agus í ag monamar gártha beaga fáilte. Má bhí Gaeilge Aidan lag go leor níor bhraig ar bith ach oiread é Béarla Joe; ag iarraidh Béarla a bhrú ar Aidan a bhíodh seisean chun go bhfaigheadh sé seans snas a chur ar a raibh aige de. Thigeadh sé amach chun an champa chugainn ar maidin agus, ag déanamh neamhaird ormsa agus mo pháirtí ranga, bheireadh sé leis Aidan anonn is anall fríd an chnoc agus síos chun na habhna – *'Come on Aidan we'll spake the English the day!'*, a deireadh Joe, ag breith ar an áiméar a thug sin dó a chuid Béarla a chleachtadh.

Ba bhreá amach an chuideachta a dhéanadh Joe agus Aidan thíos fán abhainn. Chaitheadh siad uaireanta fada ag iarraidh bradáin, agus dá bhfaigheadh siad amharc ar bhreac, d'fágtaí faoi Aidan é a choinneáil istigh sa pholl ina raibh sé go bhfaigheadh Joe an muirgha [morú] a bhí aige lena shá. *'Leester'* an Béarla a bhí ag Joe ar mhuirgha. Ní focal Béarla é sin ach focal Albanaise, ar ndóigh. Cheannaigh muid leadhb mór de bhradán acu sin ó Joe ar sheannóta dearg deich scilling de chuid na hÉireann. Rinne muid an t-iasc a fhriochadh ina phíosaí agus bhí oiread ann agus a choinnigh ag imeacht bunús seachtaine muid go dtí gur éirigh muid tinn tuirseach de. Chonaic mé breac mór eile acu sin pillte i gcál fáiche lena choinneáil friseáilte go dtí go n-aimseofaí ceannaitheoir dó.

Ba é Pat ab fhearr acu i mbun comhrá agus i gceann scéilíní agus staireoga, cuid acu tíriúil go maith. Is minic a chuir mé in aer é agus mé ag iarraidh aistriúcháin ar chuid de na leaganacha cainte agus focla Gaeilge a bhí aige nach raibh cur amach agam orthu. 'Tá an phlanóid athraithe, a Shéamais', a dúirt sé liom lá amháin, agus leis sin d'fhoghlaim mé focal galánta ar *'climate'* a bhfuil cuannacht neamhchoitianta ag roinn leis.

Seo leagan de cheann de na scéilíní beaga sin a bhí aige:

Fear a bhí ag dul abhaile ón aonach a raibh píosa fada le siúl abhaile aige. Casadh bean óg dó a bhí ag dul an bhealaigh chéanna agus thit siad chun comhrá agus choinnigh cuideachta bhreá lena chéile agus iad ag baint giota de. Bhí coineascar na hoíche ann fán am seo agus droch-chuma ag teacht ar an spéir agus níorbh fhada gur ardaigh an ghaoth agus gur thoisigh sé ag cur go trom. Rinne siad a gcomhairle le chéile agus dar leofa go gcaithfeadh siad a dhul ar an fhoscadh á luaithe agus a thiocfadh leofa.

Chonaic siad solas ar thaobh mhala shléibhe agus rinne siad amach gur teach a bhí ann agus suas leofa a fhad le doras an tí agus d'iarr lóistín go maidin ann. 'An lánúin sibh?' a d'fhiafraigh fear an tí. 'Leoga, ní lánúin ar bith sinn,' arsa seisean, 'ach beirt a tháinig suas lena chéile ar an bhealach abhaile agus gur rug stoirm na hoíche orainn gan súil léi!' 'Bhail caithfidh sibh a dhul giota eile,' arsa fear an tí, 'mar nach bhfuil againne ach aon leaba amháin.'

Maith go leor, d'imigh leofa arís agus má bhí an oíche go holc roimhe sin bhí sí seacht n-uaire ní ba mheasa i gceann an ama sin. Ar a dheireadh thiar tháinig siad a fhad le teach eile agus suas leofa go dtí an doras ag iarraidh lóistín go maidin ann. 'An lánúin sibh?' a dúirt fear an tí. 'Leoga ní hea,' ar seisean, 'ach beirt a tháinig suas lena chéile ar an bhealach abhaile agus gur rug stoirm na hoíche orainn gan súil léi. As ucht Dé scaoil isteach muid!' 'Ar an drochuair,' arsa fear an tí, 'ní thig sin a dhéanamh mar nach bhfuil againn ach aon leaba amháin. Caithfidh sibh a dhul giota eile!'

Amach leofa arís sa doineann agus shiúil leofa go dtí go bhfaca siad solas eile agus tháinig siad a fhad le teach eile a bhí ann. Sula dtáinig siad chomh fada leis, labhair an bhean óg agus bhagair airsean dá gcuirtí an cheist chéanna arís orthu go gcaithfeadh seisean a thabhairt le fios gur lánúin iad. Bhí go maith. 'An lánúin sibh?' a dúirt fear an tí nuair a d'iarr siad lóistín na hóiche air. 'Is ea cinnte,' arsa seisean. 'Maith mar a tharlaigh,' a dúirt fear an tí, 'mar nach bhfuil againn ach aon leaba amháin!'

Isteach leofa ansin agus rinne siad a suipéar agus síos chun an tseomra leofa. Dá luaithe is chuaigh siad ina luí ansin, ní dhearna an fear ach breith ar an *bholster* a bhí ar a leaba agus é a tharraingt aníos idir an bheirt acu; thiontaigh sé a dhroim léithi-san ansin agus thit siar ina chodladh.

D'éirigh siad ar maidin agus bhuail an bóthar arís nuair a bhí greim bia caite agus an scór díolta acu. Bhí sé séidte ina ghála gaoithe i gcónaí agus san áit a bhí siad, bhí claí ard ar dhá thaobh an bhealaigh mhóir ann agus an talamh ag titim síos uaidh ar achan taobh de. Bhí hata mór faoi dhuilleog leathan ar a cloigeann aicisean agus greim an fhir bháite aici air ach tháinig séideán gaoithe móire agus sciob uaithi an hata ina dhiaidh sin.

D'imigh an hata suas san aer agus síos thar an chlaí amach as amharc. 'Ná bíodh imní ar bith ort fán hata sin,' arsa seisean, 'ní bheidh mise i bhfad ag dul thar an chlaí sin lena fháil ar ais duit.' 'Ó hó,' arsa sise, 'is beag an baol go mbeifeá-sa in innimh a dhul thar an chlaí sin inniu nuair nach raibh tú ábalta fáil thar an *bholster* adaí aréir!'

Bhí stíl dá cuid féin ag Ródaí agus bealach seanaimseartha léithi. Ba ghnách léithi cúirtéis a dhéanamh go foirmeálta leis an chléir agus an tseanfhoirm urramach á húsáid aici – 'Cad é mar tá sibh a Athair?' a deireadh sí i gcónaí.

Le linn na cuairte sin, chuir mé aithne ar mhórán eile de chlann iomadúil 'ac a' Luain dar díobh Ródaí, dream a raibh teaghlaigh dhifriúla díofa ar na Cruacha agus go leor leor amhránaithe agus seanchaíonna cumasacha ina measc. Ar na sloinnte coitianta eile a bhí ann san am sín, bhí Mac an Bhaird, Ó Tiománaí, Ó Muí, Gobain, Mac Dhuibhfhinn, Ó Coinn, Mac Ailín, agus Mac Aoidh. Ba le linn na tréimhse sin sa champa a casadh fear de Chlainn 'ac a' Luain orm a dtugadh siad Pádraig Eoghan Phádraig air. Ba é Pat Gobain a sheol i dtreo Phádraig mé an chead lá agus a thug le fios dom

PÁDRAIG EOGHAN PHÁDRAIG

roimh ré nach raibh sé ins an nádúr aige a bheith foighdeach le daoine amaideacha. B'fhíor é agus ba mhaith a bhí a fhios sin ag Seán Ó hEochaidh (a bhí ina bhailitheoir lánaimseartha le Coimisiún Béaloideasa Éireann) nár bhac mórán leis – mar a thug sé le fios dom – nuair a bhí seisean ag bailiú ar na Cruacha sna 1940dí. Bhí, ar ndóigh, a dúirt Seán, an gleann sin ag cur thar maoil le faisnéiseoirí den chéad scoth san am sin agus níor chall dó a dhul sa tseans le Pádraig.

Dar le Pat Gobain go mb'fhiú dom bualadh le Pádraig agus a chuid siblíní ainneoin chomh teasaí is a d'fhéadfadh sé a bheith ach dheamhan doicheall a bhí romham sa teach sin an lá sin nó ina dhiaidh. Gan amhras, bhí bunadh an tí rud beag fríd a chéile nuair a sheas an stráinséir seo ar leic an dorais acu gan choinne. Ach nuair a chuir mé aithne cheart orthu d'éirigh linn *modus vivendi* a bhaint amach éasca go leor. Ní raibh aon taifeadán liom an chéad uair ar bhuail mé le Pádraig (mar nach raibh a leithéid agam san am) agus ba ag obair amuigh a bhí sé nuair a tháinig mé suas leis. Iarradh isteach chun tí mé agus ghéill sé go modhúil dom nuair a d'iarr mé scéal air. D'inis sé blúire de scéal Fiannaíochta dom ina shuí ag an bhord ag ithe canta aráin agus ag ól babhal tae agus, ansin, amach leis arís ina dhiaidh sin gan a thuilleadh moille ar ais chuig a chuid oibre.

Phill mé ar ais ar an teach sin ar bhonn rialta ar feadh na mblianta, mé féin agus mo bhean le chéile in amannaí agus amannaí le cairde eile ó Éirinn agus ó thíortha eile agus amannaí eile arís liom féin agus bhí fearadh na fáilte romhainn uilig ann i gcónaí.

Maj le Máire ⁊ Conall 'ac a' Luain

Mórán mar a bhí bunadh na gCruach uilig bhí dúil sheasmhach ag Pádraig agus an bheirt eile a bhí sa teach – Conall (mín macánta) agus Máire (shéimh) – sa cheol agus sna hamhráin, rud a fuair siad óna n-athair Eoghan Phádraig, amhránaí mór de chuid na háite. Chuidigh an t-athair le Seosamh Laoide nuair a thaistil an fear calma sin ag bailiú ábhar béaloideasa go Dún na nGall i dtús an chéid seo caite. Chuaigh Eoghan ina araicis de shiúl na gcos suas ó dheas thar an Chruach Ghorm agus síos siar amach le cois Loch Iascaigh chun bualadh le Laoide le cúpla lá a chaitheamh ina chuideachta i mBaile Dhún na nGall. Tháinig Laoide ar an traein ó Bhaile Átha Cliath.

Bíodh a fhios go raibh Eoghan Phádraig imithe ar shlí na fírinne le fada riamh sula dtáinig mise an bealach sin, bhíodh an triúr sa teach sin go síoraí ag cur síos air agus ar an stór amhrán a bhí aige. Uair amháin, a dúirt siad, ar Aonach an Fhómhair ar na Gleanntaí, tugadh oiread suntais dá chuid amhránaíochta is go raibh slua bailithe thart air agus, mar a dúirt Conall: 'ní bhfaighfeá do mhéar a chur ar an bhord lena raibh de dheochanna ceannaithe ag daoine dó'. Nuair a thigeadh sé 'na bhaile ón aonach, sheasadh sé sa chistin agus a dhroim leis an tine agus deireadh sé amhrán i ndiaidh amhráin, trí cinn acu i ndiaidh a chéile gan stad in amannaí, a dúirt siad.

Agus gan ach an ceann caol a lua, ba bheag dá chuid géinte ceoil a d'fhág Eoghan Phádraig ag a chlann féin ná ag Pádraig, Conall agus Máire ar scor ar bith, ach bhí siad beachtaithe go maith i bhfocla na n-amhrán a bhí aige agus ábalta go maith acu ar an dóigh sin. Ba ghnách le Pádraig tús áite a ghlacadh i gcónaí san ealaín sin, an bheirt eile ag cuidiú leis dá dtéadh sé ar seachrán nó dá dteipeadh air na focla a thabhairt chun cuimhne. Ní i gcónaí a ghlacadh sé go réidh le cur isteach den chineál sin agus go speisialta nuair a bhínn dá thaifeadadh labhaireadh sé go giorraisc leis an té a bhí ag iarraidh a chuimhne a mhuscailt agus – 'níl gar don bheirt againn a dhul ann [sa taifeadadh]!' nó racht mífhoighdeach gairgeach eile mar é a scaoileadh sé uaidh de ghlam.

Thug mé liom 'na gCruach tráthnóna amháin taifead d'Anna Nic a' Luain, bean Johnny John Chiot agus an bhean a thug na céadta amhrán do Sheán Ó hEochaidh. Bhí guth binn aici ach bhí brú fola ag cur as di san am (a dúirt Seán Ó hEochaidh liom) ar thóg Caoimhín Ó Danachair na hamhráin uaithi ar cheirnín do Choimisiún Béaloideasa Éireann sa bhliain 1949 agus, dá bharr sin, b'fhearr léithi na focla a rá seachas iad a chanadh le maolú ar an strus a bhí uirthi – diomaite de chorrchúrfa a d'éalódh uaithi ina cheol. Chuir mé cóip d'amhrán Anna ar obair ar an taifeadán agus bhí a fhios acu go maith cé bhí acu. D'éist an triúr údar ar amhráin go crua léithi gan focal astu agus ansin nuair a bhí an focal deiridh ráite ag glór a bhí inaitheanta go maith acu, labhair siad as béal a chéile agus dúirt: 'D'fhág sí ceathrú amháin amuigh'! Agus sin a raibh de.

Ar an téad chéanna, chuala mé ó Mhary Amrais faoi oíche eile i dTeach Eoghan Mhícheáil nuair a bhí an píobaire mór le rá, Séamus Mac Aonghusa, ar cuairt ann (i gcuideachta Sheáin Uí Eochaidh). Bhí píobaireacht agus fidléireacht agus amhránaíocht go leor ann an oíche sin agus an teach lán go doras. Ag pointe ínteacht, dúirt Mac Aonghusa an t-amhrán a dtugann siad 'Casadh an tSúgáin' air agus nuair a bhí an t-amhrán ráite agus ráite go maith aige agus na gártha molta á bhfógairt, chualathas guth duine ó chúl an tseomra ag rá – 'Tá ceathrú eile ann'. Lean an duine a labhair air agus d'fhógair don tslua focla na ceathrúna breise sin nach raibh san áireamh ag Mac Aonghusa. Ba é Pádraig Eoghan Phádraig a bhí ann sa stíl atónach ceolbhodhar a bhí aige.

Chuala mé an t-amhrán sin á 'chanadh' aige ina iomláine ina shainstíl féin lá fómhair a raibh mise agus cairde linn ar cuairt. Bhí an triúr acu amuigh ag dul d'fhéar mall go maith sa tséasúr agus iad ar a ndícheall cúpla coca féir a shábháil agus chuaigh muidinne i mbun rácála agus iadsan ag tógáil an choca agus níorbh fhada go raibh an jab críochnaithe againn. Sheas Pádraig ag na cocaí agus aoibh air agus dúirt 'Casadh an tSúgáin' *al fresco* gan barr cleite isteach ná bun cleite amach.

Bhí an triúr acu ina gcónaí i dteach fada íseal

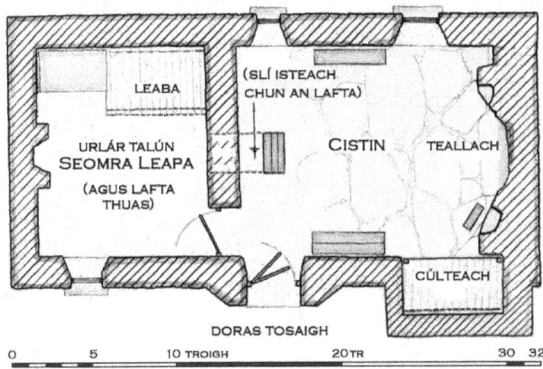

TEACH SAMPLACH DHÁ SHEOMRA DE CHUID DHÚN NA NGALL
LE CÚILTEACH COSÚIL LE TEACH EOGHAN PHÁDRAIG
(BUNAITHE AR PHLEAN Ó 1935)

ceanntuí sa bhaile ar a dtugtar Cruach Mhín an Fheannta (nó *Crooveenananta* sa leagan ghránna de atá ar léarscáileanna na Suirbhéireachta Ordanáis). Ba bheag uilig de dheiseanna nuaaoiseacha chun compoird a bhí ann. Cistin fhairsing agus seomra mór amháin eile a raibh leathlafta os a chionn os comhair an teallaigh gona pholl dheataigh agus, taobh leis an teallach, cúilteach a raibh leaba ann. Ní raibh d'fheisteas tí ná troscán eile ann ach drisiúr, roinnt phriosanna beaga agus cathaoireacha agus crochta as an bhalla cúil in aice le fuinneoigín beag bídeach, bhí bord triantánach infhillte agus cos faoi choirnéal amháin de. Ba í cathaoir Phádraig an áit ab airde stádais sa chistin, cathaoir bhreá shócúlach ar seansuíochán gluaisteáin ó cheart é – suite le taobh an teallaigh. Ba theach ceanntuí é an chéad uair ar leag mé súil air, ach d'imigh sin ó mhaith de réir a chéile agus b'éigean ar deireadh an díon a chlúdach le tarpól dubh gránna.

Mar a bhí i gcás tithe den tseandéanamh uilig roimhe seo (agus tithe na Leamhchoille san áireamh), choinnigh na ballaí tiubha cloch an teas sa gheimhreadh agus go deas fionnuar iad sa tsamhradh. Lig an leathdhoras aer agus solas an lae isteach agus bhí sé ina bhac ar ionradh éanlaithe agus gadhair a mbeadh dúil acu léirscrios a dhéanamh istigh. Lampa ola *Aladdin* nó lampa *Tilley* (mar a bhí ag Granny O'Kane sa Leamhchoill) an solas a bhí acu san oíche.

Ba ghnách leo móin a bhaint ar an chnoc aníos ón bhóthar ag barr an chabhsa agus is minic a chonaic mé Conall agus lasta de mhóin mhaith dhubh á bhreith anuas an mhala shleamhain chun an tí i gcliabh iompair crochta ar a dhroim. Tharlódh sé aimsir gheimhridh go ndéanfaí bunús lán cléibhe di a chaitheamh ar leic an teallaigh in aon chnap amháin agus bíodh a fhios agat gur caorthine bhruite a bhí ansin agat a d'fhágfadh do chuid loirgneacha dóite agus, seans ag an am chéanna, do chuid colpa feannta ag an ghaoth pholltach a bhíodh ag séideadh isteach faoin doras taobh thiar díot.

CLIABH IOMPAIR MÓNA
*(SIMON COLEMAN RHA
DO CHOIMISIÚN
BÉALOIDEASA ÉIREANN)*

Tharlódh go mbeadh séideán anuas toite ina chás crua in áiteacha agus, i gásanna áirithe, deirtí nach mbíodh a fhios agat cé bhí romhat ar dhul isteach i dteach mar sin duit mar go mbíodh colainn agus cloigeann an lín tí imchlúdaithe sa toit. '*Smoky-Heads*' a thugtaí ar bhunadh Chontae na hIarmhí mar gheall ar an tréith sin, de réir cosúlachta. Níor bhaol do Theach Eoghan Phádraig a leithéid mórán.

Bhí cúilteach mar a bhí i dTeach Eoghan Phádraig agus againne sa Leamhchoill fosta ina chuid de mhórán tithe in íochtar na hÉireann. Bhíodh siad seo suite gar go maith don teallach ar thaobh amháin agus neadaithe isteach i gclúid a bhí ag gobadh amach ó bhalla an tí ar an taobh eile agus bhí modh chun cuirtín a tharraingt thart ar an leaba a bhí ann nuair a theastaigh sin. 'Outshot bed' a bheirtear i mBéarla air agus 'culky bed' [cúilteach] sa Leamhchoill. Ba ghnách le seandaoine agus daoine a bhí tinn an leaba sin a thabhairt orthu féin mar go raibh sí breá compordach seascair agus fóirsteanach. Ba mhinic leaba an chúiltí leaba an bháis ag daoine agus sa leaba chéanna sin a dhéantaí iad a fhaire fosta.

Aon uair amháin a chonaic mé duine istigh sa leaba sin agus, iontas na n-iontas, ba é Pádraig Eoghan Phádraig féin a bhí inti. B'annamh gan Conall nó Máire a bheith ar na gaobhair ach ina aonar a bhí sé an lá sin. 'Tá an bás agam', a dúirt sé go pras liom nuair a chuir mé forrán air agus leis sin tharraing aníos buidéal chúig naigín fuiscí a bhí i bhfolach faoin phluid aige agus bhain bolgam breá as. D'inis sé dom gur tharla dó a bheith chomh dona céanna agus go fiú in uacht báis tamall maith de bhlianta roimhe sin. Samhlaítear dom nach raibh air ach slaghdán trom an lá sin, mar tháinig sé uaidh mar a rinne sé cheana féin agus níor thug cibé rud a bhí air – ná an fuiscí – a bhás den iarraidh sin.

Seans maith gur sin an lá a tharraing mé aníos ceist a shíl mé agus é leis féin go mb'fhéidir go mbeadh fonn air freagra a thabhairt air. Ba í an cheist a bhí agam air – An amhlaidh go raibh Béarla aige?' 'Bhí, aon am', a d'fhreagair sé go neamhbhalbh mé, 'ach rinne mé dearmad air!' Caithfidh sé go raibh sé ar an bheagán daoine in Éirinn a d'fhoghlaim Béarla agus a lig i ndearmad arís é le linn an 20ú céad!

Thairis sin, ní thuigim dubh, bán ná riabhach socraithe codlata an tí sin; measaim go gcaithfidh sé go raibh leaba nó dhó sa tseomra íochtair agus, b'fhéidir, leaba shuíocháin, agus, chuile sheans, leaba chocháin ar an leathlafta.

Bhí aithne mhaith ag Seán Ó hEochaidh orthu seo uilig agus ba é a d'inis scéilín dom fúthu a chuala sé ag mac deirfiúra dó a bhí ina shéiplíneach i bparóiste Inis Caoil aon am. Bhí éisteacht sa teach acu agus chuaigh an sagart síos chun an rúma íochtaraigh agus lean Máire síos é lena faoistin a dhéanamh. Ní raibh sí i bhfad uilig ann go dtáinig sí aníos arís agus ba ag an phointe sin a chuala an sagart Pádraig ag ordú do Chonall mar seo a leanas: 'Gabh thusa síos anois chuige a Chonaill agus coinnigh ag dul é go dtabharfaidh mise a chuid don ghamhain!'

Agus an sagart sa teach bhí seans acu na dleachtanna paróiste a íoc agus chuir Pádraig Conall suas an dréimire beag chun an lafta leis an airgead a fháil. Dúirt an séiplíneach le Seán go bhfaca sé Conall ag coraíocht le sac mór thuas ar an lafta a bhí ag cur thar maoil le nótaí airgid asar tharraing sé lán glaice de shean-nótaí airgid Sasanacha a thug sé dó le bronnadh ar shagart paróiste na nGleanntach. Ní raibh aon mhaoin saolta acu go mb'fhiú trácht air ach ní raibh aon ghanntan airgid orthu ach oiread!

Ní raibh raidió ná teilifís ná nuachtán ar bith sa teach ná teacht acu ar nuaíocht an domhain mhóir agus tháinig an t-athrú ón tseanchóras airgid go córas deachúlach aniar aduaidh ar fad orthu agus thiontaigh cúrsaí bun os cionn orthu mar nárbh eol dófa dadaí faoi roimh ré. Ba ghnách le Máire a cuid earraí grósaera a cheannach ó shiopa Uí Mhearlaigh a tháinig an bealach sin uair sa tseachtain agus bhí iontas an domhain uirthi fán athrú a tháinig ar phraghasanna go speisialta an tae, deoch a raibh sí an-cheanúil uirthi. Is cosúil gur inis sí do chomharsa léithi gur éirigh an tae saor agus dúirt – 'An bhfuil a fhios agat, tae beag an-mhaith atá inti!'

Thug Seán Ó hEochaidh cuntas saoithiúil dom ar radharc aisteach a chonaic sé agus é ina chónaí ar na Cruacha. Bhí sé ag tarraingt ar theach faisnéiseora leis lá agus seo mo dhuine amuigh sa gharrdha taobh an tí ar a ghogaide ag preabarnach thall is abhus ó áit go háit ar an talamh cuir a bhí réitithe aige fá choinne préataí agus é ag bualadh a thóna a bhí lomnocht anuas ar an chréafóg. Ní raibh sa phróiseas teagmhála sin aige ach bealach leis an teas – nó easpa teasa – a bhí sa chréafóg a thomhais i gcomhthéacs na cuireadóireachta a bhí ar intinn aige a dhéanamh ar ball. Fiú amháin i gceartlár an tsamhraidh tugann na cnoic arda scáth do chuid de bhailte na gCruach agus tig leis an tséasúr fáis a bheith giortach go maith dá bharr sin. Ba é an cleas bliantúil é clár na bhfuílleach a dhéanamh amach sa dóigh is go gcuirfí an barr i dtalamh chomh luath agus ab fhéidir agus ag an am chéanna a dhul sa tseans go millfí an pór sa chréafóg bháite agus go gcaillfí uilig é. Roghnaigh cuid de na daoine an ceann is fearr a fháil ar an deacracht áirithe sin le córas babhtáil agus malartú a oibriú le feirmeoirí móra Ghleann Fhinne a bhí sásta lasta dá gcuid préataí siúd den chineál is fearr a chur ar fáil do bhunadh na gCruach ach suim chaoirigh a fháil ina áit.

Ar Thóir na Gaeilge 75

Nuair a thug mé faoi thaighde a dhéanamh don tráchtas i lár na 1960dí chuaigh mé chun cónaithe i gceartlár na gCruach ar lóistín ag Eoghan agus Bríd Muí i gCruach Leac sa teach chéanna inar chónaigh Seán Ó hEochaidh, le linn dó a bheith ag obair sna Cruacha beagnach scór bliain roimhe siúd. Diomaite de roinnt seachtainí a chaith mé i mBaile na Finne agus ar na Gleanntaí, bunús sé mhí a bhí mé sa teach sin agus mé ag bailiú eolais faoi logainmneacha agus an béaloideas a bhain leo sa taobh tíre álainn sin, ag triall ó bhaile go baile fríd an dá pharóiste sin sa tsean-*Ford Prefect* a bhí agam. Ba as an obair pháirce sin a tharraing mé an t-ábhar don tráchtas a bhí ar siúl agam agus ba é a ba bhun leis an chéad alt acadúil a tháinig i bprionta uaim – 'Placenames of Inniskeel and Kilteevoge' a foilsíodh sa Ghearmáin i dtréimhseachán mór le rá de chuid an Léinn Cheiltigh, *Zeitschrift für Celtische Philologie* a raibh Heinrich ina eagarthóir air san am.

I dteach fial flaithiúil mhuintir Mhuí, bhí sé de d'áiméar agam páirt a ghlacadh i gcaitheamh aimsire mór an gheimhridh, imirt chártaí Fiche Cúig agus Fuist. Bhí eolas réasúnta maith agam ar an dá chuid ón dúchas bunaidh imirt chártaí a bhí ionam go smior, mar a déarfá, agus bhí sé sin ina chuidiú gan dabht. Ach bhí difríocht mhór amháin ann, ar ndóigh, mar ba i nGaeilge ar fad a bhí an imirt agus b'éigean dom an téarmaíocht chuí a fhoghlaim agus í a bheith ar bharr mo ghoib agam agus mé i mbun imeartha. Ní hé amháin sin ach go gcaithfinn a dhul faoi oiliúint sa tráchtaireacht ghiortaithe atá ina cuid aiceanta d'ealaín na himeartha mar aon lena chóras fíneáilte cóid. Mura raibh Gaeilge agam roimhe sin, bhí Gaeilge agam ina dhiaidh agus mé ag teacht isteach go seoigh ar an chaint fhadálach chliste sin ba dhual do bhunadh na gCruach.

Ar mo chamchuairt fríd an dá pharóiste sin bhítí do mo sheoladh ó bhaile go baile agus ó theach go teach chuig na cineálacha daoine a mbeadh an t-eolas áitiúil acu a bhí uaim. Chuir mé mé féin in aithne dófa uilig ina nduine agus ina nduine agus mhínigh cad é a bhí ar siúl agam agus d'iarr cuidiú orthu. Bhí ramás cainte oibrithe amach agam agus é de ghlanmheabhair i gcanúint na háite a bheag nó a mhór agus ainm na comharsan a sheol ina dtreo mé ina chuid de gan dabht. Bhí amhras ar chuid de na daoine fúm ina dhiaidh sin mar, cé go raibh cuma stráinséartha orm, b'fhurast dófa an chanúint a bhí orm a thuigbheáil agus a aithneachtáil. Ní raibh an dá rud ag teacht lena chéile, dar leofa.

Casadh fear orm ar imeall iartharach Inis Caoil – áit idir eatarthu ó thaobh teangan de – a d'éist go cúramach lena raibh le rá agam i nGaeilge ach d'fhreagair i mBéarla mé agus dúirt *'I understand every word you're saying but I can't answer you!'* Casadh fear eile orm i gcomhthéacs eile aon am amháin ón taobh ó dheas den Chruach Ghorm agus nuair a chuir mé ceist air an raibh Gaeilge aige thug sé freagra den chineál chéanna orm ach i bhfad níos gonta – *'Naw, none'*, a dúirt sé!

Bhuail mé le fear gar do na Gleanntaí a sheas i mbéal an dorais ag éisteacht liom gan gíog as ar feadh píosa agus cuma dhrochamhrasach ar a éadan i rith an ama. Nuair a bhí deireadh ráite agam, labhair sé agus dúirt – 'Cad é an *constituency* go dtáinig tusa as?'. Thug an ráiteas giorraisc sin le fios go raibh sé cuid mhaith níos mó ná ábhairín drochamhrasach faoina raibh ar siúl agam agus nach raibh sé do mo chreidbheáil, ar ndóigh, ach shíl gur spíodóir de chuid an rialtais a bhí ionam go cinnte, diabhal ínteacht a raibh rún aige teidlíocht deontais de chineál amháin nó de chineál eile a bhaint de dá gcuirfeadh sé oiread agus siolla as alt. Thug sé beagán eolais dom ceart go leor ach cos nó orlach féin thar thairseach an dorais aige ní bhfuair mé.

Ar ócáid eile, rinneadh amach gur gníomhaire *A[rtificial] I[nsemination]* a bhí ionam nó 'An Tarbh Bán' mar a thugtaí i nDún na nGall ar a leithéid. Ba léir nár thuig an tseanbhean sin an duifear idir an sean-*Ford Prefect* s'agamsa agus an *Volkswagen* bán a thionscnaigh an leasainm sin.

Bhí oiread spéise ag fear eile san obair a bhí ar siúl agam gur spreagadh chun cumadóireachta é agus é ar a dhícheall a bheith ag cuidiú liom. Chuaigh sé i mbun ainmneacha páirceanna agus eile a lua agus aistriúchán Béarla díofa a chur ar fáil dom agus, fá chroí mhór mhaith lena chois sin, meabhair a bhaint as ainmneacha áirithe a raibh gnéithe dothuigthe iontu, dar leisean. Sanasaíocht phobail ba bhun don tuairimíocht a bhí ar siúl aige rud a thug air míniú mire amach is amach a thabhairt ar na Gleanntaí nó 'Glenties'. Ba é a bharúil siúd ó tharla go raibh, mar a dúirt sé, *'cover* mór gleanntaí' thart ar bhaile na nGleanntach agus go raibh siad uilig *'connect*áilte ag bun' gur *'Glen-ties'* ba chionsiocair le hainm an bhaile sin.

Bhí orm a dhul sa Bhéarla agus mé ag tarraingt ar bhailte ar imeall na Gaeltachta agus an Ghaeilge a fhágáil i mo dhiaidh. Bhí eolas réasúnta ag na daoine ar na logainmneacha Gaeilge agus na leaganacha dúchasacha díobh ach ar lagchumas a bhí a bhformhór mór ó thaobh tuigbheáil agus labhairt na Gaeilge de.

Phill mé ar Bhéal Feirste nuair a bhí an méid obair pháirce a theastaigh déanta agam agus thug faoin tráchtas a scríobh. Bhuail mé isteach chuig Heinrich á luaithe is bhain mé an chathair amach agus thug mionchuntas dó ar mo chuid eachtraí i nDún na nGall. D'éist sé liom gan cur isteach orm ar feadh i bhfad agus choinnigh mise orm ag inse agus ag inse faoinar éirigh dom agus mar a d'éirigh liom. Nuair a bhí deireadh ráite agam labhair Heinrich agus thuig mé ar an bhomaite nach ag éisteacht leis an rud a bhí mé ag rá ar fad a bhí sé ach le tiúin na cainte a bhí ar mo theanga nuair a d'fhógair sé de phreab – 'Caithfidh mé a dhul ar ais go Dún na nGall!' Bhí sé ag cuimhneamh gan amhras ar an am a chaith sé féin i dTeileann agus i nGort an Choirce agus ar an teanga bhreá Ghaeilge a d'fhoghlaim sé ansin.

Diomaite de dheirfiúr a raibh cónaí uirthi i gCruach an Airgid, bhí an chuid eile de bhunadh Eoghan Phádraig imithe ar shlí na fírinne nó ina gcónaí in áiteacha eile – chuaigh Micí sna Gardaí, mar shampla, agus chuaigh cuid eile i bhfad ní b'fhaide ó bhaile – faoin am gur chuir mise aithne ar na seandaoine sin. Tharla go raibh mise ar na gaobhair nuair a tháinig deartháir leo, Eoghan, agus a bhean ar cuairt ó Philadelphia agus socraíodh go reáchtálfaí cóisir i dTeach Eoghan Phádraig chun fáiltiú rompu 'na bhaile. Bhí slua mór sa teach an oíche sin, comharsa béal dorais, Patrick Rua 'ac a' Luain agus beirt dá chuid deirfiúracha (clann Mhicí Mhicheáil Óig), Patrick ar an bhosca ceoil agus Joe Beag 'ac a' Luain ar an fhidil.

Sa chistin phlódaithe sin, bhí ceol agus amhráin agus rince go leor os comhair an teallaigh: dhamhsaigh Conall – 'Conall an Damhsa' – steip aonair *(Maggie Pickie)* agus sheinn an fhidil fosta agus é ina shuí ar an staighre bheag ag dul suas chun an leathlafta. Ba

Conall an Damhsa

dhaltaí de chuid John Doherty é féin agus Joe Beag.

Thug mise Pat agus Ródaí agus Joe Gobain ann agus ar ais 'na bhaile arís sa *Phrefect*. Ba chineál 'convoy' (mar thugtar ar an fhaire Mheiriceánach sa cheantar sin) contrártha a bhí san ócáid sin mar ba é an slán deiridh a bhí go leor leor acu ag cur lena chéile agus ní chasfaí ar a chéile arís go deo iad.

Fear singil a bhí in Joe ach phós sé Susan, bean bhreá ó pharóiste Ard a' Rátha, blianta ina dhiaidh sin agus bhí beirt chlainne orthu, gasúr agus girseach.

Conall ar an fhidil

Thuig Susan Gaeilge ach níor chuala mé í á labhairt riamh agus ní raibh Béarla ar bith ag máthair a céile, Ródaí. Bhí an chuma ar an bheirt bhan gur réitigh siad go maith lena chéile agus bhíodh clabaireacht bheag ar siúl go síoraí acu sa dá theanga. D'fhág sin cúrsaí ciotach go leor agamsa agus ag cuairteoirí eile mar nach raibh a fhios againn i gceart ó thaobh béasa de cé acu teanga ab fhearr a labhairt ina gcomhluadar siúd. Ach fuair Joe bean mhaith agus teagascóir teangan príobháideach i ndeireadh na dála.

Blianta móra fada i ndiaidh na cóisire sin, thug mé cuairt ar Theach Eoghan Phádraig faoi Nollaig. Bhí mé ag fanacht ag mo mhuintir i nDroim Caoin agus thoiligh mo dheartháir óg, Declan, mé a thiomáint ann (agus an fhidil a thabhairt leis) mar go raibh rún agam deoch na Nollag a ól leis na seandaoine Oíche Nollag. Bhí an triúr acu ina suí thart fán tine ar leic an teallaigh nuair a tháinig muid isteach agus tugadh cuireadh dúinn suí isteach agus buidéal nó dhó den stór pórtair a bhí ceannaithe isteach acu don Nollaig a ól. D'fhan muid inár suí ansin ag comhrá agus ag seinm go dtí 11 a chlog nó mar sin. D'fhág muid slán agus beannacht acu ansin agus tharraing ar an charr a bhí fágtha ar an bhóthar againn ag barr an chabhsa.

Baineadh siar go mór asainn nuair a thuig muid go raibh cadhnra an charr ídithe mar go raibh sé ag sioc go crua ag teacht dúinn agus gur fágadh an téiteoir leictreach san fhuinneog chúil ar siúl de thaisme. Ba charr le tras-seoladh uathoibríoch é agus, dá thairbhe sin, ní fhéadfaí an t-inneall a chur ag obair le brú agus d'fhág sin go raibh muid ar an trá thirim i gceartlár na gcnoc. Ní raibh de rogha againn ach tabhairt do na boinn ag tarraingt ar an chéad teach eile, Teach Eoghan Mhícheáil, tamall soir an bealach mór. Bhí oíche spéirghealaí ann, í breac le réalta agus droim na sléibhte thart orainn imlínithe go géar in éadan na spéire. Ba é Joe Beag an duine deiridh den líon tí sin a raibh an dream ba shine sa teach bhreá sin ar an ghannchuid ó thaobh Béarla de.

TEACH EOGHAN PHÁDRAIG SA GHEIMHREADH

Ba theach Teach Eoghan Mhícheáil a raibh John Simie Doherty an-tugtha dó agus, lá gur casadh domh ansin é, thug sé cead dom cúpla port dá stór poirt a thaifeadadh uaidh. Chuir mé ceist air faoi amhrán cáiliúil a dtugann siad 'Tá moiltín beag agam ar téad' air. Bhí an t-aer ar eolas aige agus sheinn sé go fonnmhar dom é.

Bhí dóchas agam go mbeadh fáil ar Joe agus go mbeadh sé sásta sinn a thiomáint síos chuig Droichead an Ríleáin áit a raibh bosca fóin gar do phub Josie Bonnar óna bhféadfainn glaoch ar theach mo mhuintire i nDroim Caoin chun cabhair chun tarrthála a iarraidh.

Bhí Joe faoi réir agus níorbh fhada gur bhain muid bun scríbe amach. Bhí sé díreach sa mheán oíche agus ó tharla nach raibh solas ar bith le feiceáil sa teach tábhairne rinne muid amach go raibh bunadh an tí imithe chuig Aifreann na Bigile i dteach pobail Chill Taobhóg roinnt bheag chiliméadar uainn síos soir Gleann Fhinne. Bhí an t-ádh dearg orm greim a fháil ar mo dheartháir, Brendan, agus é ar a choiscéim amach an doras chuig Aifreann na Bigile sa Leamhchoill agus an chuid eile den líon tí imithe roimhe cheana féin.

Ar a dheireadh thiar thall, nocht soilse na gcarr ag tarraingt orainn aníos Gleann Fhinne ón aifreann agus nuair a thuirling Josie mhínigh mé dó an cruachás ina raibh muid agus gan a thuilleadh moille, d'oscail sé an doras, scaoil isteach muid agus threoraigh isteach i seomra beag taobh leis an chistin sinn, áit ar tugadh dhá ghloine mhóra uisce dúinn leis an tart a bhí orainn a mhúchadh. Tamall ina dhiaidh sin, glanadh amach an luaith agus cuireadh síos tine mhóna agus dáileadh deochanna eile orainn.

Bhí fidléir bréa de chuid na háite, fear a dtugadh siad Jimmy Gallagher air, i láthair agus d'iarr Josie – a raibh dúil nimhe aige sa cheol – air port a bhualadh. Níorbh fhada ina dhiaidh sin go dtáinig Josie isteach agus cairdín mór pianó leis. Bhí a fhios aige go raibh bosca agamsa agus go raibh mé in ann a sheinm ar chaoi. Go gairid ina dhiaidh sin, bhí Jimmy agus Declan, Joe Beag agus mé féin i mbun ceoil agus deochanna nárbh uisce iad ar an bhord os ár gcomhair.

Choinnigh muid an bhigil sin go dóighiúil agus muid ag feitheamh le cabhair anoir as Tír Eoghain. Bhí an ceol faoi lánseol agus ardiúmar orainn uilig i gceann an ama gur bhuail mo dheartháir, Seán, isteach chugainn thimpeall is a trí a chlog ar maidin. Shíl sé gur amuigh cráite go leor agus ar crith le fuacht a gheobhadh sé muid agus ní hionadh ar bith go ndearna sé dubhiontas den chomhluadar meidhreach sa chlúid sheascair inar casadh muidinne, gloiní ar an bhord agus iad lán. Bheannaigh mé dó leis an cheann agus choinnigh orm ag seinm agus nuair a bhí an port sin seinnte againn d'fhiafraigh mé de an raibh a fhios aige cad é an t-ainm a bhí air. 'Seans gurab é An Cliseadh é', a dúirt sé agus aoibh an gháire air. In am agus i dtráth, thug muid an cadhnra úr a bhí leis siar an bealach mór arís, chuir isteach sa mhótar é agus chas aniar ar ais agus síos Gleann Fhinne ag déanamh ar an bhaile le héirí na gréine maidin Lá Nollag.

Seal maith de bhlianta ina dhiaidh sin, ag tórramh Mháire Rua Uí Mhuí (amhránaí cáiliúil ó na Cruacha ónar bailíodh stór luachmhar de sheanamhráin na gCruach), a casadh Joe Beag orm in athuair. Bhailigh an slua a bhí ar thórramh Mháire le chéile i dteach tábhairne ar an Bhrocaigh le béile bia a chaitheamh le chéile agus shuigh Joe isteach ar aon bhord liomsa agus beirt eile. Leagadh plátaí bia ar an bhord agus chuaigh muid uilig i gceann an bhia ach Joe. Ansin, chuir sé an stól a raibh sé ina shuí air siar uaidh píosa agus tharraing anuas a phláta bia ón bhord, leag ar a ghlúine é agus chuaigh ina cheann. Ba é sin an nós a bhí aige agus é ina chadhan aonair bocht dealbh i dteach a mhuintire. Bhéarfainn buille faoi thuairim gur lean an duine lách de nós chaitheamh a chodach ar a ghlúine go dtí an lá a fuair sé bás go huaigneach sa bhliain 2003 i dTeach Eoghan Mhícheáil ar na Cruacha.

Bíonn dubhspéis ag daoine sa chineál sin ceoil i gcónaí ach, faraor géar, is minic nach amhlaidh atá maidir leis an teanga sa lá atá inniu ann. Chuir fear amháin de chuid na gCruach i mbeagán focal é nuair a dúirt sé: 'Dá labharfá Gaeilge ar na Gleanntaí, shílfeá go raibh adharca ort!' Is brónach an scéal é gur mar sin atá agus is brónach an scéal fosta é gur ballóg anois Teach Eoghan Phádraig agus gur sa chré atá na daoine geanúla a chónaigh ann.

Ba bheag dá chuid géinte ceoil a d'fhág Eoghan Phádraig ag a chlann féin nó ag Pádraig, Conall agus Máire ar scor ar bith. Fear tréitheach ab ea Conall fosta i gcúrsaí fidléireachta agus i gcúrsaí rince ach d'fhágadh sé féin agus Máire na hamhráin faoi Phádraig den chuid is mó. Ach líon Pádraig an bhearna sin leis an stór amhrán a bhíodh á rá go míbhinn aige gan aon athrú anonn ná anall sa drandán aontónach céanna ó amhrán go hamhrán. Diomaite de na focla, ar ndóigh, ba sa rithim a bhí an t-aon difríocht inaitheanta a bhí eatarthu le tabhairt faoi deara.

Oíche gheimridh agus craosthine romhainn ar an teallach sin, dúirt Pádraig sé cheathrú d'amhrán faoi bhean álainn chliste ar thug seisean 'Gráinne na gCuirnín' uirthi. 'Gráinne Uí Dhuirnín' a thug Enrí Ó Muirgheasa ar an spéirbhean eapainmneach sin ar bhailigh sé cúig cheathrú

Pádraig á thaifeadadh

d'amhrán fúithi i Leitir Catha in aice leis an Chlochán Liath dhá scór bliain roimhe siúd. A ceann catach gruaige seachas a hainm pósta an tréith a thugann amhrán Phádraig suntas di ach tá focla Phádraig agus focla Uí Mhuirgheasa ar aon intinn faoin Ghráinne sin a bheith gasta agus léannta:

> 'Canann sí Béarla agus léann sí Laidin,
>   Eabhrais is Gréigis is gach tréithre banghaiscí.
> Nach mór an díth céille dom a bheith ag dréim lena samhail
>   Is go dtug sí an chraobh léi ó Éirne go Leanainn.'

D'fhág mé an teallach sin go hantráthach an oíche sin ag déanamh ar m'áit dhúchais i dTír Eoghain roinnt chiliméadar ón teorainn le Dún na nGall agus mé breá sásta leis an chnuasach a bhí liom sa taifeadán. Bhí mé ag tnúth go mór le dhul fríd an ábhar an lá dár gcionn ach, mar a tharla, fuair mé seans éisteacht leis cuid mhaith ní ba luaithe ná mar bhí coinne agam leis.

Lean mé liom síos Gleann Fhinne agus thrasnaigh abhainn na Finne ag Caisleán na Finne agus suas liom go barr an chnoic i dtreo Chaisleán na Deirge. Tháinig mé fhad le Coill Chlaona an áit a mbíodh dhá phost custam suite mórán taobh le chéile, ceann de chuid an tSaorstáit agus ceann de chuid na Breataine – an *frontier post* mar a bheirtí air ionann is go mba urphost i mBearnas Khyber a bhí ann.

Bhí an oíche dubh dorcha gan pioc solais le feiceáil in aon áit. Bhí a fhios agam go mbíodh lámhach gunnaí le cluinstin sa cheantar sin anois is arís agus bhog mé liom go faichilleach trasna an phíosa chúng de thalamh aineoil idir an dá phost teorann agus súil ghéar amuigh agam do bhac bóthair nó contúirt ar bith eile. Ansin i dtoibinne chonaic mé cumraíocht scáthach daoine ag éirí amach as an scrobarnach ar dhá thaobh an bhóthair agus solas dearg ag luascadh romham ar feadh chúpla soicind ag tabhairt le fios go gcaithfinn stopadh. I bhfaiteadh na súl bhí mise agus mo charr timpeallaithe ag saighdiúirí de chuid na Breataine a n-aghaidheanna daite dubh sa chaoi gur doiligh iad a fheiceáil nó a aithneachtáil i ndorchadas na hoíche.

Labhair guth briosc Sasanach agus chuir na gnáthcheisteanna faoi m'ainm, mo sheoladh, mo thriall agus faoin áit a bhí fágtha i mo dhiaidh agam. Agus a gcuid gunnaí dírithe orm ordaíodh dom cófra bagáiste agus boinéad an chairr a oscailt agus rinneadh grinnchuartú iontu. Níor cuireadh aon amhail san ainm Cruach

Mhín an Fheannta dá fheabhas a dhea-fhoghrais a bhí sé nó i nDroim Caoin ach oiread nuair a bhíthear á mo cheastú ach, nuair a luigh súil an oifigigh ar an phacáiste bheag chraiceann muice leagtha go neamhurchóideach ar an tsuíochán cúil, tháinig athrú ar an scéal. Ní pacáiste ach mála don taifeadán *Uher Reporter 4000* a bhí agam – ceann de na taifeadaín iniompraithe ba shoifitisciúla a bhí ann san am.

Mhínigh mé cad é a bhí ann agus ordaíodh dom an mála a oscailt agus an taifeadán a nochtadh. Gach uile sheans gur mheas an t-oifigeach go raibh sé féin agus a chuid fear i ndiaidh a theacht ar ghaireas pléasctha i mbréagriocht glic nó b'fhéidir nach raibh ann ach go raibh sé aineolach faoi ghléasanna taifeadtha mar é den déanamh ba nua-aoisigh ach ordaíodh dom an taifeadán a chur sa tsiúl go bhfeiceadh sé an raibh mé ag inse na fírinne dó. Dá mba rud é go raibh an ceart aigesean bhí ár mbeo á chur i gcontúirt aige ach mise an cnaipe a bhrú.

Chas mé siar an téip píosa agus bhrúigh 'Play' agus ar mhullach an tsléibhe sin idir Tír Eoghain agus Dún na nGall thoisigh drandán Phádraig Eoghan Phádraig ag comóradh Gráinne na gCúirnín ag scaipeadh fríd dhorchadas na hoíche. Níor dhúirt an t-oifigeach nó na saighdiúirí cad a shíl siad d'adhmholadh Ghráinne sa teanga Ghaeilge nó den amhránaí dá dhonacht é i dteanga nárbh eol don choimhthíoch í – mar a dúradh in amhrán eile go mór i mbéal an phobail. Ach thuig siad nach raibh aon dochar ionam agus scaoileadh liom trasna na teorann agus mo lasta róluachmhar slán. Tá an t-amhrán sin ina chuid de Chnuasach Bhéaloideas Éireann inniu agus an scéilín beag seo ag cur síos ar an turas a thug ann é anois ina chuid den taifead don dream a thiocfaidh inár ndiaidh.

Chuireadh an stopadh tráchta ag seicphointí buanseasmhacha de chuid Arm na Breataine an pobal le báiní. Déarfadh na húdaráis gan dabht, gur ina réamhchúram riachtanach a bhí siad, ach bhreathnaigh an pobal orthu mar chrá croí agus cur isteach míréasúnta ar theacht agus imeacht thar teorainn sa mhéid is go ndeachas thar fóir in aonturas, dar leo, leis an dianseiceáil fadálach ó charr go carr agus na scuainí fada a chruthaigh an obair sin. Dar le daoine nach raibh ann ach ciapadh.

Bhí an teorainn ag Achadh na Cloiche i dTír Eoghain ar cheann de na seicphointí ba mheasa ón taobh sin de i ngeall ar an ollmhéid tréthráchta go Dún na nGall a bhí ann. Agus bheadh ar na créatúirí sin tranglam tráchta eile a fhulaingt arís ar an teorainn idir an Srath Bán agus Leifear ar a mbealach ó thuaidh. Sílim gur maraíodh seanduine ag seicphointe Achadh na Cloiche agus é ina phaisinéir gluaisteáin ina shuí sa tsuíochán tosaigh agus gal tobac á chaitheamh aige; lonraigh an ghrian ar bhanda airgid a phíopa agus loisc saighdiúir tapógach maol marbh é de mhícheapadh.

Tharla uair amháin gur ceapadh mo dhearthair, Declan, agus ceoltóirí eile a bhí ina chuideachta i scuaine de na scuainí fada bearránacha sin agus gur thionscnaigh siad seisiún ceoil gan ullmhú ar thaobh an bhóthair ann leis an am a mheilt dófa féin agus na traibhléirí eile a bhí sáinnithe ansin. Ba mheargánta an mhaise dófa é mar go raibh siad ag dul i gcontúirt go scaoilfí urchar leo agus go marófaí iad. Lá eile bhí mé féin agus mo dhearthair, Seán, ar ár mbealach chuig cluiche peile i gCluain Eois, Contae Mhuineacháin, nuair a stopadh mar sin muid ar chúis ínteacht nár léir dúinn í i bhfoisceacht cúpla ciliméadar den bhaile sin; coinníodh ag fanacht ansin muid gan dóigh go raibh an cluiche ag ionsaí thart.

Den chuid is mó, áfach, ní bhíodh cuma bhagrach nó ionsaitheach ar na saighdiúirí féin agus, in amannaí, ní bhíodh siad chomh cáiréiseach sin uilig ach oiread. Ba mar sin a bhíodh ag an seicphointe ar Inis Badhbha i Loch Éirne, rud a thug mé faoi deara nuair a bhíodh call le mo cheadúnas tiomána a thaispeáint dóibh. Ba ghnách liom an ceadúnas a bheith réitithe i mo láimh agam agus é a thairiscint don scuadaí sula raibh seans ar bith aige é a iarraidh orm go foirmeálta. Ní fhiafraíodh sé díom ar liomsa an ceadúnas ach bhreathnaíodh sé tamall air, shíneadh ar ais chugam arís é agus scaoileadh sé liom. Ba i nGaeilge a bhí an ceadúnas agus sonraí scríofa de láimh ann a bhí doléite go maith agus ní raibh aon ghrianghraf ann san am sin ach oiread. Ní móide gur thuig an scuadaí bocht mórán faoi

SÓC LE SAIGHDIÚIR DE CHUID ARM NA BREATAINE, BÉAL FEIRSTE, 1970

ná fúmsa.

Lá eile arís, thug saighdiúir grinnshúileach faoi deara ainm mo mhná, Maj, ar lipéad agus é i mbun chófra bagáiste an chairr a chuartú. Níl ann ach nach ndearna sé cúirtéis liomsa mar gur shíl sé gur oifigeach airm a bhí ionam – 'Major in the Irish army, then?' a dúirt sé. Thuigfeadh sé dá mbreathnódh sé i gceart orm nach raibh an chuma a bhí ormsa ag cur le cuma oifigigh nó saighdiúra in aon arm agus, ar ndóigh, níl aon teideal céime mar sin in Arm na hÉireann áit a nglaoitear ceannfort ar a leithéid. Ach ní fhéadfaí a bheith ag súil le heolas mar sin a bheith ag scuadaí bocht Sasanach i bhfad ó bhaile.

Go luath sna 'Trioblóidí' ó thuaidh, tháinig mé ar phatról taistil de chuid Arm na Breataine gar don teorainn ag Achadh na Cloiche agus thoisigh saighdiúir grinnshúileach gasta do mo cheastú agus mo cheadúnas ina láimh aige. Chuir sé ar strae ar fad mé nuair a leag sé a mhéar ar an tseoladh lámhscríofa a bhí ann agus d'iarr orm focal a bhí ann a mhíniú dó. Ba é '9 Páirc na bhFeá' a bhí scríofa sa cheadúnas agus ba ar an fhocal 'Feá' amháin a bhí a aird. Cuireadh i bponc mé ag an cheist sin gan choinne; shíl mé cinnte gurb é an chaoi gur luigh a shúil ar an chomhcheangal de litreacha cháis mhóir agus cháis bhig agus níor rith sé liom ar chor ar bith gur ag díriú ar an fhocal féin a bhí sé. Bhí oiread mearbhaill orm is go dtug mé neamhaird ar fad uirthi mar cheist agus gur fhreagair ceist eile ar fad go snagarnach – ' "bhF" is pronounced like a "v" ', a dúirt mé. 'I know, I know', a dúirt seisean, 'I have the Gaelic!' Ba ansin a thuig mé gur Híleantóir a bhí ann agus gur cainteoir dúchais Gàidhlige a bhí agam, bíodh is gur ina reisimint Shasanach a bhí sé.

Ar an toirt, tháinig a mhalairt de chur chuige i gceist idir an bheirt againn – mise ag cur na gceisteanna agus eisean ag freagairt! Ó Inse Gall agus Uibhist a Tuaidh a tháinig sé, oileán ar thug mé cuairt air agus mé i mo mhac léinn. Rinne muid comhrá beag sa Ghaeilge Choiteann a bhí againn, mar a déarfá, agus scaoileadh chun bealaigh arís ina dhiaidh sin muid. Chonaic mé sa scáthán cúil gur ag caochadh orainn ag imeacht dúinn a bhí sé agus ag inse go fuinniúil dá chomrádaithe faoinar tharlaigh eadrainn. Tá súil agam go dtáinig sé slán as seal a dhualgais saighdiúrachta i measc na nGael thar lear.

Ba mhór idir dhearcadh na saighdiúirí ón Bhreatain agus

cuid de na fórsaí slándála baile, Constáblacht Ríoga Uladh, mar shampla. Seo mar a tharla uair eile a bhí mise agus mo bean ar cuairt i dTír Eoghain sna luath-1970dí agus nuair a thaistil muid isteach chun na hÓmaí ó Dhroim Caoin le m'athair agus mo mháthair mar aon le mo dheartháir, Seán, agus a bhean, Ella, chun cuairt a thabhairt ar chlubtheach CLG Naomh Éanna. Agus muid i bhfoisceacht cúpla céad méadar den clubtheach, stop an péas muid agus chuaigh i mbun na ghnáthcheastóireachta agus araile. Ba bhanchonstábla a bhí ag cur na gceisteanna ormsa agus thoisigh sí ag iarraidh sonraí lámhscríofa

Maj Ó Catháin ⁊ Rí Liam, 1970

Gaeilge an cheadúnais a thras-scríobh ina leabhar nótaí agus chuaigh mise ag cuidiú léithi leis an litriú mar go raibh an pheannaireacht doléite go maith, fiú amháin ag an té a mbeadh Gaeilge aige nó aici. Nuair a tháinig sí a fhad leis an tseoladh, mhínigh mé di nárbh é an seoladh a bhí ar an cheadúnas a bhí anois agam agus thug mé an seoladh eile di (i mBéarla). Nuair a bhí deireadh scríofa litir ar litir aici, rinneadh cófra bagáiste an chairr a chuartú agus scaoileadh linn isteach i gcarrchlós an chlubthí.

Ní raibh ann ach go raibh suíocháin aimsithe againn nuair a fógraíodh ar an challaire go raibh tiománaí a leithéid seo de charr de dhíth ag an doras. Mise a bhí i gceist acu agus dúirt an doirseoir (fear a raibh aithne mhaith agam air) go raibh an Chonstáblacht ag fanacht liom amuigh agus go mbeadh súil in airde aige orm ón doras. Ar an dá luas a sheas mé amuigh bhailigh baicle de phóilíní armtha thart orm agus d'iarr an t-oifigeach a bhí orthu mo cheadúnas orm agus thug faoi léirmheas a dhéanamh ar an eolas a thug mé don chonstábla roimhe sin. Ba léir dom óna ghlór garg agus ón bhealach trodach a bhí leis go raibh míshásamh ínteacht air agus thuig mé go maith go raibh cúrsaí as alt nuair a chuir sé i mo leith nár thug mé m'ainm don chonstábla nuair a d'iarr sí orm é. Bhréagnaigh mise é agus dúirt ní hé amháin go dtug mé m'ainm di ach gur litrigh mé di é. Ba léir ón chéad dúshlán eile a thug sé cad é go díreach a bhí ag dó na geirbe as – *'You refused to give your name in the language of the country!'* an chéad ghlam eile a lig sé as. B'fhollasach nach fear mór teangan a bhí ann ná bá a bheith aige le Gaeilge. Rug mé ar mo chiall agus choinnigh mé srian ar mo theanga agus dúirt nach raibh an dara hainm agam ach é, ba chuma cén áit ar domhan a bheinn.

D'ardaigh siad leo mé faoi ghlas eiteog síos chun an vaigín a bhí acu, áit a raibh an banchonstábla ar chuidigh mé léithi ina suí. Chuir an t-oifigeach ceist uirthise fán tseoladh a thug mé di agus nuair a labhair sí ba í an uimhir '14' an chéad rud a tháinig amach as a béal. *'Hah'*, a bhéic seisean go caithréimeach, *'it says "9" here!'*

Mhínigh an constábla an difríocht idir an dá sheoladh go modhúil agus sin a raibh de ach go ndearnadh mo charr a ransú ó bhun go barr: tarraingíodh amach an daisphainéal agus na painéil dhoirse, agus tógadh amach na suíocháin agus na mataí urláir. Fágadh breall orthu mar ní raibh aon dadaí ann agus cuireadh le chéile arís an carr mar a bhí sé. Síneadh foirm ionsorm agus dúradh liom m'ainm a chur leis ag deimhniú nach ndearnadh aon damáiste don charr. Shínigh mé gan mhoill í mar níor theastaigh uaim an oíche a chaitheamh sa bheairic. Fáilte 'na bhaile chun an Tuaiscirt, mar dhea!

— *VII* —

Iarchéimí de chuid na hOllscoile

THÓG SÉ DHÁ BHLIAIN ORM an t-ábhar don tráchtas a bhailiú agus cuma agus caoi a chur air le haghaidh na céime. Bhí Heinrich sásta leis agus ní raibh dadaí ag an Ollamh Maolmhuire Ó Diolúin ó Institiúid Ard-Léinn Bhaile Átha Cliath (an scrúdaitheoir seachtrach) ina éadan ach oiread. Bhí liom agus bronnadh an chéim MA orm i samhradh na bliana 1966. Tháinig sé i gcló ceithre bliana ina dhiaidh sin sa Ghearmáin.

Ó tharla go raibh mé faoi chomaoin ag Roinn an Oideachais i Stormont a rinne urraíocht iarchéime orm agus go gcaithfinn géilleadh don ollscoil maidir le clárú faoin ainm a bhí ar mo theastas breithe, ba é 'James O'Kane' an t-ainm a cuireadh leis an chéad alt acadúil sin uaim. Is é an t-aon alt amháin de mo chuidse – agus tá go maith os cionn céad acu anois ann – a bhfuil an t-ainm sin leis. Píosa ina dhiaidh sin, rinne mé suas m'intinn go raibh sé in am agam cinneadh cóilíneach an dochtúra a chláraigh mo bhreith a chur ar neamhní; ghlac mé comhairle le haturnae Gaelach de chuid na cathrach, Séamus ('Kit') de Napier faoi m'ainm a athrú le gníomhas aonpháirtí. Roimhe sin i measc lucht labhartha na Gaeilge, ní thugtaí orm ach Séamus/Séamas Ó Catháin ach diomaite de leathanaigh an *'Zeitschrift'* ní bheadh tásc ná tuairisc ar 'James O'Kane' feasta agus an beart sin curtha i gcrích agam.

Bheadh glacadh le ceachtar den dá leagan taobh ó dheas den teorainn ach bhí an dá ainm chomh difriúil sa Tuaisceart – mar a dúirt duine ínteacht liom – le Cassius Clay agus Mohammed Ali. Ní raibh aon mheon ar bith eile agam ach an gníomhas aonpháirtí a chur i bhfeidhm rud a d'fhág crá croí síoraí agam nuair a chuaigh mé chun cónaithe sa stát dátheangach, má b'fhíor, taobh ó dheas den teorainn ina dhiaidh sin, áit a mb'éigean dom dhul i dtaithí ar m'ainm a litriú do dhaoine ar bhonn rialta litir ar litir.

Cuireadh cor i mo chinniúint agus gan ach cúpla mí fágtha agam ar an ollscoil i ndiaidh dom an MA a bhaint amach agus mé ag meabhrú fán chéad chéim eile a bhéarfainn sa tsaol nuair a tharla do phost an Chúntóra Taighde faoi Heinrich a theacht folamh agus thairg sé an post domsa. Ba é an chéad phost acadúil a bhí agam agus tháinig ardú stádais i gceist leis mar aon le hardú ioncaim – £800 in aghaidh na bliana. Bhí beagáinín de dhualgais teagaisc i gceist leis de réir mar a d'ordaigh Heinrich agus pribhléidí beaga eile a bhain le stádas bhall foirne de chuid na hollscoile bíodh a fhios gur ar an runga ab íochtaraí den dréimire acadúil a bhí mo chos leagtha agam. Bhí mé i dteideal páirt a ghlacadh san obair pháirce a bhí ar siúl ag Heinrich thall is abhus i nDún na Gall, mar shampla, agus é i mbun na n-iontrálacha deiridh don *Atlas*.

Ceann acu sin ab ea baile taobh amuigh de na Gleanntaí a dtugann siad Dubh-Bhinn ['*Doobin*' ↓] air (Pointe 85A san *Atlas*), áit ar chuir mé aithne ar líon tí ann le linn dom a bheith ag bailiú logainmneacha sa cheantar sin atá suite mórán idir Mhín an Bhainne úd E. C. Quiggin agus na Cruacha. Ní raibh ann ach casán chun tí  trasna na bpáirceanna go dtí teach ceanntuí ar an uaigneas agus é coinnithe go han-mhaith. Chuir an lánúin óg agus a gcuid páistí agus máthair na mná óige a bhí sa teach fáilte romhainn. Ba sheod í an tseanbhean ó thaobh Gaeilge de agus níorbh fhada go ndeachaigh Heinrich i mbun oibre léithí á ceastú faoi seo agus faoi siúd.

Ní raibh mórán Béarla aici agus níor chuidigh blas Eilbhéiseach Bhéarla Heinrich léithi ach oiread agus b'éigean dá níon cuid de cheisteanna Heinrich a aistriú go Gaeilge. Déarfadh Heinrich léithi: '*How do you say "X"?*' agus déarfadh an bhean óg 'Cad é mar déarfá "X"?' (nó ciall na cainte a bhí i gceist aige a thabhairt le fios, mar aon lena freagra féin in amannaí) agus bhéarfadh an tseanbhean an freagra a bhí de dhíth. Bhí an blas agus an déanamh céanna ar theanga na beirte acu den chuid is mó.

Ach, anois is arís, i ngeall ar dhifríochtaí canúnacha idir an bheirt bhan nó difríochtaí idir glúnta, ní luíodh an dá leagan cainte isteach go díreach lena chéile ar chor ar bith, mar a léiríonn na samplaí seo a leanas. *'How would you say "the people of Ireland"?'* a dúirt Heinrich agus ansin 'Cad é mar déarfá "bunadh na hÉireann"?' a dúirt an bhean óg agus ansin arís ina diaidh 'Sea, "bunadh na hÉireanna",' a dúirt an tseanbhean agus an seantuiseal ginideach in úsáid aici. Agus arís *'How do you say "Wait till he comes"?'* ag Heinrich, agus 'Fan go dtiocfaidh sé' ag an bhean óg, ach 'Fan go dtigidh sé' agus an leagan leis an mhodh foshuiteach ann in áit an fháistinigh chun tosaigh i ndúchas teangan na seanmhná. Má bhí mearú beag uirthi fá na ceisteanna aisteacha a bhíthear ag cur uirthi níor lig sí dadaí uirthi ach choinnigh uirthi go dtí an deireadh. Bhí Heinrich ansásta léithi, ar ndóigh. Bunsásamh don fhocleolaí a leithéid!

Fuair muid tae agus arán agus im baile agus gogaí an duine ina dhiaidh agus shuigh thart ag comhrá le bunadh an tí. Bhí Heinrich ar a sháimhín só sa chomhluadar sin agus é ag caitheamh a phíopa ach stalc an píopa air agus theastaigh réiteoir píopa uaidh lena ghlanadh. Amach leis an bhean óg go bhfuair sí greim ar chearc agus tharraing cleite amach aisti le tréan grágáil agus greadadh na sciathán agus a thug do Heinrich é. Ba lá na gcéadta bliain ar mhórán bealaí é.

Tháinig Heinrich go hÉirinn den chéad uair sa bhliain 1945 agus níorbh fhada gur leag boic mhóra Institiúid Ard-Léinn Bhaile Átha Cliath súil air agus bhí den bharúil go mb'fhéidir go mba é an fear a theastaigh uathu le tabhairt faoi obair pháirce don *Atlas*. Cuireadh i gcuideachta Mhaolmhuire Uí Dhiolúin go Tuar Mhic Éadaigh i gContae Mhaigh Eo é le hiniúchadh tosaigh a dhéanamh agus, mar chuid de, daoine feiliúnacha chun agallamh a chur orthu a roghnú. Bhí Mac Uí Dhiolúin i gceannas agus ba shaothar gan tairbhe acu é faoina stiúir siúd siar is aniar fríd an pharóiste, a dúirt Heinrich liom, agus fios maith aige dá bhfaigheadh seisean leathuair a chloig féin sa phub go n-aimseodh sé an cineál fáisnéiseora a bhí uathu ar an bhomaite.

Ní mar sin a bhí Maolmhuire, áfach, agus ar a dheireadh thiar b'éigean don bheirt acu pilleadh folamh go Baile an Róba tuirseach i ndiaidh an lae agus a sáith ocrais orthu. Nuair a tháinig siad fhad leis an óstán, labhair Maolmhuire sa dóigh ardnósach sin a bhí leis agus dúirt: *'I say, Wagner, how about a spot of veal?'* Sna blianta sin, ní móide go mbeadh fáil ar laofheoil go réidh i mBaile an Róba ná, seans, aon áit in iarthar na hÉireann ar chor ar bith ach ba chosúil nár léir do Mhaolmhuire an méid sin. Ordaíodh don chailín freastail fáil amach cad é mar bhí agus níorbh fhada gur phill an créatúr bocht ar ais orthu agus mhínigh nach raibh sa teach acu ach sicín. B'ansin a

BAILE AN RÓBA, CONTAE MHAIGH EO

thiontaigh Maolmhuire – agus é bréan den scéal – ar Heinrich a dtáinig leathadh súl le hiontas air nuair a d'fhógair Maolmhuire: *'Savages, Wagner, still savages!'*

Rinne Heinrich éacht oibre le hábhar an *Atlas* a thabhairt i dtír ach nuair a foilsíodh é ní mó ná sásta a bhí brúghrúpaí chur chun cinn na Gaeilge leis, dream a dtáinig stuaic orthu faoin chur síos réadúil – *'the ruins of a language'* – a bhí ag Heinrich faoinar casadh air de chreatlach dheiridh na teangan ar a shiúlta sna ceantracha ina raibh sí ag dul ar gcúl go mór nó ag ionsaí imithe bun barr. Ba mheasúnú réalaíoch é. Is dóiche gur ghoill an léirmheastóireacht ghránna go leor air a fuair sé ar a shaothar ó scoláirí áirithe arbh fhearr go mór leo tabhairt faoin Eilbhéiseach óg ná aghaidh a thabhairt ar an chineál sclábhaíochta a bhain leis an obair mhillteanach sin iad féin.

Riamh ina dhiaidh sin go bhfuair sé bás in aois a 65, bhí mo shaol fite fuaite le himeachtaí Heinrich ar bhealach amháin nó ar bhealach eile. Ní hé amháin go raibh mé i mo Chúntóir Taighde aige ach d'fhreastail mé ar chuid de na cúrsaí iarchéime a thug sé ó am go ham agus bhí sé ina mhúinteoir agam fosta. Ceann acu sin ab ea cúrsa ar thíopeolaíocht theangacha an domhain mhóir a bhí ina *tour de force* éachtach. Ghlac mé nótaí faoi gach rud a dúirt sé agus chlóbhuail iad díreach i ndiaidh an ranga agus cuimhne mhaith agam ar a raibh ráite aige ó thús deiredh.

Ní raibh mórán dúil ag Heinrich sa bhrainse teangeolaíochta ar a dtugtar struchtúrachas. Ní hé ar bhealach nach raibh meas áirid aige ar leithéidí Noam Chomsky ach nár shásaigh an cineál sin teoiriciúlachta é. Ní raibh ann, dar leis, ach slaparnach thart san uisce tanaí agus b'fhearr leisean é féin a chaitheamh amach i ndiaidh a chinn in uiscí domhain na teangeolaíochta mar a chonacthas dósan iad. Bhí contúirt áirid ag roinn lena leithéid de bheartaíocht, ar ndóigh, agus rinne sé corrphleist bhoilg ina am. Ach nuair a bhí an ceart aige bhíodh sé an-cheart agus nuair ba léir dó dul amú a bheith air níor mhiste leis an méid sin a admháil.

Bhí Heinrich ceolmhar, tallann thar a bheith úsáideach ag foghraí. Ní raibh faoi ná thairis agus é óg ach bheith ina oirfideach pianó ach thug sé maitheamh ar an smaoineamh sin nuair a thuig sé nach raibh an cumas ann barr réime a bhaint amach san ealaín sin. Chuaigh sé le cúrsaí léinn agus cháiligh ina fhocleolaí i réimse na Gearmáinise. Bhí bua iontach aige i gcúrsaí teangacha sean agus nua agus cumas sa dúchas aige iad a fhoghlaim an-sciobtha, a mianach a aimsiú go míorúilteach agus foclóir agus leaganacha cainte a shú isteach go gasta. D'fhág fairsing an eolais a bhí aige ar theangacha mar aon lena intleacht agus samhlaíocht nach raibh a shárú le fáil taobh istigh den Léann Cheilteach in Éirinn. Chuir a chumas éad ar chuid dá chomhscoláirí sa réimse sin agus ní bheadh sé ag dul mórán thar fóir a mhaíomh go bhféadfaí a rá fúthu nár shíl siad an dúrud de agus nár cheil siad ach oiread é.

HEINRICH WAGNER LE ANNIE McCREA SA CHAISLEÁN GLAS, CONTAE THÍR EOGHAIN

Ba dhuine inspioráideach é Heinrich dúinne i mBéal Feirste, eachtrannach a raibh togha na Gaeilge aige agus eolas aige ar dhomhan mór a bhí thar ár n-eolas. Lean cuid againn (mé féin ina measc) dá shampla sa mhéid is gur roghnaigh muid dul thar sáile mar a rinne seisean agus dul sa tseans sa tsaol acadúil. D'éirigh linn uilig ar bhealaí éagsúla. Chomh fada agus a bhaineann sé liom féin, dúirt mé le Heinrich gur mhaith liom leanstan den Léann Cheilteach áit ínteacht thar lear i gceann de na Iárionaid mór le rá ar an Mhór-Roinn, Páras nó Bonn, seans. Dúirt sé liom go raibh mé ar an chéad duine de mhic léinn Bhéal Feirste aige a thug le fios dó gur mian leis a leithéid a dhéanamh. Chuir an smaoineamh lúcháir air agus gheall sé go ndéanfadh sé a dhícheall acmhainní a thacódh liom a lorg.

Ba bheag seans a bhí aige mórán dul chun cinn a dhéanamh sa chás taobh ó thuaidh den teorann agus chuaigh sé i mbun na bhféidireachtaí ó dheas a iniúchadh. Ba bheag an t-iontas é nár éirigh leis mórán maith a dhéanamh i mBaile Átha Cliath ach oiread mar nach raibh ar an chéad dul síos mórán scoláireachtaí den chineál a theastaigh ar fáil agus go raibh an méid acu a bhí ann teoranta do mhic léinn chóras ollscolaíochta an deiscirt. Níorbh fhada go ndeachaigh sé i mbun na taobhsmaointeoireachta agus gur tharraing sé cleas eile chuige féin. Bhí an tseift sin nuair a cuireadh i gcrích í le cor eile a chur in mo chinniúint ar níos mó ná bealach amháin.

Ba dhíol suntais an chuma a bhí ar Heinrich nuair a nocht sé sa doras chugam i Roinn na Ceiltise cúpla mí ina dhiaidh sin. Ba léir nach raibh sé ar a shuaimhneas agus é ag bogadh ó leathchos go leathchos eile ionann is gurb é an drochscéala a bhí leis. Ní raibh fáil ar bith ar scoláireacht ach níorbh é fear caillte na himeartha ar fad é mar go raibh i gceist aige, a dúirt sé, mé a sheoladh thar sáile agus mé i mo Chúntóir Taighde ar mo phá aige i gcónaí ar mhisean sínithe coigríochta – sin má bhí fonn orm glacadh leis. Maith go leor! An Laplainn, áit ar chaith sé féin seal míosa nó mar sin turn an ceann scríbe ab fhearr domsa, a dúirt sé. D'fhéadfainn teanga eile ar fad a fhoghlaim, dul ar maos i gcultúr eisceachtúil agus ruaim bhreise a chur ar mo shlat ann. Ba thairiscint iontach é gan dabht ar bith agus ghlac mé léithi ar an toirt gan hú ná há.

Níor bhadar leis gan a bheith in ann aon úsáid a bhaint asam le linn na tréimhse sin a bheinn as láthair ach scaoileadh liom ar mhisean aonair ar mo chonlán féin amach as radharc. Ba mhór uaidh é. Ba é a chéad dualgas ina dhiaidh sin mé a chur ar an eolas chomh fada agus ab fhéidir leis faoin tSámais agus a cuid colceathracha Fionn-Úgracha. Bhí sé eolach ar Laplainn na hIorua agus baile beag Karasjok in oirthuaisceart na tíre sin agus bhí seal gairid caite aige i ndeisceart na Fionlainne ag foghlaim Fionlainnise chomh maith. Bhí eolas áirid aige ar dhá cheann eile de theangacha gaolmhara – *Mordvin* agus *Cheremiss* – a ndeachaigh sé i dtaithí orthu faoi stiúir Ernst Lewy, fear a bhí seal ina Ollamh le Focleolaíocht in Ollscoil Bherlin sular ruaigeadh amach as an Ghearmáin é in aimsir Hitler agus a chuir faoi i mBaile Átha Cliath ina dhiaidh sin. Bhí fios a ghnoithe ag Heinrich.

Lean Heinrich den chur chuige cheannann chéanna a chleacht sé agus é i mbun canúintí éagsúla na Gaeilge a fhoghlaim ar luas reatha, sa chaoi ab fhearr leis i gcónaí – de ghráscar lámh sna trinsí tosaigh! D'inis sé dom go ndeachaigh sé ag cuidiú le muintir na háite a bhí ag dul don fhéar in Karasjok agus ag ól le háitritheoirí san óstán áitiúil. Thit an lug ar an lag maidir le cuid den phlean sin a bhí aige nuair a diúltaíodh cead isteach san óstán do dhuine acu sin – fiú amháin faoi choimirce Heinrich. Bhí sé míshásta nár ligeadh mo dhuine isteach ina chuideachta ina leithéid de theach mórga. Dar le Heinrich nár scaoileadh isteach an fear sin i ngeall ar an éide Shámach a bhí á chaitheamh aige agus seans go raibh sé sin fíor faoi Karasjok sna luath-1960dí le linn do chóras chruálach bhrú chun tosaigh na hIoruaise agus díothú na Sámaise a bheith ar siúl ag rialtas na hIorua ach, ar ndóigh, leis an fhírinne a dhéanamh, tharlódh sé gur cúinsí eile ar fad ba chúis lena choinneáil amach as an óstán.

Ar mhodh ar bith, chuaigh Heinrich agus mise i mbun seisiún oibre le chéile uair sa tseachtain i bhfómhar na bliana 1967. *Lappische Chrestomathie mit grammatikalischem Abriß und Wörterverzeichnis* le Erkki Itkonen agus *Synopsis des Lappischen* le Eliel Lagercrantz a bhí roghnaithe ag Heinrich don bhunchúrsa domsa sa tSámais. Fionlannaigh an bheirt údar, fear acu de dhúchas Fionlainnise agus an scoláire eile de dhúchas Sualainnise na Fionlainne. Cúrsaí gramadaí is mó a bhí sa *Chrestomathie* agus téacsanna Sámaise mar aon le leagan foghraíochta agus aistriúchán Gearmáinise a bhí san *Synopsis*. Ba as ceantar in oirthuaisceart Finnmark ar theorainn na Rúise cuid mhaith de na téacsanna sin, áit a raibh canúint sheanda de chuid na Sámaise á labhairt, canúint a raibh spéis faoi leith ag Heinrich inti. Ceantar Varanger a bhí i gceist agus bhí áit arbh ainm di Nesseby ar cheann de na ceantracha ar eascair cuid de théacsanna Lagercrantz aisti. Ba é a ghaire is bhí Varanger do leathinis Kola in iarthuaisceart na Rúise (ar chuid den Aontacht Shóivéadach ag an am sin é) agus an tSámais a bhí á labhairt ann don chanúint Sámaise ab oirthearaigh ar fad an rud a spreag Heinrich chun béim a leagan ar Varanger sa chéad dul sios.

Murar leor dul i ngleic le teanga úrnua amháin, liostáil mé do chúrsa i dteanga eile ar fad san ollscoil ag an am chéanna – cúrsa neamhfhoirmeálta Sualainnise a bhí á thabhairt ag Ron Finch a bhí ina léachtóir le Gearmáinis ansin san am. Ba í an t-aon teanga de chuid Chríoch Lochlann a raibh fáil agam uirthi agus ba bhealach dar liom leis an oighear Nordach a bhriseadh (nó a leá ruidín beag ar chaoi ar bith) chun go mbeadh an méid sin de bhuntáiste agam agus mé ag tabhairt aghaidh ar na réigiúin reoite ó thuaidh.

Ní ceachtanna teangan *per se* a bhí ar siúl ag Heinrich ach diananailís le scairdeán mionsonraí ar bhunstruchtúir agus mianach intreach na Sámaise ó thaobh gramadaí agus comhréire de mar aon le dioscúrsa faoi na comharthaí sóirt agus cáilíochtaí coimhthíocha agus eile a dhealaigh amach í ó na teangacha eile thart uirthi diomaite den Fhionlainnis. Labhraíodh ar an iomad tuiseal, claochló meánach consan, comhtheacht gutaí, agus iarfhocla (seachas réamhfhocla) gan trácht ar mhórán rudaí aduaine eile. Ar an láimh eile, ba mhór an faoiseamh dom fáil amach nach raibh – ach oiread le Gaeilge – aon bhriathar sa tSámais ag freagairt don bhriathar Béarla 'have' ach gur leagan cainte gar go maith do nós timchainteach na Gaeilge 'Tá X agam' a úsáidtear inti.

Dá luaithe is a cuireadh scoilteoir cáithníní fo-adamhach Heinrich i mbun ghnó, ní dhearna sé dhá leath dá dhícheall agus é ag iarraidh mé a chur ar an eolas chomh fada agus ab fhéidir faoi oibreacha inmheánacha na Sámaise. Is iomaí uair a bhí mé buíoch beannachtach faoin dua a chuir sé air féin ar mhaithe liomsa agus mé ag streachailt leis an teanga sin i bhfad i gcéin. Bhronn sé seanléarscáil a bhí aige de Chríoch Lochlann orm agus na ceantracha ba láidre ina raibh an tSámais á labhairt marcáilte aige inti agus mhínigh dom faoi chanúintí éagsúla na teangan agus na réigiúin dhifriúla inar mhair sí.

B'shin é go díreach, a bheag nó a mhór, an méid comhairle a cuireadh orm maidir le fáisnéis a bhain le bunriachtanais phraiticiúla – treoir faoi chúrsaí taistil sna bólaí céanna, mar shampla. Ní mórán d'aibhéil ar chor ar bith é a rá gurb é bun na comhairle a thug sé dom Stócólm na Sualainne a bhaint amach agus ansin cósta oirthear na Sualainne a leanstan chomh fada ó thuaidh is soir ó thuaidh is a d'fhéadfainn agus arís ansin casadh ar mo chiotóg ag Haparanda, baile ar Mhurascaill na Boitnia agus ar theorainn na Fionlainne, agus leanstan liom uaidh sin glan díreach ó thuaidh i dtreo Rovaniemi agus coinneáil orm ó thuaidh arís chomh fada leis an Aigéan Artach. Tháinig scaoll orm nuair a chonaic mé nach raibh tásc ná tuairisc ar bhóithre ar léarscáil sin Heinrich sa limistéar fhairsing sa chuid ab fhaide ó thuaidh den Fhionlainn ach níor bhaol dom, a dúirt sé, mar gur thaistil sé féin an bealach sin ar bhus. Ach fágadh ag déanamh iontais mé faoina bhféadfaí a bheith i ndán dom sna réigiúin anaithnide sin ó thuaidh.

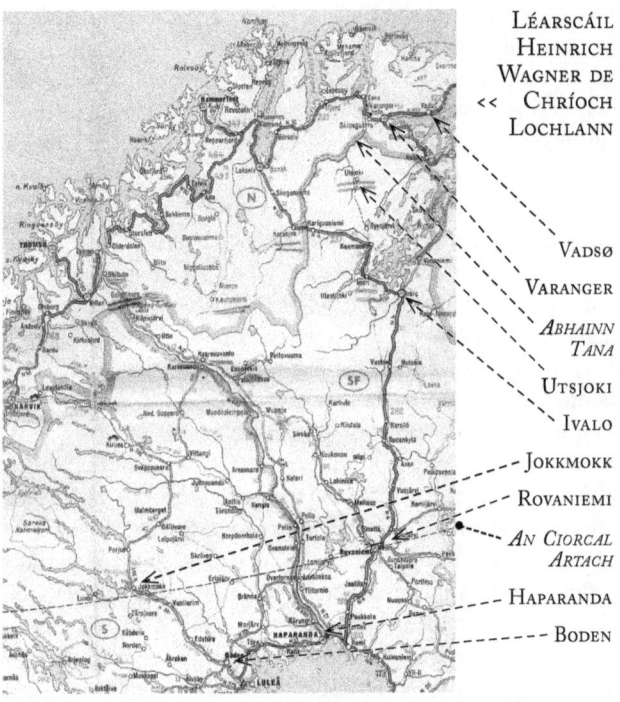

Léarscáil Heinrich Wagner de
<< Chríoch Lochlann

Vadsø
Varanger
Abhainn Tana
Utsjoki
Ivalo
Jokkmokk
Rovaniemi
An Ciorcal Artach
Haparanda
Boden

— VIII —

Taobh ó thuaidh den Chiorcal Artach

SOCRAÍODH GUR in earrach na bliana 1967 a chuirfinn chun bóthair. Roimhe sin, chuir Ambasáid na Fionlainne i Londain ainm duine ar fáil dom a chuirfeadh comhairle orm agus a bheadh ina chuidiú agam, dar leo, ó tharla go raibh sé ina rúnaí ar eagraíocht a dtugann siad *Lapin Sivistysseura* ('Cumann Cultúrtha na Laplainne') uirthi. Karl Nickul an t-ainm a bhí air agus chuir sé in iúl dom go mbeadh fáil air i Stócólm ag tús na Márta agus é ar a bhealach ó thuaidh chun freastal ar chruinniú cinn bhliana eagraíocht Shámach de chuid na Sualainne, *Svenska Samernas Riksförbund* ('Cumann Sámach na Sualainne'), in áit a dtugann siad Jokkmokk air. Bheadh fáilte romham bualadh leis i Stócólm agus an turas traenach ó thuaidh thar oíche a dhéanamh ina chuideachta. Mhaígh sé go mbeadh Sámaigh ó gach cearn de Laplainn na Sualainne, na Fionlainne agus na hIorua ag freastal ar an chomhdháil agus go gcuirfeadh sé in aithne dófa mé.

'Lapp' a thugann Béarlóirí an domhain mhóir ar na daoine a thugann Sámaigh orthu féin ina dteanga féin agus in áit '*Lapland*' is é *Sámieatnam* a thugann siad ar na críocha a bhfuil siad ina gcónaí iontu. Tá an focal '*Lapp*' in úsáid sna mórtheangacha thart uirthi sna bólaí sin, mar tá an tSualainnis, an Ioruais, an Fhionlainnis agus an Rúisis, ach braitear brí dhiúltach a bheith leis an fhocal sin agus ní maith le pobal *Sámieatnam* é. Is an-fhairsing go deo an dúiche sin atá faoi cheannas cheithre rialtas éagsúla – an tSualainn, an Fhionlainn, an Iorua agus an Rúis agus is saoránaigh de chuid na dtíortha sin ó thír go tír iad pobal sin *Sámieatnam*. Síneann an dúiche s'acusan ó leathinis Kola in iarthuaisceart na Rúise siar le cósta thuaidh na hIorua agus ó dheas fríd an Iorua, an tSualainn agus an Fhionlainn achar fada ó dheas den Chiorcal Artach sna trí thír sin. Más fairsing féin í a ndúiche, is tearc teoranta líon na ndúchasach a chónaíonn inti – tá thimpeall is trí mhíle Sámaigh sa Rúis, ceithre mhíle acu san Fhionlainn, deich míle acu sa tSualainn agus cúig mhíle ar fhichead acu san Iorua.

Ní fhéadfainn treoraí ní b'fhearr a bheith agam ná Karl, fear de bhunadh na hEastóine a chaith formhór a shaoil san Fhionlainn, cuid de faoi ghlas ag rialtas na Fionlainne mar gur síochánaí oscailte a bhí ann a sheas lena choinsias le linn an chogaidh in aghaidh na hAontachta Sóivéadaí. Geodasaí a bhí ann agus nuair a bhí an cogadh thart, roghnaíodh eisean mar bhall den dream ar fágadh de chúram orthu teorannacha úra na Fionlainne leis an namhaid roimhe sin a rianú. Ba é an chaoi gur mhian leis an tSóivéid é a bheith ar an phainéal sin mar gur mheas siad bá a bheith aige leofasan sa chás, rud nach raibh fíor ar chor ar bith mar ba thírghráthóir agus cara dílis don Fhionlainn agus don Laplainn araon é.

Idir an dá Chogadh Mhóra, bhí sé ina státseirbhíseach i gceantar Petsamo ar leis an Fhionlainn san am sin é. Ba bhealach chun an aigéin agus na bailte cuain ar chósta Mhuir Bharents agus an Aigéin Artaigh ag an Fhionlainn an ceantar sin agus b'ann a bhí cónaí ar an chineál Sámach ar a dtugtar *Nuortalaččat* 'Bunadh an Oirthir' nó '*Skolts*' mar a thugtar i mBéarla orthu. Chuir Karl an-spéis iontu siúd agus bhailigh go leor eolais faoi logainmneacha dúchasacha na háite sin. Chuidigh na spéiseanna comónta sin a bhí againn an caidreamh eadrainn a éascú. B'fhear mór le rá é i gcúrsaí chultúr na Sámach sin agus Sámaigh eile na Fionlainne agus Sámaigh uile Chríoch Lochlann chomh maith. B'ádhúil an rud é go dtáinig mé air agus bhí tionchar cinntitheach aige sin ar leagan amach mo chuid pleananna don chuid eile de mo thuras ó thuaidh.

Nuair a rinneadh atarraingt ar theorainn na Fionlainne i ndiaidh an chogaidh, chaill sí Petsamo agus an dúiche sin maguaird cois farraige agus shocraigh go leor de na *Nuortalaččat* go rachadh siad ar dídean siar isteach chun na Fionlainne seachas fanacht faoi na Sóivéidigh. Rinneadh áiteacha cónaí dófa thart ar loch mhór i dtuaisceart na Fionlainne a dtugtar Sevettijärvi uirthi. Ba thart ar an am sin a d'uchtaigh Karl agus a bhean girseach bheag de chuid na *Nuortalaččat*, a phós isteach i dteaghlach mór le rá Sámach Näkkäläjärvi in Inari (i dtuaisceart na Fionlainne) ina dhiaidh sin. Bhí Oula Näkkäläjärvi ar dhuine de na daoine ar bhuail mé leo ag comhdháil sin Jokkmokk.

Bhí an Fhionlainn in umar na haimléise ar fad sna blianta díreach i ndiaidh an chogaidh ach, ainneoin a raibh de chruatan ann, rinne an rialtas a dhícheall do na dídeanaithe a tháinig thar teorainn isteach chucu agus bhí baint mhór ag Karl Nickul le hathshocrú na *Nuortalaččat*. Bhí siad buíoch beannachtach as an chúnamh a fuair siad, a dúirt Karl liom, ach bhí siad thar a bheith gearánach faoi chaighdeán an uisce – a bhí lán chomh glan le haon áit eile san Fhionlainn – ach nach raibh baol ar chomh breá is a bhí sa tseanbhaile acu, dar leo.

Taobh ó thuaidh den Chiorcal Artach

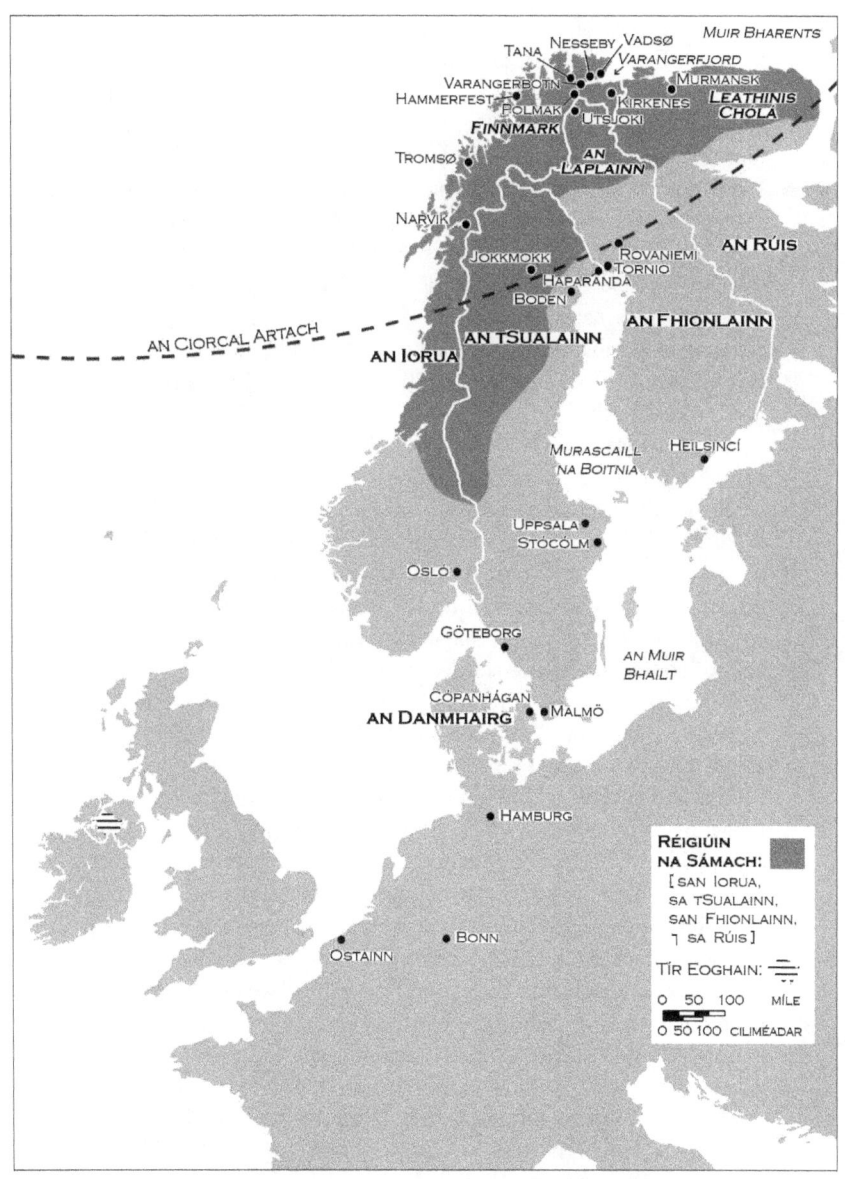

Learscáil de thuaisceart na hEorpa
agus réigiúin de chuid na Sámach –
san Iorua, sa tSualainn, san Fhionlainn
agus sa Rúis – scáthlínithe

Dé Sathairn an 4ú lá de mhí na Márta 1967 a thuirling mé i Stócólm. Ba é an chéad turas thar sáile agam é (diomaite d'Albain agus Oileán Mhanainn). D'eitil mé ó Bhéal Feirste go Londain áit ar bhuail mé le mo dheirfiúr, Sheila, a bhí ag banaltracht i Northampton ag an am agus a tháinig i m'araicis go haerphort Heathrow chun slán turais a chur liom. Ba é sin an chéad uair ar sheas mé cos i Sasain. Sula ndeachaigh mé ar bord na heitilte SAS a bhéarfadh go Stócólm mé tharraing mé drár orm sa leithreas a dtugtar 'Long Johns' i mBéarla air i ndúil is go gcoinneodh sé an dé ionam agus nach gcaillfí le fuacht mé. Bhí éifeacht leis an drár chéanna mar a fuair mé amach agus mé do mo bhruith le teas ar an eitleán. Ní raibh mé i bhfad ag fáil réidh leis á luaithe is bhain mé bun scríbe amach.

Lá de na laethe a chaith mé i Stócólm ar mo bhealach ó thuaidh, tháinig óigfhear de bhunadh Sámach cheantar Utsjoki i dtuaisceart na Fionlainne (ach a bhí ag obair i nGöteborg) ar cuairt chuig Karl. Fionlainnis a labhair siad lena chéile agus d'aistrigh Karl corrcheist a chuir fear Utsjoki air fúmsa. Bhí an chaidéis ann fúmsa agus ceann de na rudaí a bhí ag déanamh buartha dó ab ea cé acu ar shíl mé go gcasfaí béar bán orm ar mo shiúlta nó nach gcasfaí. Nuair a dúirt mé leis go hionraic nach raibh a fhios agam, phléasc an gáire air.

Chuidigh Karl liom ina dhiaidh sin leaba a chur in áirithe ar an traein *Nordpilen* ('Saighead an Tuaiscirt'), traein thar oíche a ritheann idir Stócólm agus baile Narvik ar chósta thiar thuaidh na hIorua. Stopfadh an traein sin ag stáisiún beag i bhfad ó thuaidh a dtugann siad Murjek air an lá dár gcionn agus gheobhadh sinn bus ansin a bhéarfadh fhad le Jokkmokk muid.

Níorbh fhear gan dóigh ar fad mé ar shráideanna Stócólm mar go raibh ainmneacha beirte agam a bhféadfainn glaoch orthu dá dtigeadh gábha ar bith i mo threo. Ba é mo sheanchara, Seán Ó hEochaidh ó Ghort an Choirce i dTír Chonaill a chuir ar an eolas faoin bheirt sin mé, daoine gur bhuail sé leo in Óstán Mhic Pháidín ar an bhaile sin. Sualannach, fear acu a dtugadh siad Axel Liffner air, iriseoir (agus file) le nuachtán tráthnóna de chuid Stócólm, a dúirt sé.

Fuair mé amach gur ag obair le *Aftonbladet* a bhí Liffner agus ghlaoigh mé air. Thug sé go *Operakällaren* mé, teach tábhairne galánta in aice le hoifig an nuachtáin ar ghnách le hiriseoirí an tart a mhúchadh ann. Thug sé cuireadh abhaile chun dinnéir dom leis féin agus a bhean agus a níon i mbruachbhaile Bromma an tráthnóna céanna. Blianta ina dhiaidh sin, bhronn Seán imleabhar beag filíochta orm a chuir Liffner chuigesan, leabhar ina bhfuil raidhse dánta a scríobh sé le linn na cuairte a thug sé ar Dhún na nGall. Chuir Seán aithne ar an dara duine acu seo in Óstán Mhic Pháidín chomh maith, Angla-Albanach darbh ainm Gordon Elliott a raibh cónaí air i Stócólm. Ag múineadh Béarla agus ag aistriú Sualainnise go Béarla agus ar ais arís an bealach eile an gléas beatha a bhí aige thall is abhus sa tSualainn. Sháinnigh stoirm farraige istigh i dToraigh, ar chósta thuaidh Dhún na nGall, é féin agus cara leis ón tSualainn, Birgitta Bucht. D'éirigh liom teacht ar uimhir ghutháin Ghordon san eolaí fóin agus bhuail mé leis san árasán mhór a bhí aige gar do lár na cathrach ina dhiaidh sin. Chuir Gordon in aithne do Bhirgitta mé (gurb as Haparanda ó dhúchas di) thart ar an am chéanna. Ní gal soip a bhí sa nascadh cairdis a tháinig de bharr na haithne a chuir mé orthu sin ach mhair an ceangal sin le Gordon go dtí a bhás sa bhliain 2005 agus maireann go fóill le Birgitta a chaith a saol ag obair do na Náisiúin Aontaithe i Nua-Eabhrac. Thug sise cuireadh dom fanacht lena muintir i Haparanda dá dtéinn an bealach sin ar mo thuras ó thuaidh.

Ní raibh fágtha de mo ghnó i bpríomhchathair na Sualainne ach soláthar biotáilte a cheannach, earra nach mbeadh fáil go réidh air sna réigiúin ó thuaidh, a dúirt Heinrich liom. Ghlac mé lena chomhairle agus ar chostas mór cheannaigh mé dhá bhuidéal fuiscí agus buidéal branda sa *Systembolaget* (córas dháileadh biotáilte na Sualainne) i nDrottninggatan agus chuir i dtaisce go domhain sa mhála droma áirgiúil a bhí liom mar aon leis an taifeadán iniompartha Grundig agus na balcaisí beaga éadaigh a bhí ar iompar liom. Bhí trom ann!

Ní raibh riamh aon phas agam ach pas de chuid na hÉireann agus insíodh dom nár mhiste focal a bheith agam le hAmbasadóir na hÉireann sula n-imeoinn as radharc lena chur ar an eolas faoina raibh ar siúl agam. D'fháiltigh Valentin Iremonger (file aitheanta chomh maith le bheith ina thaidhleoir) romham an tráthnóna céanna ag a árasán in Engelbrektsgatan agus mhínigh mé dó cad é mar a bhí agus ghlac sé corrnóta dá raibh le rá agam leis. Bhraith mé go raibh an scéal ag dul rud beag sa mhuileann air agus níl a fhios agam ar tugadh aon aird ar na nótaí sin nó an bhfuil fáil orthu go fóill sna comhaid a bhaineann leis an Ambasáid sin. Níor chall dom é a chrá arís ina dhiaidh sin.

Chodlaigh mé go sámh an oíche sin ar an leaba sa traein ag lascadh go réidh chun siúil ó thuaidh agus coillte gan chríoch agus sneachta go bundlaoithe ar gach taobh díom go dtí gur bhain muid stáisiún beag Murjek amach agus an bus go Jokkmokk an mhaidin dár gcionn. Bhí seomra dúbailte curtha in áirithe ag Karl dúinn i dteach lóistín ar chostas réasúnta agus shocraigh sé go gclárófaí i mo bhall den chomhdháil mé. Níorbh fhada ina dhiaidh sin gur timpealladh mé ag mórán chuile chineál Sámach dá raibh ann agus a gcuid cultacha daite dúchasacha ó gach cearn de *Sámieatnam* á gcaitheamh acu. Bhí teangacha éagsúla á labhairt ann ach de cheal taithí ar bith agam orthu chuaigh sé rite go leor liom idirdhealú a dhéanamh eatarthu. Cuireadh ar mo shúile dom, áfach, gur Fionlainnis a labhair go leor dá raibh i láthair lena chéile mar *lingua franca*.

Bhí cuma spéisiúil go leor ar na himeachtaí oifigiúla ceart go leor a raibh baint mhór acu le tionscal na réinfhianna sa tSualainn agus cúinsí chur isteach iompar an stáit ar an obair sin ar bhealaí éagsúla, – na bóithre iarainn, mar shampla, agus cúiteamh airgid ar mharú réinfhianna ag traenacha. Ach bhí easpa chumais sna teangacha a bhí ar siúl sa chuideachta sin ina chonstaic ollmhór agam agus breathnaitheoir gan dóigh a bhí ionam den chuid is mó. Bhí aithne ag Karl ar fhormhór na ndaoine a bhí i láthair agus aithne mhaith acusan airsan fosta mar aon le cion; chuir sé na scórtha acu in aithne domsa orthu sin Oula Näkkäläjärvi, an fear a bhí pósta tráth ar níon Karl, agus Israel Ruong ó Arjeplog sa tSualainn, fear a bhí ina léachtóir sa tSámais in Ollscoil Uppsala agus fear go mbuailfinn leis arís in Uppsala ina dhiaidh sin. Ach níos tábhachtaí ná éinne eile a bhí ann ó mo thaobhsa de chuidigh Karl liom m'aithne a ligean le Nils Jernsletten ó cheantar Tana i bhFinnmark in oirthuaisceart na hIorua, fear a bhí ag staidéar in Osló le haghaidh dochtúireachta sa tSámais agus a ceapadh ina Ollamh le Sámais in Ollscoil Tromsø ina dhiaidh sin – an chéad cheapachán dá leithéid san ollscoil sin.

Ba é Nils a thug raidhse ainmneacha agus seoltaí daoine dom óna cheantar féin agus ó cheantar Varanger – an t-aon *fjord* amháin de chuid na hIorua a bhreathaíonn soir amach chun na farraige. Orthu sin bhí ainm amháin a sheas amach ón chuid eile, bean a dtugann siad Siri Dikkanen uirthi agus a fear Olav. Bhí Béarla maith ag Siri, a dúirt Nils, agus máistreacht san antraipeolaíocht agus bhí sí pósta ar Shámach de chuid Nesseby. Fuair mé amach ina dhiaidh sin gur ó Bhergen na hIorua di agus ar nósanna agus cearta agus cleachtais a bhain le hiascaireacht bhradán ar abhainn Tana – áit a dtugann siad Sirma air – a scríobh sí a tráchtas. Duine, de réir cosúlachta, a chuirfeadh comhairle mhaith orm.

Mhair an chomhdháil bunús seachtaine agus Dinnéar Mór in óstán an bhaile ar chostas Bhardas Jokkmokk a bhí ina bhailchríoch uirthi. Bhí idir óráidí, sláintí óil agus *juoikat* (amhráin thraidisiúnta de chuid na Sámach ann agus iarradh ormsa amhrán de chuid na hÉireann a rá. Rinne mé sin agus díreach ina dhiaidh sin tháinig firín beag Sámach de chuid na Sualainne fhad liom agus, bíodh sé go ndeachaigh mo ghlór cinn chomh mór sin i bhfeidhm air nó go raibh rud beag le cois caite siar aige, thug sé le fios go mbeadh sé lánsásta áit a aimsiú dom ar a bhaile féin (Övre Soppero) chun go dtabharfainn faoin teanga a fhoghlaim ann. Ba chineálta an mhaise dó a leithéid a thairiscint dom dá dheoin féin agus ghlac mé buíochas leis faoi chomh maith is thiocfadh liom. Ní róshásta a bhí sé go mb'fhearr liom aghaidh a thabhairt ar an Iorua ina dhiaidh sin. Bhí muintearas agus cairdeas thar na bearta ag roinn leis ach b'éigean dom é a eiteach.

Agus mé san óstán léiríodh gné de pholasaí dian rialtas na Sualainne san am sin faoi chúrsaí alcóil. Tharla go raibh mé i mo sheasamh i ngaobhar bheár an óstáin an tráthnóna sin ag am oscailte agus chonaic mé fear agus painéal mór taobh thiar den bheár, a raibh taisceán balla i bhfolach taobh istigh de, á bhaint anuas aige. Diaidh ar ndiaidh tharraing sé lán phub de bhuidéil bhiotáilte amach as an taisceán agus leag ar na seilfeanna folamha iad. Roinnt uair a chloig ina dhiaidh sin baineadh anuas na buidéil de na seilfeanna agus cuireadh faoi ghlas arís iad istigh sa taisceán. Bí cinnte de go mbeadh caoi mhaith ar chúrsaí feasta agus an cathú curtha as amharc faoi na haistí daingnithe. Nós barrúil go maith ach ní fhaca mé éinne ag gáire faoi! Chuimhnigh mé ar Heinrich agus an stór biotáilte costasach a bhí ar iompar liom de bharr an fholáirimh chneasta chríonna a bhí tugtha aige dom faoi chúrsaí óil ó thuaidh.

Tharraing Karl agus mise ar ais ar stáisiún Murjek i ndiaidh na comhdhála agus uaidh sin go Boden, baile cheann iarnróid áit a ndeachaigh muid ar bord carr beag iarnróid go Haparanda, an ceann iarnróid ab fhaide soir sa tSualainn. Faoi seo, bhí mé ag taisteal soir ar bhruach Mhurascaill na Boitnia, an stráice is faide ó thuaidh den Mhuir Bhailt. Bhí Karl ag dul ar cuairt chuig gaolta na mná s'aigesean i mbaile Tornio ar thaobh na Fionlainne d'abhainn Tornio (atá ina teorainn idir an tSualainn agus an Fhionlainn) agus b'ansin a scar muid óna chéile agus tháinig deireadh leis an chomhluadar bhreá eadrainn. Rinne sé a dhícheall dom agus chuidigh liom mo chosa a chur i dtaca sa domhan strainséartha sin nach raibh cur amach dá laghad agam air roimhe sin. Gheall mé go gcoinneoinn ar an eolas é faoi chúrsaí s'agamsa ina dhiaidh sin agus rinne mé sin.

Chuir leagan amach stáisiún na traenach i Haparanda gné shuimiúil den tsaol sna bólaí sin ar mo shúile dom mar gur dhá stáisiún in aon stáisiún amháin a bhí ann. Is é sin le rá, bhí teach an stáisiúin agus an t-óstán a bhain leis ina lár agus ardán agus ráillí ar gach taobh de. Bhí ráille bhóthar iarainn acu sin ag teacht aniar ann ó Bhoden ar thaobh amháin agus ráille eile ag imeacht soir amach as go Tornio ar an taobh eile agus níorbh ionann an leithead idir na ráillí do cheachtar acu. Ba san am a raibh an Fhionlainn ina hArd-Diúcacht de chuid na Rúise (ach ar tí saoirse a bhaint amach) a tógadh an bóthar iarainn inti agus bhí, mar sin, leithead bhóthar iarainn na Rúise sa bhóthar iarainn sin – an bealach uilig go Vladivostock dá mb'áil leat triall air agus cead agat sin a dhéanamh – seachas leithead bhóthar iarainn na Sualainne agus an chuid eile den Eoraip. Bhí an spota sin ar cheann den bheagán láthair teagmhála den chineál sin idir an Rúis agus an Ghearmáin le linn an Chéad Chogadh Domhanda agus tugann plaic i stáisiún an bhóthair iarainn i dTornio le fios go ndeachaigh V. I. Lenin, mura miste leat, an bealach agus é *en route* chuig St Petersburg mí an Aibreáin sa bhliain 1917. Le linn an Dara Cogadh Domhanda, tháinig thimpeall is 80,000 páiste Fionlannach an bealach céanna anoir ar dídean chun na Sualainne ón chogadh san Fhionlainn. Is amhlaidh gur réitigh an tSualainn bóthar chun na Fionlainne do thrúpaí na Gearmáine ag taisteal le traenacha ón Iorua (a bhí faoi chois acu) soir i dtreo na Rúise fríd Haparanda agus Tornio chomh maith.

Chaith mé cúpla lá in Óstán an Bhóthair Iarainn agus cúpla lá eile i dteach mhuintir Bhirgitta Bucht ina dhiaidh sin. Chaith sí féin agus a hathair agus a deartháir go han-chineálta liom – rinne siad na hiontais a thaispeáint dom agus lig siad dom mo chuid féin a dhéanamh den teach acu. B'ansin a chuir mé eolas ar an institiúid Nordach sin ar a dtugtar an bothán allais nó *sauna* lena ainm Fionlainnise a thabhairt air. Bhí ceann acu sa teach ag athair Bhirgitta agus fuair mé an chéad bhlaiseadh den tsearmanas a bhaineann le folcadh gaile den chineál sin a raibh sciúrsáil slat beithe ina chuid aiceanta de, ní ina phionós cincíeáilte ach chun cneas a bhí i ndiaidh a bheith ag bárcadh allais a spreagadh. Bhí an timpeallán bóthair ar an teorainn idir an dá thír ar cheann de na rudaí ab aistí dá bhfaca mé riamh mar go mb'éigean don dá shruth tráchta – na daoine ag teacht aniar ón tSualainn ina gcuid carranna deas-stiúrtha ag tiomáint ar thaobh na ciotóige agus na daoine ag dul anoir ón Fhionlainn ina gcuid carranna cléstiúrtha ag tiomáint ar thaobh na deasóige – malartú ó thaobh go taobh a chur i gcrích i lár an timpealláin. A leithéid de ghuairneáil anonn is anall ní fhaca tú riamh agus na carranna ag fiaradh faoi luas mire sa dá threo.

Bhí os cionn coicíse imithe faoin am seo ó d'fhág mé Éirinn. Rug mé ar thraein eile ar a céim dheiridh ó Helsinki go Rovaniemi, ceann iarnróid chóras traenach na Fionlainne i dtuaisceart na tíre sin agus príomhbhaile na cúige ara ngairtear *Lappi*. Baile is ea Rovaniemi atá fá scread asail den Chiorcal Artach (66.5°N). Nuair a d'éirigh liom le coim na hoíche mo bhealach a dhéanamh fríd halla láir stáisiún Rovaniemi, a bhí lomlán de spairteanna sínte ar mhullach a chéile, cuid acu ina dtaistealaithe traochta, cuid eile ólta agus cuid daoine gan dídean, thug mé faoi deara scór busanna nó mar sin tarraingthe aníos in aon líne amháin taobh amuigh agus iad réidh le bóthar a bhualadh.

Streacháil mé liom fríd an tsneachta fhad leis na busanna agus thrampáil mé ó bhus go bus gur aimsigh mé an ceann a raibh ainm an bhaile ab fhaide ó thuaidh san Fhionlainn scríofa in airde air – Utsjoki. Ní raibh a fhios agam cén sórt áite a bhí in Utsjoki, cá fhad a thógfadh sé é a bhaint amach nó cén chríoch a bheadh leis an aistear. Ach chuaigh mé ar bord agus nuair a tháinig an tiománaí fhad liom, 'Utsjoki' a dúirt mé. agus shín amach lán mo ghlaice d'airgead na Fionlainne chuige. Phioc sé an méid a bhí uaidh uaim agus thug ticéad dom gan focal a rá. Is dóiche gur shíl sé gur Ioruach gan Fionlainnis mé mar go mbaineadh cuid acu sin úsáid as an tseirbhís bhus agus traenach sin chun aicearra a ghearradh ó oirthuaisceart na hIorua fríd an Fhionlainn agus an tSualainn chomh fada le hOsló, a bpríomhchathair féin.

Níor mhair an turas traenach an lá sin ach uair go leith nó mar sin ach 400 ciliméadar a bhí sa turas bus a mhair go dtí thimpeall is a trí a chlog ar maidin ina dhiaidh sin. Stopadh an bus seal i mbailte mar Sodankylä, Ivalo agus Inari agus ag 'stadanna socúlachta' thall is abhus san iargúil in uaigneas na gcoillte móra. Bhí gléas raidió ar siúl sa bhus – rud nár casadh orm in áit ar bith roimhe – agus d'airigh mé tagairt sa chlár nuaíochta do George Browne, polaiteoir mór le rá de chuid na Breataine san am, agus ansin a ghlór ag fógairt drochscéala domsa ó thaobh an bhuiséid s'agamsa de mar go raibh díluacháil 14% déanta aige ar an phunt Sasanach.

Thug mé iarraidh bhacach ar an Fhionlainnis ag ceann de na stadanna sin agus mé sa scuaine ag an chuntar ann taobh thiar de thaistealaí eile agus cluas le héisteacht orm leis an mhéid a bhí á rá aigesean agus é ag ordú deoch agus bia. Níor rug mé i gceart ach ar aon fhocal amháin uaidh, an focal *maito* agus chonaic mé gur tugadh gloine bainne dó. '*Maitó*' a dúirt mise fosta ach níor oibrigh cúrsaí amach chomh maith is a shíl mé mar labhair an freastalaí liom ar ais agus d'iarr soiléiriú a bhí réasúnta go leor ar an ordú. Níor thuig mé focal ar bith de go dtí gur ardaigh sí dhá ghloine, ceann mór agus ceann beag, os comhair mo shúl agus í ag rá liom arís agus arís eile *'iso vai pieni'*. 'Mór nó beag' a bhí sí ag rá, ar ndóigh, agus leis sin bhí ceithre cinn d'fhocla úsáideacha Fionlainnise foghlamtha agam de bharr na húnfairte sin: *maito, iso, vai* agus *pieni*. Mhúin an únfairt chéanna sin níos mó na cúrsaí foclóra dom áfach.

Choinnigh an bus air fríd an dorchadas ag scaoileadh amach paisinéirí thall is abhus go dtí sa deireadh nach raibh fágtha ach mé féin agus an tiománaí. Bhí na boinn bhocóideacha a bhí faoin bhus go maith in ann ag an tsneachta pulctha ar an bhóthar agus mheas mé go mbeadh na ballaí arda sneachta ar dhá thaobh an bhóthair ina gcúisín áisiúil dá dtarlódh sleamhnú tubaisteach ar bith. Anois agus arís ag barr malacha bheadh an tírdhreach fairsing folamh le feiceáil ag síneadh amach romhainn faoi cheannsoilse an bhus. Rinne mé amach go raibh sé in am agam an tiománaí a cheastú faoi chúrsaí lóistín agus chuaigh mé chun tosaigh agus shuigh in aice leis ar chlúdach an innill. Labhair muid le chéile chomh maith agus thiocfadh linn ach ó tharla nach raibh aon teanga chomónta againn ní dhearnadh mórán dul chun cinn ach gur thuig seisean gur lóistín na hoíche a bhí uaim agus gur thuig mise uaidhsan an focal *hotelli* a bhí á lua aige arís agus arís eile. Ghlac mé leis gur chiallaigh sé sin go bhfágfaí áit ínteacht mé go bhfaighinn leaba na hoíche ann ag bun scríbe.

Ansin ar a dheireadh thiar thall, stop an bus taobh amuigh den *Utsjoen matkailu hotelli* (Óstán Turasóireachta Utsjoki) a bhí chomh dubh le pic ag amharc amuigh is istigh. Sheas an tiománaí ag an doras agus leag a ordóg ar an chlog agus choinnigh ansin í gur lasadh solas taobh istigh agus tháinig bean agus cuma an chodlata uirthi chuig an doras agus scaoil isteach mé. Stiúraigh sí caol díreach chuig seomra leapa mé agus chas ar a sáil ar ais chun na leapa s'aici féin ar an bhomaite. Bhí turas fada an lae sin thart agus bhí mé spíonta amach aige gan aon agó. Shín mé ar an leaba agus thit siar a chodladh gan cás ar bith don lá ina dhiaidh i mo cheann.

Tháinig bainisteoir an óstáin chugam an mhaidin dár gcionn agus líonadh na gnáthfhoirmeacha óstáin le pasuimhir agus eile agus chuir sé ar an eolas mé faoin bhus a bhéarfadh fhad le teorainn na hIorua cúpla ciliméadar ón óstán mé. Bheadh bus de chuid na hIorua ag fanacht ag an teorainn, a dúirt sé, cé gur chirte dó fanacht ar an teorainn a rá mar sin go díreach an áit ar tharraing an dá bhus isteach taobh lena chéile ar an abhainn Tana a bhí faoi chlár tiubh oighir. Aistríodh málaí poist agus paisinéirí ó bhus go bus gan focal agus shuigh mé isteach sa bhus Ioruach agus mé ag déanamh iontais cá raibh ár dtriall. Tháinig an tiománaí chugam agus tharraing mé amach seanléarscáil Heinrich arís agus leag mé mo mhéar ar cheann de na háiteacha a raibh líne curtha aige fúithi. Chraith an tiománaí a cheann agus roghnaigh mé áit eile a raibh líne fúithi, Chraith sé a cheann arís agus roghnaigh mé an tríú háit. Chlaon sé a cheann agus tháinig aoibh air. *'Seisson og femti'* (NOK16.50), a duirt sé, a chosain an ticéad go Nesseby agus phioc mé aníos nótaí airgid agus briseadh beag airgid as mo phóca a fuair mé ó mhuintir na hIorua a casadh orm i Jokkmokk. Thoisigh sé ag comhaireamh an mhionairgid agus ní raibh ann ach NOK16.00. Theastaigh NOK0.50 øre eile ach lig sé an méid a bhí in easnamh thairis agus chuir amach ticéad chugam. Fáilte chun na hIorua a dúirt mé liom féin.

Ba bhóthar geimhridh san am sin 'bealach oighear na habhna', mar a déarfá, mar go mb'fhearr go mór fada a dhromchla leathan réidh ná an bóthar ghraibhéil lena ais (a bhí plúchta le sneachta). Bhí sneachta go bundlaoithe na dtithe adhmaid ar dhá thaobh na habhna ach bhí an tír tearc i ndaoine go speisialta taobh na Fionlainne. Chas an bus trasna na habhna ag Tana Bru agus soir leis ansin trasna an chnoic go Varangerbotn. Bhí radharc agam ar deireadh agus an lá ag diúltú dá sholas ar an Varangerfjord agus a chuid uisce oscailte saor ó oighear, an chéad uisce mar é a chonaic mé ó d'fhág mé Stócólm. B'amharc nach raibh súil agam leis agus amharc a sheas i gcontrárthacht leis an chlúdach leac oighir a bhí le feiceáil agam ar fud na háite an bealach uilig aneas. Sruth Murascaille Mheicsiceo ba chúis leis sin, ar ndóigh.

Nesseby in oirthuaisceart Finnmark

Stop an bus go tobann ar thaobh an bhóthair agus bhéic an tiománaí aníos orm chuige agus dúirt liom go raibh Nesseby bainte amach agam. Labhair sé liom arís agus chomh fada agus a thuig mé uaidh, chuir ceist orm cén teach a bhí mé ag iarraidh den dornán tithe a bhí le feiceáil thart san áit a raibh muid. 'Teach Dikkanen' a dúirt mé leis. Chaoch sé ar theach trasna an bhóthair uainn agus dúirt 'Siúd ansin é', nó a mhacasamhail san Ioruais. Agus mé ag crochadh mo mhála droma orm, chonaic mé an bus ag imeacht uaim agus a chuid soilsí á slogadh de réir a chéile le faobhar na hoíche. Ní raibh an darna suí sa bhuaile agam ann ach déanamh ar theach Dikkanen – teach dubh dorcha de réir cosúlachta – go bhfeicfinn cén cineál fáilte a chuirfí romham ansin, sin má bhí éinne sa bhaile. Cad é a dhéanfainn ina dhiaidh sin mura mbeadh? Bun scríbe é, a duirt mé liom féin, bealach amháin nó bealach eile.

Chnag mé ar an doras ach níor nocht éinne chugam agus shuigh mé fúm ar an vearanda beag taobh amuigh den doras agus mo mhála droma le m'ais. Ná caill do mhisneach, a dúirt mé liom féin. Bhí an t-ádh ag rith liom go dtí sin ach céard a dhéanfainn mura mbeadh fáil agam ar mhuintir Dikkanen? Agus mé ag meabhrú fá mo chroí, chuala mé sioscadh scíonna agus thart le coirnéal an tí tháinig fear in éide Shámach. Sheas sé romham agus dubhiontas air le linn domsa a bheith ag iarraidh a bheith ag míniú dó i mBéarla cé mé féin agus cad é a bhí uaim. Thuig sé cuid dá raibh á rá agam agus dúirt i mBéarla briste gur fearr a thuigfeadh a bhean a bhí ag teacht sna sála air mé. Ba é Olav Dikkanen a bhí ann agus níorbh fhada ina dhiaidh sin gur nocht a bhean Siri chugainn sa chlapsholas. Ar scíonna a bhí sí sin chomh maith, úim thart ar a corp aici agus carr sleamhnáin beag á tharraingt ina diaidh aici a raibh beirt pháiste cuachta istigh ann. Bhí an lánúin a labhair Nils Jernsletten fúthu i Jokkmokk ina seasamh beo beathach os mo chomhair. Ba é an 22 Márta 1967 é, Céadaoin an Bhraith mar a tharla, agus mé ar tí briseadh isteach ar a saol mar a thitfinn anuas ón spéir orthu.

— IX —

Ag Fánaíocht sa Laplainn

BHÍ AN MUINTEARAS a léirigh Siri agus Olav Dikkanen toiliúil garach agus éifeachtúil. Sheas mé go béal na mbróg íseal a bhí orm sa tsneachta, gléasta go neamhoiriúnach don am sin bliana san áit sin agus ceann-nochta le cois. Thairg siad cúnamh dá ndeoin féin dom ar an toirt, cúnamh a bhí de dhíth go crua agus a bhí thar a bheith fial: comhairle, lóistín oíche, greim le hithe agus dearbhú go rachfaí i mbun bunáit fheiliúnach a lorg domsa ar an phointe boise chun go bhféadfainn tús a chur le foghlaim na teanga. Bhí na rudaí sin uilig ag teastáil go tréan. Bhí cearr bheag ann, áfach, mar bhí Siri ina máistreás scoile agus bhí sí féin agus Olav agus na páistí le cúpla lá saoire a thógáil aimsir na Cásca i dTana agus é socraithe acu dul as baile an lá dár gcionn le bus na maidine. Theastaigh mar sin cúrsaí bunáite a shocrú go beo agus bhí an t-ádh dearg orm arís go dtáinig réiteach na haincheiste sin chugainn gan mórán coinne againn leis an tráthnóna céanna sin.

Erik Schytte Blix an t-ainm a bhí ar an tréadaí áitiúil, sagart de chuid Eaglais Liútarach na hIorua, a bhí le haistriú go Tromsø. Tharla an tráthnóna ceannann céanna gur thuirling mise ag doras mhuintir Dikkanen go raibh pobal an cheantair le theacht le chéile chun plé a dhéanamh faoi bhronntanas a thabhairt dó leis an seal a bhí caite aige ina measc a cheiliúradh agus le slán a chur leis. Chuige sin, ghléas Olav air an éide Shámach ab fhearr a bhí aige agus chuaigh Siri ag fuaidreamh agus ag foluain timpeall air ag socrú a thuiní go dtí gur bhog sé leis chun láthair an chruinnithe. Bheadh freastal maith ar an chruinniú, a dúirt sí, agus chuirfeadh Olav oiread acu ar an eolas fúmsa is ab fhéidir leis.

Phill sé abhaile cúpla uair a chloig ina dhiaidh sin agus an dea-scéal leis go raibh dhá theaghlach de chuid na háite sásta glacadh liom. Bheadh ceachtar acu go breá, ceann acu in aice láimhe agus ceann eile rud beag níos faide ó bhaile, a dúirt sé, agus ba dhoiligh roghnú eatarthu.

Dúirt mise go bhféachfainn an ceann ba ghaire dúinn agus

socraíodh go rachainn fhad sin leofasan ar bhus na maidine. Stop an bus cúpla ciliméadar siar an bóthar agus sheas mé amuigh agus ansin suas liom casán cúng sa tsneachta chuig bungaló beag adhmaid ar chnocán os cionn an inbhir. Chnag mé ar an doras ach nuair nár fhreagair éinne, d'oscail mé é agus isteach liom sa halla bheag agus uaidh sin isteach chun na cistine áit a raibh bean bheag idir an dá aois ina suí léithi féin agus gan aon chosúlacht uirthi go raibh sí ag tnúth le cuairteoir faoi leith. Ní raibh sí go deimhin ach thug sí cupán caife dom agus píosa cáca milis agus thuig mé uaithi nach fada go mbeadh fear an tí ar ais. Is amhlaidh go raibh dearmad glan déanta aigesean faoin chomhrá a bhí aige le Olav an oíche roimhe – mar a mhínigh Karl nuair a phill sé abhaile go gairid ina dhiaidh sin – agus fágadh ise dall ar fad ar an tsocrú a rinneadh fúmsa. Ba mar sin a casadh Marianne agus Karl Lindseth orm sa teach i mBurnes mar ar chaith mé bunús bliana ina dhiaidh sin.

Bhí Karl (1891-1975) agus Marianne (1903-1976) anonn go maith in aois agus an lán tí den mhuirín mhór bheirt bhuachaillí agus seisear gearrchailí bailithe leofa amach sa tsaol. Bhí cónaí ar chuid acu sin i bhfad ó bhaile ach bhí mac amháin leo – Thomas (1929-2012) – ina chónaí i mBurnes in aice láimhe, é féin agus a bhean Elen Bertha (1920-2002) agus a gceathrar gearrchailí, Solbjørg, Torill, Ellen agus Astrid, agus mac amháin, Thomas Kristian; rugadh mac eile – Per Gustav – dófa ina dhiaidh sin. Ba theach 'céilí', mar a deirtear i dTír Eoghain, ar chaoi, teach Kharl agus Marianne, áit a raibh sé ina nós ag na comharsana agus daoine eile ag dul thar bráid bualadh isteach ann.

Karl ⁊ Marianne Lindseth

B'fhear tacsaí é Karl agus bhíodh sé ar a chois luath agus mall agus ba mhinic daoine ag bualadh isteach chun tí á iarraidh. Ní fhéadfaí a mhaíomh bealach ar bith gur teach uaigneach gan chomhluadar an teach sin ach thaitin comhluadar breise sin an lóistéara gan súil leis leo agus go speisialta le Marianne. Tháinig muid ar aon fhocal gan stró faoi tháille bhia agus leaba agus cuireadh seomra beag seascair de mo chuid féin ar fáil dom in aice na cistine. Bhí uisce reatha sa teach ach ní raibh seomra folctha ná leithreas ann. Bhí leithreas beag adhmaid taobh amuigh ann sa stíl chéanna le brácaí den chineál a raibh neart taithí agam orthu sa Ghaeltacht i nDún na nGall. Ní raibh aon locht ar bith agam air ach gur oscailte ó íochtar leis an ghaoth a bhí an balla thiar ann agus nuair a shéid an ghaoth sin anoir ba ón Rúis a tháinig sí, rud a dhírigh d'aire ar do ghnó agus a chinntigh gur suí gearr go maith a dhéantaí ann nuair ba ghá sin. Bhíodh cead mo choise ar fud an tí agam agus ba ghearr go ndearnadh duine den teaghlach díom. Bhíodh cuairteoirí ag teacht ann go síoraí, an mhórchuid acu ag déanamh iontais den stráinséir ina measc agus do mo mheas go tostach. Mar nach raibh an teanga agam ní raibh ar mo chumas dadaí a rá leo, rud a chuir leis an diamhracht a roinn liom go cinnte. Agus, ar ndóigh, chuir an peann agus páipear a bhí faoi réir agam le nóta a dhéanamh de chaint ar bith a raibh mé in ann meabhair ar bith a bhaint aisti leis an amhantraíocht fúm. Lá de na chéad laethe a bhí mé sa teach sin, bhuail Elen Bertha (bean Thomas) isteach chugainn, tháinig anall chugamsa agus chraith lámh liom. Thug sí faoi deara an fáinne séala ar mo mhéar agus chuir sí an cheist seo a leanas orm – *Leat go náitalam?* ('An bhfuil tú pósta?'). Ní hionadh ar bith é go raibh mé in ann buille faoi thuairim a thabhairt ón chomhthéacs faoinar dhúirt sí agus bíodh a fhios nár thuig mé na focail i gceart seans go bhfuil creidiúint bheag ag dul dom as an ghléas cainte agus an rangabháil chaite a bhí inti a thuigbheáil, a bhuí sin de Heinrich. Bua beag!

Bhítí ag radadh focal agus leaganacha cainte go tiubh chugam agus bhínnse á scríobh síos le fogharscríobh chomh maith agus tháinig liom. Ní raibh ach corrdhuine a raibh scríobh na teangan s'acu féin acu agus dhéanadh siad iontas díomsa á breacadh síos. Is minic a n-iarrtaí orm a raibh scríofa agam a léamh amach ar ais dófa agus is rómhinic gur focla agus leaganacha cainte fíorgháirsiúla a bhí iontu agus bhítí ag ligint na rachtanna gáire faoi sin agus á mo cheartú nuair ba ghá é. Ní chuireadh siad aon fhiacail ann agus ní bhíodh claonadh dá laghad chun cotúlachta iontu is cuma cé bhí sa chuideachta. Ligfinn leo go fonnmhar agus choinneoinn orm ag scríobh agus ag aithris agus ag foghlaim. Ba í an tSámais a bhí i réim i mBurnes agus sa mhórchuid eile de Nesseby diomaite de roinnt bheag teaghlach de dhúchas Ioruach nár labhair a bhformhór ach Ioruais. Ach bhí méid áirithe Ioruaise ar eolas ag formhór na Sámach chomh maith agus an tríú teanga ag cuid acu sin fosta – Karl Lindseth, mar shampla – mar tá an cineál Fionlainnise a bhí ag mionlach a raibh cónaí orthu thall is abhus le cósta a dtugadh siad Kvaen – nó *'Laddelaččat'* – orthu sa tSámais. Ach ba í an *Sámegiella* (An tSámais) a bhí in úsáid go laethúil thart orm san áit a raibh mé agus ní raibh aon amhras orm go raibh mé lonnaithe san áit cheart lena foghlaim i gceart.

San am sin, ba chuid de pholasaí an stáit pobal *Sámieatnam* a scaradh óna dhúchas féin agus teanga agus cultúr na hIorua a bhrú orthu ina n-áit. Ní chuirtí suas le aon teanga eile ach an Ioruais in aon chomhthéacs oifigiúil.

MNÁ AGUS PÁISTÍ NESSEBY SNA 1950DÍ

Chiallaigh sé seo go raibh ar chlann óg Thomas agus Elen Bertha Lindseth dul fríd an chóras scolaíochta sa bhunscoil i dteanga eile seachas an teanga a bhí á labhairt sa bhaile acusan (agus ag aos óg an cheantair ó theach go teach ar bhonn laethúil) agus leanstan den mhionchlár agus na téacsleabhair chéanna agus a bhí in úsáid ag daltaí bhunscoltacha Osló, mar shampla. D'iarr Siri Dikkanen orm teacht i láthair dhaltaí bunscoile Nesseby chun Béarla a labhairt leofa agus seans beag a thabhairt dófa dhul i dtaithí uirthi sin. Níor lig mé an seans tharam chur ar a súile dófa na buntáistí a bhí acu mar chainteoirí Sámaise (seachas cainteoirí Ioruaise) agus iad ag tabhairt faoin Bhéarla a fhoghlaim go speisialta ó thaobh eochairfuaimeanna áirithe a bhí ar eolas go maith acu cheana féin agus nár ghá dófa iad a fhoghlaim as an nua. Bhí a fhios acu an dóigh le *th*-anna agus *ch*-anna agus *j*-anna agus *-dg*-anna an Bhéarla a fhuaimniú (i bhfocail mar *this*, *thing*, *church* agus *judge*) mar shampla, fuaimeanna a thugann an-trioblóid do chainteoirí dúchais Ioruaise i mbun an Bhéarla. Den chuid is mó, ba chainteoirí Ioruaise amháin a bhí sna múinteoirí, cuid mhaith acu ó dheisceart agus iarthar na hIorua, agus bhí siadsan ar an bheagán nár thuig Sámais.

D'athraigh an polasaí diúltach sin de réir a chéile: tháinig ann don tSámais mar mheán múinteoireachta i dtus báire agus, faoin am seo, tá claochló iomlán ar chúrsaí maidir le teanga agus cultúr na Sámach sa chóras oideachais agus cúrsaí dlí i measc réimsí eile. Tá tionscal bríomhar foilsitheoireachta anois ann ag cur téacsleabhair agus ábhar eile ar fáil do na Sámaigh agus tá an dátheangachas i réim sna cúirteanna agus sna seirbhísí eile rialtais. Blianta ina dhiaidh sin agus mé ag obair i gColáiste Ollscoile Bhaile Átha Cliath, bhí sé de phribhléid agam fáiltiú roimh bhaill den cheardchumann 'Cumann Scríbhneoirí Neamhfhicsin agus Aistritheoirí na Sámach' a roghnaigh Baile Átha Cliath mar láithreán dá gcruinniú chinn bhliana. Chaith siad seal de lá i gCnuasach Bhéaloideas Éireann áit ar chuir an bailiúchán luachmhar leabhar faoi theanga agus cultúr na Sámach iontas orthu.

Ní raibh mé i bhfad uilig bunaithe i mBurnes go dtí gur theagmhaigh mé le hoifigiúlachas na hIorua den chéad uair nuair a nocht fear as dorchadas na hoíche isteach chugainn, lampa ar a bhathais agus scíonna faoina chosa aige. Nils Banne an t-ainm a bhí air agus bhí seanaithne ag Karl agus é féin ar a chéile. Ba phóilí é, Leas-Shirriam (*lensmansassistent*) san oifig áitiúil, agus fear Sámach a bhí ann – rud neamhghnách ann féin. Bhí Béarla beag aige agus bhí an chuma air gur duine gnáiuil a bhí ann. Ba léir go raibh spéis aige ionamsa agus níor mhiste liom ar chor ar bith é a chur ar an eolas faoina raibh ar siúl agam agus thaispeáin mé mo phas dó. B'amhlaidh go dtáinig sé in aonturas ó cheanncheathrú áitiúil na bpóilíní le súil a chaitheamh ormsa.

Cúpla mí ina dhiaidh sin, phill Karl abhaile ó thuras dá chuid agus dúirt liom gur mhaith leis an tSirriam go mbuailfinn isteach chuige mar go raibh foirm ínteacht aige a bhí le líonadh agamsa. Bhí mé ag iarraidh a dhul ann ar an bhomaite ach dúirt Karl liom nach raibh deifir ar bith leis agus d'imigh cúpla mí eile sular cuireadh an fhoirm amach chugam. Iarratas faoi chead a fháil fanacht san Iorua a bhí inti agus líon mé isteach go haibéil í agus seoladh ar ais chuig ceanncheathrú áitiúil na bpóilí í mar aon le mo phas an lá céanna. Bhí mé i ndiaidh taisteal fríd an tSualainn, an Fhionlainn agus an Iorua ar víosa ráithe turasóra a bhí anois imithe in éag agus níor chuimhnigh mé riamh ar an riachtanas a bhain le cead fanacht níos faide ná an chéad tréimhse sin. Chaithfinn an uireasa sin a chur ina ceart gan mhoill, é sin de an bóthar a bhualadh ar ais go hÉirinn! In am is i dtráth, cuireadh mo phas ar ais chugam gan síniú, stampa nó séala de chineál ar bith ann nó blúire páipéir ar bith féin ceangailte leis ag tabhairt le fios go raibh chuile shórt in ord is in eagar. Tá cathú orm glacadh leis gur ag an leibhéal áitiúil a socraíodh an cás agus gur mar sin a fágadh é.

Limistéar fíor-ghoilliúnach go deo ab ea an ceantar sin cois teorann leis an Aontacht Shóivéadach le linn an Chogaidh Fhuair, trúpaí Chomhaontú Vársá ar thaobh amháin agus fórsaí Eagraíocht Chonradh an Atlantaigh Thuaidh ar an taobh eile. Sna trinsí tosaigh a bheadh an chuid sin den Iorua dá dtéití i mbun cogaíochta agus bhí an cineál sin in uachtar aigne an phobail go pointe ag an am agus caint ann anois is arís faoi fhomhuireáin an namhad san inbhear agus le cósta agus a chuid spíodóirí ar thalamh. Níorbh ionadh ar bith é sa chomhthéacs go mbeifí ag cur spéis ionamsa dá neamhchorthaigh mé. Níorbh é sin an leagan amach a bhí ag Heinrich ar chúrsaí ná agam féin ach oiread. Tháinig mé ar an eolas thart ar an am sin faoi nead spíodóirí i mbaile poirt ar chósta thuaidh Varanger a gabhadh seal gairid roimhe sin, saoránaigh de chuid na hIorua a bhí ag cruinniú faisnéise do na Sóivéidigh. Agus, ar ndóigh, nárbh é Céadaoin an Bhraith thar laethe na bliana an lá a tháinig mise chun na dúiche sin!

Is cosúil gur glacadh leis nach raibh aon dochar ionam agus níor cuireadh amach ná isteach orm ar bhealach ar bith ach tharla dhá rud shaoithiúla nach miste cur síos beag a dhéanamh orthu a bhaineann le hábhar, seans. Bhí ceamara den scoth agam ar thóg mé go leor pictiúirí leis ar mo shiúlta, pobal na háite agus an tírdhreach, céad bhláthanna an earraigh i dtús an Mheithimh agus na radharcanna breátha ó dheas trasna an inbhir ar na cnoic faoi chaipíní sneachta idir an Iorua agus Poblacht na Fionlainne. Sleamhnáin an mhórchuid acu sin agus chaithfinn beart acu a chur go Kodak in Osló ó am go chéile chun go ndéanfaí próiseáil orthu sa ghnáthshlí. D'oibrigh seo go maith ar feadh píosa agus ansin tharla briseadh nuair a d'imigh dhá rolla scannáin ar strae. Shéan Kodak go bhfuair siad riamh ceann acu agus mhaígh siad gur cuireadh an dara ceann ar ais chugamsa, ach tásc ná tuairisc ní bhfuarthas ar cheachtar acu sin ó shin. Cá bhfios nach i bhfolach i gcomhad ínteacht de chuid rúnseirbhís na hIorua atá siad go fóill!

Bhí cónaí ar Aud – an níon ab óige ag Karl agus Marianne – ar oileán mara a dtugann siad Vardø air, suite i mbéal Varangerfjord ag féachaint anonn ar chósta na Rúise. B'áit í sin a bhí clúdaithe beagnach ar fad le hadharcaíní agus aeróga agus ag Dia atá a fhios céard eile a bhí i bhfolach ann. Ba bhunáit mhíleata ag Arm na hIorua í agus bhí toirmeasc ar eachtrannaigh cos a leagan ann, rud nach raibh a fhios agam san am. Ba bhreá le Karl agus Marianne cuairt a thabhairt ó am go chéile ar Aud agus a fear agus a gcúram agus ba ghnách liomsa a bheith in éindí leo mar bhall oinigh den teaghlach. Tá tollán anois ann isteach chun an oileáin sin ach ag am sin ba le bád farantóireachta a dhéantaí an turas giortach isteach chun an oileáin. Chuirfinn isteach an t-am ar an oileán ag spaisteoireacht thart síos fán phort agus thart na sráideanna uilig ag tógáil pictiúirí gan chosc gan cheataí d'aon rud spéisiúil a casadh sa tslí orm nuair a bhuailfeadh an tallann mé. Seans go bhfuil siad sin i dtaisce fosta i bpluais speisialta ag rúnseirbhís na hIorua.

Agus brat sneachta ar an talamh i gcónaí, tháinig laethe breátha gréine i ndiaidh na Cásca agus ba aoibhinn le gach duine a bheith amuigh ag sciáil nó ag siúl. Lá acu sin, bhí mise ag teacht abhaile ó theach an phosta nuair a casadh bean de chuid na háite orm, cara le muintir Lindseth a raibh aithne agam uirthi. Ba bhean ó dheisceart na hIorua í a bhí pósta le fear Sámach mór le rá de chuid na háite agus bhí sí gléasta ó bhonn go bathais in éide Shámach, na dathanna láidre – dearg, gorm agus buí – ag seasamh amach sa tsneachta geal bán agus spéir ghorm os ár gcionn. San Ioruais a bheannaigh sí dom ach chuaigh sé an-dian orm í a thuigbheáil. Ní raibh ann ach abairtín simplí go leor ach sháraigh orm aon mheabhair a bhaint as agus sheas muid ansin ar an bhóthar ar feadh seal agus ise ar a seacht ndícheall ag iarraidh an rud a bhí ráite aici a mhíniú dom go dtí gur thuig mé ar a dheireadh thiar í; cad é a bhí ann ach *'deilig vær'* ('uair iontach'). B'fhíor di ach bhí náire orm faoin stró a chuir m'aineolas uirthi agus caithfidh sé go raibh aiféala ar an bhean bhocht faoina sibhialtacht liom.

Ag díriú go huile agus go hiomlán ar Shámais a fhoghlaim a bhí mise agus níor chuir mé aon amhail mórán san Ioruais. Ina dhiaidh sin is uile, bhí mé ag teacht isteach uirthi sin ar chaoi ó bheith ag éisteacht leis an raidió agus ag sracfhéachaint ar *Finnmarken*, an páipéar áitiúil, agus ag cúléisteacht le cainteoirí Ioruaise thall is abhus. Chuidigh leabhar Konrad Nielsen, *Lappisk Grammatik* (a bhí ar iasacht agam ó Erik Schytte Blix) chomh maith liom – bíodh a fhios gur scríofa sa mheascán aisteach sin de Dhanmhargais agus Ioruais a bhí chun tosaigh san am ar scríobhadh í a bhí sí. Le osmóis de chineál ínteacht d'fhoghlaim mé oiread Ioruaise agus a chuir ar mo chumas gnó a dhéanamh inti nuair a théinn go Vadsø (an baile mór ba ghaire dom) chun cuairt a thabhairt ar *Vadsø Sparebank*, áit a raibh sciar de mo thuarastal ollscoile á chur in aghaidh na míosa.

VADSØ

Fuair mé amach blianta ina dhiaidh sin gur lig cuid d'fhoireann an bhainc orthu nach raibh Béarla acu agus thug orm Ioruais a labhairt leofa in aonturas chun go gcluineadh siad fuaimniú na hIoruaise ar nós na Sámach uaimse: ba *p-* in áit *b-* a bhí acu san fhocal '*bra*' ('breá') agus *k-* in áit *g-* san fhocal '*grus*' ('graibhéal'), mar shampla, agus mar sin de le consain eile mar iad a bhí ar bharr mo theanga agamsa. Ba chleas cáidheach é agus shílfeá go mbeadh neart eile le déanamh acu seachas a bheith ag scigireacht faoi chustaiméirí ar chúl a gcinn agus, i mo chás-sa de, a dhul i ngaireacht ribe de bheith ag scigireacht faoina gcuid comharsan Sámach.

De réir mar a bhí feabhas ag teacht ar mo chumas labhartha sa tSámais thug mé faoi bhlúirí beaga páipéir a ghearradh as leathanaigh chóipleabhar beag scoile chun nótaí a scríobh orthu agus theastaigh bandaí ruibéir uaim le caoi a choinneáil orthu. Sheas mé sa tsiopa áitiúil lá, siopa a bhí á reáchtáil ag Ioruach lách, Ivar Dahl, agus a chlann níonach. Siopa grósaera agus cruaearraí, éadaí agus buataisí a bhí ann cosúil leis an chineál sin siopa a bhíodh le feiceáil in Éirinn roimhe seo; ní raibh in easnamh air ach an chlúid agus an beár taobh istigh.

Bhí an siopa lán go doras an lá sin, mná den chuid is mó agus iad ag baint lán na súl as an stráinséir ina measc ag fanacht go foighdeach sa scuaine. Bhí mé i bponc nuair a tháinig an t-am leis na bandaí rubair a ordú mar nach raibh ar chumas éinne a inse dom cad é an t-ainm Ioruaise a bhí orthu agus ní raibh

Ag Fánaíocht sa Laplainn

de chúnamh le fáil san fhoclóir póca Ioruaise a bhí agam ach an focal *'gummi'* ('rubar'). Focal béarlagair é sin ar choiscín ach ní raibh a fhios agam sin san am. Nuair a chuir mé isteach an t-ordú, tharraing sé go leor gáire ar fud an tsiopa agus bhain na custaiméirí an-spraoi go deo as. *'Gummi'*, a dúirt mé, a bhí uaim agus thoisigh ag síneadh agus ag tarraingt mar dhea le mo dhá láimh ag an am chéanna chun leasteachas an earra a bhí i gceist agam a léiriú ní b'fhearr don bhean taobh thiar den chabhantar agus dóchas beag éadairbheach agam go míneodh sé sin an scéal di agus go dtabharfadh sé saor as sáinn mé. Faoin am sin bhí lán an tsiopa sna trithí gáire fúmsa agus a raibh ar siúl agam.

Le teann éadóchais, chaith mé súil ar na seilfeanna taobh thiar i ndúil is go bhfeicinn banda rubair in áit ínteacht agus, go tobann, istigh i bhfuaraitheoir chonaic mé beartanna beaga slisíní bagúin ceangailte suas le banda rubair agus thoisigh mé ag caochadh orthu siúd agus níor stop gur rug an freastalaí – a bhí fríd a chéile go maith ag an mhalairt treo aisteach sin uaimse – ar na slisíní agus a shín ionsorm go drogallach iad. Chroch mé san aer an banda rubair a bhí thart orthu chun go dtuigfeadh a raibh sa tsiopa an rud a raibh mé sa tóir air i rith an ama. Dar liom go mb'fhiú gáir mholta mé faoina dhiongbhálta is a bhí mé i mbun mo ghnaithe agus an spórt a bhain mná an cheantair as an tseó a chuir mé ar fáil dófa. Dheamhan banda eile rubair a bhí sa tsiopa ach an banda aonair sin agus b'éigean dom fágáil folamh. Fuair mé ina dhiaidh sin i Vadsø iad 50 ciliméadar bealaigh soir an bóthar.

Níorbh fhada gur chuir mé aithne ar mhuintir an bhaile ó theach go teach agus ba ghnách liom bualadh isteach iontu leathmhinic le dreas comhrá a dhéanamh chun cur le mo stór focal. Ach ba é teach Thomas agus

Torill ┐ Per Gustav Lindseth
le Oscar ┐ Lasse Wigelius

Elen Bertha Lindseth, cúpla céad méadar uaim, an teach ba mhó a thaithínn ag déanamh comhluadair leis na páistí a bhí ann.

Gan gnásanna daoine fásta ag cur laincise orthu is fíorluachmhar an cúnamh a thugann a leithéid don fhoghlaimeoir. Thigeadh an chaint go nádúrtha chucu agus phléascadh siad ag gáire faoi na botúin oscailte a dhéanainn agus chuireadh siad rudaí ina gceart dom arís gan scáth gan náire ina dhiaidh sin. D'fhoghlaim mé a lán ón chlann sin. Cuireadh fáilte romham sna tithe uilig ó theach go teach fiú amháin iad sin a raibh eitic láidir Laestadiach i réim iontu. Is Protastúnaigh shoiscéalda iad sin a bhfuil tuairimí míchuíosacha ag cuid acu a fhanann amach ó aeraíl agus caitheamh aimsire saolta agus fiú amháin i gcásanna áirid ó ghiuirléidí nua-aimseartha mar chuirtíní ar na fuinneoga. Ba theach acu sin an teach a raibh Nils Noste agus a bhean Anna agus a dheartháir Wilifred ina gcónaí ann. Bhí teanga mhaith Shámaise ag an triúr acu agus ba phléisiúir a bheith ag éisteacht leofa nuair a labhradh siad ach, ar an drochuair, bíodh a fhios go gcuirtí fíorchaoin fáilte romham i gcónaí ann, bhí faisean acu a bheith an-tostach.

Teach eile go dtéinn ar cuairt go rialta ann ab ea teach 'Dudd-áddja' ('sean-Dudda') nó Thude Mathiesen – baitsiléir a raibh bua leighis aige. *'Miráhkal doavvtir [mirakeldoktor]'* ('dochtúir míorúiltí') a bheirtí air agus bhí an-tóir ar a chuid seirbhísí. Ba ghnách le daoine teacht chuige ó áiteacha i bhfad ó bhaile ag iarraidh leighis agus ba bhreá liom suí sa chistin aige ag éisteacht leis na hothair ag caint agus ag comhrá sna teangacha sula nglaoití isteach sa tseomra cúil iad. Thug sé mionchuntas dom fán

Miráhkal Doavvtir Dudda

ghifte a bhí aige agus fán dóigh ar fhorbair sé é le cúnamh mná leighis a raibh cliú agus cáil uirthi roimhe sin i Varanger. Dúirt sé liom gur chuir sí ina sheasamh lomnocht i mbairille oighir ó am go ham go gearr i ndiaidh a chéile é go dtí gur leáigh an t-oighear ina uisce thart air arís agus arís eile. Rinne sé mise a leigheas turn amháin agus inseoidh mé an scéal sin ar ball.

Bhíodh cuairteoirí chun an tí ar bís le teann fiosrachta fúmsa agus, de réir mar a bhí mé ag feabhsú sa teanga, bhí ar mo chumas meabhair a bhaint as fiosrúcháin faoi anáil mar sin nuair a chuirtí ceist lom amach ar Mharianne fúm – *'Gii bat dát olmmoš lea?'*

Ag Fánaíocht sa Laplainn 119

('Cé hé an duine sin?') a deireadh siad agus ba mhinic a deireadh sise *'Dat lea mu biebmogánda!'* ('Sin é mo mhac altramais!'). Dá mbeadh braon faoin fhiacail ag Karl deireadh seisean gur mac leisean mé a gineadh sa Ghearmáin le linn an chogaidh a tháinig á chuartú. Bealach amháin nó bealach eile breathnaíodh orm mar dhuine den teaghlach.

Ba dhaingniú ar an stádas sin an abairtín *'It don galgga ballat!'* ('Ná bíodh aon eagla ort!') a deirtí liom anois is arís. Agus ní raibh in am ar bith aon eagla ar bith orm i measc na ndaoine geanúla sin. Seans nach gcuirfeadh ráiteas mar sin ar mo shuaimhneas ar fad mé dá mbaininn an chiall mhícheart as – is é sin le rá gur síleadh go raibh bagairt uafásach éicint a raibh siadsan ar an eolas fúithi ar tí theacht aniar aduaidh orm. Ní mar sin a bhí, áfach. Blianta anonn ina dhiaidh sin chuala mé an fhoirmle shóláis chéanna ar ócáid den tsórt ó dhaoine geanúla eile in Iorras i gContae Mhaigh Eo, áit a ndeirtí liom – 'Ní baol duit anseo!' Tá an dá smaoineamh gearrchosúil lena chéile agus seans gur foirmlí araon iad a bhfuil feidhm leo sa chás go meastar gur gá daoine nach mbaineann ó dhúchas leis an phobal áitiúil a chur ar a suaimhneas agus gur seift í chun tabhairt le fios gur i measc cairde atá siad.

Tharla rud saoithiúil dom in Utsjoki na Fionlainne tráth dá raibh mé ar cuairt ann. Bhí mé i mo sheasamh taobh amuigh den óstán ag fanacht le bus nuair a thit mé chun comhrá le fear Sámach gléasta go péacach in éide Shámach na háite sin. Labhair muid ar an uair agus rudaí beaga eile ar feadh seal agus ansin chuir sé an cheist seo a leanas orm – *'Leat go don dombeale olmmoš?'* ('An duine ón taobh thall thusa?'). Ba í canúint Varanger gan dabht a dhúisigh an cheist sin agus ba bhealach béasach le cinntiú gur ón taobh eile den abhainn Tana (is é sin ó thaobh na hIorua) a tháinig mé. Dósan agus do na Sámaigh i gcoitinne b'aon mhuintir amháin iad a thuig gur canúintí agus tíreolas a dhealaigh amach óna chéile iad agus nach teorannacha idirnáisiúnta na cúinsí ba thábhachtaí sa chás.

Bhí Finnmark faoi Arm na Gearmáine mar an chuid eile den Iorua sa Dara Cogadh Domhanda agus bhí lorg an champa a bhí acu in Nesseby le feiceáil ann go fóill. Tá cloch chuimhne ar thaobh an bhóthair in aice le Kirkenes ag marcáil an spota ab fhaide siar a shroich trúpaí na Sóivéide agus iad sa tóir ar Arm na Gearmáine ag teitheadh uathu ag deireadh an chogaidh. Is minic a chuala mé daoine ag caint faoi shaighdiúir de chuid na

Sóivéide a tháinig anuas le paraisiút sa tundra in aice le Nesseby agus a chuaigh ag spíodóireacht ar imeachta na nGearmánach uaidh sin.

Agus na Gearmánaigh ag cúlú siar rinne siad léirscrios ar na tailte a bhí fágtha ina ndiaidh acu agus, mar ba nós leo, dhóigh siad mórán a raibh de chónaithe sa cheantar idir thithe agus stáblaí. Rinneadh scannán faoi sin ar tugadh *'Brent Jord'* ('Talamh Dóite') air a raibh páirt bheag ag mo sheanchara Nils Banne, an Leas-Shirriam, ann.

Bhí rannpháirtíocht na Fionlainne (ar thaobh na Gearmáine) sa chogadh ní ba thubaistí arís. Chuaigh sí féin agus an Ghearmáin d'aontaobh i dtús an chogaidh agus nuair a b'éigean di síocháin leis na Sóivéidí a lorg leagadh síos coinníollacha géara a thug uirthi – i measc rudaí eile – Arm na Gearmáine a ghlanadh amach as tuaisceart na Fionlainne, próiseas a ghlac andua agus inar maraíodh na mílte Fionlannach ó tharla Arm na Fionlainne gan a bheith ullamh don dúshlán.

Bhí neart aicsin idir an tSóivéid agus an Ghearmáin ar an fhronta thuaisceartach ach ní raibh mórán bogadh soir ná siar ann ina dhiaidh sin, ach amháin gur chaill an Fhionlainn Petsamo agus an bealach amach ríthábhachtach chun na farraige ó thuaidh. Is cosúil go raibh cuid de Shámaigh na Fionlainne in Arm na Fionlainne agus cuid eile acu in Arm na Sóivéide. Ba chruinnaimsitheoirí iad ach deirtear gur chaith siad cuid mhaith den choimhlint ag loscadh go fánóideach san aer os cionn a chéile – polasaí a rinne an *status quo* a chosaint go dóighiúil.

Ar an láimh eile, labhair Sámaigh na hIorua go creathnaithe faoi thrúpaí sciála na Fionlainne (agus is dóiche Sámaigh ina measc) ar ghnás leo ruathair mharfacha a thabhairt amach soir sa Rúis taobh thiar de na línte tosaigh agus léirscrios a dhéanamh ar na pobail a tharla sa chasán orthu. Dá dtigeadh siad slán ba ghnách leo croíthe na ndaoine a mharaigh siad a iompar abhaile leo, a duirt Sámaigh Varanger, agus iad a scaradh amach sa tsneachta bhán mar chruthúnas faoina raibh déanta acu. Dhearbhaigh cara Fionlannach liom an méid sin ach dúirt nach lán de chroíthe a bhíodh na saic a bhíodh leo ar ais ach lán d'aebha mar go raibh aebha níos éadroime le hiompar.

Ba ón Ostair a tháinig na trúpaí a lonnaíodh in Nesseby agus níor iompair siad iad féin go holc de réir mar a chuala mise. Bhí seanchas go leor faoin am sin i mbéal na ndaoine agus chuala mé scéilíní beaga faoin dóigh ar thug cuid de na Sámaigh faoi dhall na mullóg a chur ar na saighdiúirí ar bhealaí éagsula. Bhí cuntas amháin ann faoi dhaoine ag malartú earraí bréagacha leo, bloic bheaga adhmaid a raibh cosúlacht phaicéidí margairín orthu, mar shampla. Bhí cuntas eile ann faoi dhuine ínteacht a d'fhéach le píosa d'fheoil réinfhia a dhíol leo nach raibh ann ach spóla de ghadhar. Tugadh isteach é agus bruitheadh an fheoil os comhair a dhá shúl agus cuireadh d'iachall air é a ithe agus na gunnaí dírithe air. Chonaic mé an samhradh sin go leor turasóirí ann ag spalpadh Gearmáinise – seansaighdiúirí, b'fhéidir, ag tabhairt athchuairte ar láithreáin a raibh seal dá n-óige caite acu iontu aimsir an chogaidh.

Saol crua go maith é a bheith faoi chois ag arm forghabhála, ar ndóigh, agus íocann daoine go daor as ar bhealaí éagsúla. Díreach mar a bhíonn sa chuid eile den Iorua, bhí leisce ar mhórán de mhuintir na háite labhairt faoin am suaite sin. Dar liom gur ceann faoi a mhair siad cuid mhaith den am agus go mb'fhéidir nach ndearna mórán acu gaisce ar bith ar son na saoirse. Níor chuala mé ach tagairt tharcaisneach amháin do chomharsa amháin de chuid Burnes ar nós léithi sceitheadh ar dhaoine a bhíodh ag éisteacht le stáisiúin chraolacháin ón choigríoch.

Ba é leá an tsneachta an chéad chomhartha go raibh an t-earrach ar a bhealach agus nuair a nocht na grúim scealptha oighir ó bhun an inbhir ag snámhán leo amach chun na farraige bhí a phort seinnte ag an gheimhreadh. Bhí cuma dhóite dhonn ar an talamh a nocht chugainn agus é ina shlubar ar feadh píosa agus linntreacha móra uisce san áit ar luigh sneachta domhain roimhe sin. Ach níorbh fhada go bhfactha féar ag fás agus bláthanna de réir a chéile. Chaith mé na míonna ó Mhárta go Meitheamh na bliana sin ag iarraidh meabhair a bhaint as na postaí a bhí ag gobadh aníos go neamhchúiseach i bfhiarláin fríd an tsneachta, dar liom. Níor thuig mé i dtús ama nach postaí teorann a bhí iontu ach nuair a chonaic mé na sreangáin shingil eatarthu bhí a fhios agam go raibh úsáid eile ar fad iontu mar a fuair mé amach nuair a crochadh an féar ar triomach orthu teacht an fhómhair. Lá de na laethe sin bhí mé ag spaisteoireacht sna cnoic taobh thiar de Bhurnes nuair a mhoithigh mé clingeáil i bhfad uaim. Shíl mé go mb'fhéidir gur bó a raibh cloigín ceangailte faoina muinéal a bhí ann ach níorbh ea ach na píosaí beaga deiridh den oighear ag tuairteáil a chéile ag eas agus iad ar a mbealach síos sruthán sléibhe a bhí ann.

Ba chás eile ar fad é briseadh an oighir ar abhainn leathan

Tana. Bhínn ar cuairt go minic sa ghleann sin i gcuideachta le Karl agus Marianne mar a raibh triúr dá gcuid clann níonach pósta le fir Shámacha de chuid Alleknjarg agus Polmak. Ní leis an dá láimh chomh fada lena chéile a thriall siad go Tana mar gur minic bronntanas beag éisc a bheith ar iompar leo. Cuireadh oiread fáilte romhamsa agus a cuireadh roimh an iasc agus réitigh mé go breá leis na daoine sin uilig – Nils Eriksen agus a bhean Regine, Georg Eriksen (deartháir le Nils) agus a bhean Ingrid, agus Harald Erke agus a bhean Birgit. Ní mhaireann anois ach lánúin de na lánúineacha sin, Harald agus Birgit, mar go bhfuil Nils agus Georg agus Regine ar shlí na fírinne.

KARL LINDSETH

Uisce tanaí atá san abhainn Tana agus bhí sí reoite ó chladach go cladach agus bealach mór déanta síos ina lár i rith an gheimhridh ag ionsaí chomh fada leis an fharraige mhór. Nuair a thoisigh an t-oighear ag leá, bhrisfeadh sé ina bhloic mhóra mhallghluaiste ag pléascadh agus ag únfairt le gleo in aghaidh a chéile agus ag brú uisce na habhna aníos thar an bhruach. Bheadh sé anonn go maith i mí an Mheithimh sula mbeadh an abhainn ina habhainn arís agus í breac le gaistí speisialta éisc leis na bradáin a bhfuil an abhainn lán leo a mharú. Báid éadoimhne snáimh réthónacha iad báid Tana a úsáideann inneall crochta nó cuaillí fada de réir mar is gá san uisce tanaí.

Thug Nils Eriksen cuireadh dom luath sa tsamhradh turas báid a dhéanamh leis i gceann de na báid sin ar abhainn Tana agus uaithi sin suas abhainn Polmak gar do theorainn na Fionlainne. Tháinig muid i dtír ar thrá bheag agus lean casán cúng suas go dtí plásóg i measc na mbeith beag áit a raibh teach beag suite. Teach aon seomra tógtha ar fhráma adhmaid agus clúdaithe le ballaí fóid ar an taobh amuigh de a bhí ann. Chuir an fear a bhí ina chónaí ann fáilte romhainn agus d'iarr isteach muid. Mhínigh Nils dó cé mé féin agus shuigh mé le fonn ag éisteacht leo ag comhrá le chéile i gcanúint Tana. Nuair ba léir do chara Nils gur thuig mé a raibh ar siúl acu, thiontaigh sé orm agus dúirt – 'Gos bat don lea eret?' ('Cá as thusa?'). Chuir an cheist sin fríd a chéile mé agus ní fhéadfainn cuimhniú ar fhreagra réasúnta ar an bhomaite mar gur mheas mé gur beag an seans gur chuala sé riamh trácht ar Éirinn. Ach i ndeireadh na dála, níor dhúirt mé ach *'Irlánddas'* ('ó Éirinn'). Cén dochar ach gur chuir sé ceist eile orm ansin, ceist a léirigh go raibh an ceart ar fad agam faoin deacracht a bhain le hainm na hÉireann a lua. *'Lea go dat doppe Ruotas?'* ('An áit ínteacht sa tSualainn é sin?'), a dúirt sé. Bíodh a fhios go raibh mé líofa go leor sa teanga san am sin, ba léir gur airigh sé an blas a bhí uirthí aduain go leor chun go bhféadfadh áit i bhfad ó bhaile a raibh fáil ar an tSámais ann a theacht i gceist. Bhí sé ag dul sa treo cheart ar a laghad ar bith.

Casadh breac aisteach eile orm in Alleknjarg, stiléir áitiúil a bhí thar a bheith drochamhrasach fúmsa ainneoin a raibh inste ag Nils agus Regine Eriksen dó ag míniú nach raibh aon dochar ionam dósan ná dá cheird. Bhlais mé dá dhéantús go tubaisteach ar ócáid eile agus inseoidh mé ar ball faoi sin. Chaith mé tráthnóna meidhreach eile in Alleknjarg i gcomhluadar Nils agus comharsa leis, And Sammul. Bhí cúpla deoch againn agus níorbh fhada go ndeachaigh And ag ióiceáil dom ar an taifeadán agus bhí cumas maith ann san ealaín sin. Bhronn And beilt álainn orm den stíl Shámach a rinne sé féin. Bhíodh Nils ag tabhairt íde na muc is na madadh d'And bocht as focla Ioruaise a úsáid thall is abhus sa chaint mar gur theastaigh uaimse, a dúirt Nils, an teanga a fhoghlaim i gceart agus nach raibh aon mhaith sna focla sin dom.

Domhnach amháin an samhradh sin, thug Nils leis mé go dtí seirbhís de chuid na hEaglaise Cincísí in Alleknjarg. Sa tSámais a bhí an tseirbhís ó thús go deireadh, iomainn, seanmóir agus eile. Nuair a bhí deireadh thart chuaigh baill na heaglaise thart ar an phobal a bhí i láthair agus ceist amháin acu ar gach éinne – *'Dovddat go Jesusa?'* ('An aithníonn tú Íosa?'). Ba bheag freagra dearfach a fuair siad chomh fada agus thiocfadh liomsa a fheiceáil.

Chaith mé tráthnóna suairc eile sa bhaile ag máistir poist Alleknjarg agus a bhean. De dhúchas Sámach an bheirt acu, eisean ó Alleknjarg agus ise ó Nuorgam, sráidbhaile thar teorainn san Fhionlainn cúpla ciliméadar ó dheas uainn. Bhí sise an-bhródúil as an Fhionlainn agus, ar chúis ínteacht, rinne sí laoch mór na Fionlainne aimsir an chogaidh, Carl Mannerheim (séú uachtarán na tíre ó 1944 go 1946) a lua. Bhí an-iontas uirthi nár chuala duine ar bith sa chuideachta trácht ar Mhannerheim ach mise. Ar scoil i Nuorgam, ar ndóigh, a chuala sise faoi, a dúirt sí.

Chonaic mé cuid mhaith de Varanger i gcuideachta Karl

chomh maith, ar ndóigh, mar ba ghnách leis mise a thabhairt leis sa tacsaí nuair a d'fheil sé sin – ar thurasanna le hothair chun an ospidéil i Kirkenes, mar shampla. Déanta de ghraibhéal dingthe a bhí na bóithre ach amháin i bhfoisceacht ciliméadar nó dhó de bhailte mar Kirkenes agus Vadsø, áit a raibh stráicí gearra tarra ann. Ba bhreá le Karl cor bealaigh a chur air féin in amannaí chun cuairt a thabhairt ar áiteacha mar Bugøynes a raibh na *Laddelaččat* ina gcónaí iontu chun a chuid Fionlainnise a chleachtadh le fear an tsiopa ann.

Bhí an baile beag Neiden ar cheann de na háiteanna spéisiúla ar an mbóthar go Kirkenes gona eas mór agus a shéipéilín Ceartchreidmheach faoi cheannas na *Nuortalaččat* ('Bunadh an Oirthir') a bhfuil cónaí thairis sin ar an mhórchuid acu sa Rúis agus san Fhionlainn. Níl Kirkenes féin ach roinnt bheag ciliméadar ón teorainn agus, le linn dó a bheith i seilbh Arm na Gearmáine, scriosadh sa chogadh é ag buamáil na Sóivéadach.

Déantar comóradh ar chuid mhór d'áiteacha iomráiteacha *Sámieatnam* in ióic a chuala mé den chéad uair i Jokkmokk ar mo bhealach ó thuaidh, áiteacha mar Nesseby, Polmak, Utsjoki, Karasjok agus Kautokeino agus mórán áiteacha eile chomh maith. Díspeagadh is mó a dhéantar orthu leis an fhírinne a dhéanamh ar nós na *blasons populaires* sa bhéaloideas idirnáisiúnta. Deirtear faoi Nesseby (nó Unjárga) *'Rimbi, Rambi'* ('cithréimeach, cithréimeach') agus faoi Varanger ó Dheas (*Mátta Várjjat*), *'Giella moivvit'* ('lucht measctha teangacha') mar gur ceantar é sin ina raibh cúig theanga éagsula á labhairt tráth – dhá chineál Sámaise, Fionlainnis, Rúisis agus Ioruais – corruair in éineacht de réir cosúlachta. Tá an tSámais agus an Fhionlainnis ag cúlú agus an Ioruais atá anois i réim ach tá borradh faoin Rúisís ar na saolta deireanacha seo le maolú na rialacha víosa. Tugann na comharthaí dátheangacha (Rúisis agus Ioruais) ar ainmneacha na sráideanna in Kirkenes le fios go bhfuil malairt saoil ann thairis mar bhí ach níl an oiread teangacha á meascadh anois ann is a bhí roimhe seo.

Bhí na hoícheanta ag éirí giortach go dtí (faoi lár an tsamhraidh) nach raibh oíche ar bith ann feasta ach é ina lá geal i rith an ama, an feiniméan a nglaoitear 'Grian na Meán Oíche' air. B'aisteach an rud é daoine a fheiceáil ag teacht agus ag imeacht, cuid ag dul a chodladh agus cuid ag éirí ag amanna éagsúla gur doiligh iad a thuar. Tháinig bláth ar an tír agus thapaigh an síordhealramh gréine fás gach ní. Ba dhoiligh dom a chreidbheáil chomh glasfhéarmhar is a bhí an tírdhreach, lán chomh glas le hÉirinn iathghlas féin, agus ba agus caoirigh, ar scor ó bhraighdeanas an gheimhridh, ag inílt ar fud na háite ar na sléibhte agus ar mhaolchnoic chois cladaigh. Bhí duilleoga na beithe bige ag bláthú (an t-aon chineál crainn a fhásann taobh ó thuaidh den chrannteorainn) agus bhí an lorg deiridh de shneachta an gheimhridh glanta ar siúl ó bharr na sléibhte ag bun na spéire ó dheas uainn. Bhí sé ina shamhradh!

Tháinig séasúr bhaint an fhéir gan mhoill agus níorbh fhada

Tithe de chuid na Sámach ┐ sconsa féir

gur líonadh an pátrún pábhála mearaí de phostaí agus sreangán le féar nuabhainte ar triomach agus, go gairid ina dhiaidh sin arís, bhí sé in am dul ag piocadh caor ar na cnoic is na caoráin. Bhí diantóir ar fhómhar buí na n-eithreog shléibhe (lomlán den vitimín C) ach bhí an séasúr gearr agus faoi mhí Lúnasa bhí an lá ag éirí giortach arís agus sioc oíche ar na bacáin.

Bhí mé gnóthach i rith an ama ag breacadh nótaí faoi chúrsaí teangan agus faoi mhíreanna béaloidis agus bhí mé tosaithe ar dhaoine a thaifeadadh chomh maith agus ar na taifid sin a thras-scríobh. Tá canúint Varanger ar an imeall oirthearach de mhórchanúint Shámais an Tuaiscirt agus tá difríochtaí suntasacha sa chóras fuaime idir í agus canúintí eile fiú amháin canúint Tana in aice láimhe. Ní fheictí mórán di i gcló agus ba léir dom nach raibh gnáthlitriú na teangan ag fóirstean rómhaith dom sa chás agus, seachas fogharscríobh a úsáid, thug mé faoi chóras de mo chuid féin a aimsiú.

D'oibir mé go crua leis an tras-scríobh go dtí go raibh mé sásta lena raibh déanta agam agus chuir mé chun bealaigh go hOsló é chuig Asbjørn Nesheim, an t-ollamh le Sámais in Ollscoil Osló ag lorg breithiúnais uaidh. D'inis mé dó faoi Heinrich agus mar a dúirt sé liom oiread a bhailiú faoi théarmaí, nósanna agus scéalta a bhain le cúrsaí iascaireachta agus farraige mar aon le pisreoga agus finscéalta (faoin mhaighdean mhara, agus an cineál sin mar shampla) agus a d'fhéadfainn. Scríobh an tOllamh Nesheim ar ais chugam le casadh an phoist agus dhearbhaigh dom go raibh jab maith déanta agam de chanúint Nesseby a scríobh síos rud a thug an-mhisneach dom. Luaigh sé chomh maith nár mhiste dá gcasadh sinn ar a chéile in am ínteacht agus gheall tuilleadh comhairle a chur orm dá dtiginn ar cuairt go hOsló chuige. Thaitin an smaoineamh liom agus shocraigh mé go dtógfainn sos ón obair pháirce agus go mbuailfinn an bóthar ó dheas arís.

Ag druidim le deireadh mhí Lúnasa, tharla arís taobh amuigh d'óstán Utsjoki mé ag fanacht le bus, an chéad chéim ar an turas bus agus traenach a bhéarfadh go hOsló mé, agus mé ag pilleadh ar mo choiscéim go Stócólm fríd Rovaniemi, Haparanda agus Boden agus uaidh sín leis an traein oíche go príomhchathair na Sualainne agus ansin, ina dhiaidh sin, príomhchathair na hIorua. Ag fágáil Finnmark dom, bhí an t-athrú sa tséasúr le haithint ar an bheith bheag cheana féin. Bhí an sú á thiomáint síos sna rútaí ag an chéad sioc agus leis sin bhí dath gleoite mharmaláid oráiste i ndiaidh teacht ar na duilleoga faoi ghrian gheal an fhómhair. *Ruški áigi* agus *ruskaika* ('aimsir órbhuí') a thugann na Sámaigh agus na Fionlannaigh ar an am sin bliana i ngeall ar an dreach álainn tíre a thionscnaíonn sé, cosúil leis an fheiniméan (ar scála níos leithne) ar a dtugtar an *'foliage'* in oirthuaisceart Mheiriceá,

Ag faire amach dom agus ar mhaithe liom mar ba nós léithi, ní shásódh rud ar bith Marianne ach cúpla próca d'eithreoga shléibhe nuaphioctha agus nualeasaithe a chur liom ó dheas mar lón turais. Agus mé ag meilt an ama sna huaireanta fada a chaith mé ag fanacht agus ag taisteal le traenacha thall is abhus bhínn ag dul go cíocrach d'eireoga sin Mharianne. Díol iontais mé, dar liom, i mbun na n-eithreog shléibhe sin ach dheamhan aird ar bith a thug duine ar bith orm.

Ba chás breith nó fág i gcónaí dom é a bheith ag taisteal fríd an Fhionlainn maidir le brí chruinn cheart a bhaint as clár ama na mbusanna agus na dtraenacha. Ba é an córas iarfhocla (seachas réamhfhocla) a ba chúis liom a bheith in amhras faoi cé acu ag teacht nó ag imeacht a bhí mé in amanna. Cuirtear in iúl 'chuig áit' le mír dheiridh amháin agus 'ó áit' le mír dheiridh eile. Nuair a ghreamaítear na míreanna sin d'ainm áite tarlaíonn athruithe inmheánacha san ainm féin agus cuirtear an focal as a riocht dá bharr sin oiread agus a chuirfeadh aineolaí ar strae. D'fhoghlaim an strus sin ceachtanna beaga gramadaí dom san

Fhionlainnis. Tá mórán an prionsabal céanna maidir le húsáid iarfhocla le fáil sa tSámais.

Bhain mé Osló amach agus bhuail mé leis an Ollamh Nesheim ar champas na hollscoile i mBlindern. D'fháiltigh sé romham go croíúil agus thug cuireadh abhaile dom an tráthnóna sin chun béile bia a chaitheamh leis agus lena bhean agus lena níon. Thug sé lámh chúnta dom roinnt leabhar a cheannach – *Sprachlehre des Nordlappischen nach den seelappischen Mundarten* le Eliel Lagercrantz ina measc. Chuaigh mé fríd an leabhar sin go mion ina dhiaidh sin ag breacadh raidhse nótaí thall is abhus ann ó mo chairde i Nesseby.

Roinnt bhlianta ina dhiaidh sin – i ndiaidh dó éirí as a phost – thug mé cuairt eile ar Nesheim sa bhaile áit a raibh sé ag fanacht go huaigneach liom agus é faoi léigear ag galar Parkinson. Chuir sé fíorchaoin fáilte romham agus ghlac buíochas liom as an chuairt. Ba dhuine mórchroíoch geanúil é.

Chaith mé seachtain nó dhó i Stócólm ar mo bhealach ar ais go Finnmark ar dídean ag Gordon Elliott. B'fhear eisceachtúil é Gordon agus duine a raibh croí maith aige. Fear suairc a bhí ann ach fear místuama agus fear ráscánta fosta é. Chuir sé cluain orm a dhul leis chuig cruinniú, áit a raibh sé le píosa cainte a dhéanamh faoi Éirinn mar cheann scríbe do thurasóirí agus bhí i gceist aige – mar bhónas don lucht éisteachta ann – go ndéarfainn-se cúpla focal faoi Ghaeilge agus faoi cheol traidisiúnta na hÉireann. D'ól muid cúpla deoch sa bhaile agus cúpla ceann eile ar an bhealach agus b'ansin a d'inis Gordon dom gur faoi choimirce na heagraíochta a dtugann siad *Nykterhetsnämnden* ('An Coimisiún um Lánstaonadh') a bhí an cur i láthair le déanamh againn. Ní raibh muid bogtha ná abhairín súgach féin ach bhí boladh an óil uainn agus ní fhéadfá a rá gur chuir an dream sin na gártha fáilte romhainn an oíche sin san áit sin. Déarfainn gur dheamhan mórán turasóirí breise a chuaigh ag triall ón tSualainn go hÉirinn de thairbhe na heachtra sin.

—X—

Oíche Fhada

Faoi lár mhí Mheán Fómhair, bhí mé ar ais ar an chúrsa cheannann chéanna ó thuaidh fríd an tSualainn agus an Fhionlainn le traein agus bus uaidh sin go Finnmark. Bhrúigh ceathrar ban óg isteach in aice liom sa tsuíochán cúil ar an bhus ó Rovaniemi, braon faoin fhiacail acu agus iad cainteach glórach. Bhí an chosúlacht orthu gur ag pilleadh ó cheiliúradh de shórt éicint a bhí siad agus bhí sé de dhánaíocht iontu forrán a chur orm agus a dhul do mo cheastú – cé mé féin, cad é a bhí ar siúl agam san Fhionlainn agus mar sin de – nó ar a laghad ar bith sílim gurb é sin ab ábhar don 'chomhrá' a bhí eadrainn. Níor thuig siadsan mórán dá raibh ar siúl agamsa agus ní raibh ach corrfhocal dá dteanga siúd agam.

Thaispeáin mé mo phas dófa agus, san am sin, bhíodh spás fágtha ann – áit do phéire grianghraif – ach ó tharla nach raibh mé pósta san am bhí áit acu sin folamh. Thug na mná an méid sin faoi deara agus theastaigh míniú uathu agus ansin luaigh bean acu an focal *vaimo* (a chiallaíonn 'bean chéile' san Fhionlainnis). Thuig mé an bhrí a bhí leis ón chomhthéacs agus, aisteach go leor, d'aithin mé an focal féin ó fhocal a bhfuil gaol gairid aige leis sa tSámais ach go bhfuil brí bheag eile leis sa teanga sin, áit a chiallaíonn *váibmu* 'croí'. Nuair a d'éirigh liom an méid sin a chur ina luí orthu, shíl na mná go raibh sé sin thar a bheith rómánsúil, ar ndóigh. Ceacht teangan eile!

Tarlaíonn sé go dtagann gnéithe comónta foclóra i gceist le teangacha a bhfuil gaol acu lena chéile bíodh sé ina ghaol gairid nó eile ach is minic go mbíonn malairt bhrí – amanta fineálta agus meallacach – ag teacht i gceist leo fosta, díreach mar a tharla le *vaimo/váibmu*. Níos gaire do bhaile, d'fhéadfaí an focal 'uisce' a chiallaíonn 'fearthainn' in Albain a lua agus anuas air sin an focal bean a chiallaíonn 'bean chéile' amháin in Albain, áit a bhfuil focal eile ar fad acu ar 'bean'.

Tá sé contúirteach a dhul sa tseans leis an chineál sin agus tharla sé dom uair eile go ndeachaigh mé in abar san Fhionlainn nuair a theastaigh uaim im a cheannach. Tharraing mé an focal

Sámaise chugam agus dúirt *vuodja*, focal a bhfuil idir chosúlacht agus ghaol aige leis an fhocal Fionlainnise *voide* ach a chiallaíonn 'ungadh' nó 'bealadh'. Ní raibh an dá fhocal ghaolmhara seo gar go leor dá chéile ó thaobh céille de chun an tsáinn a d'fhág an mhalairt chéille eatarthu a fhuascailt agus chuaigh cúrsaí fríd a chéile ar fad orm sa chás sin. Ar ámharaí an tsaoil, áfach, bhí sé de chiall agam focal eile sa tSámais a lua – *'láibi'* ('arán') atá ar aon dul ó thaobh cosúlachta agus brí leis an Fhionlainnis *leipä* agus thoisigh mé ag déanamh mímeoireacht leis an arán nuair a fuair mé greim air ag ligint orm gur ag leathadh ime air a bhí mé agus ba ag an phointe sin a fuair mé an rud a bhí uaim sa chéad dul sios. Deirtear go múineann gá seift agus b'amhlaidh domsa sa chás sin é agus cásanna eile mar é a léirigh nach dual do dhuine a bheith ag brath ar shanasaíocht agus gleacaíocht teangan i gcónaí.

Casadh Birgit Nilsen orm ar an bhus ar ais go Nesseby. Ba bhanaltra í in Áras na Seandaoine i Nyborg, áit ar fháiltigh sí romham isteach chun cuid de na daoine a bhí ar dídean ann a thaifeadadh. Bhí mé sa teach aici go minic roimhe sin ag taifeadadh ábhar béaloidis óna hathair a bhí anonn go maith in aois. Bhí seanchas breá aige agus scéalta faoi ghnéithe traidisiúnta Sámacha mar *stálut* agus *Čudit* (fathaigh) *gufihttarat* (an slua sí) agus *eahparaččat* (linbh nuabheirthe a bhásaigh). Thug Birgit faoi deara ó na freagraí bacacha a bhí mé ag tabhairt uirthi go raibh meirg bheag i ndiaidh a theacht ar mo theanga agus chuir sé deireadh tobann le m'aisling nuair a dúirt sí – *Vuoi, vuoi go don leat nu čurbun sámegielain* ('A thiarcais chomh craptha is atá do theanga Sámaise!'). Bhí sé in am dom dul i mbun oibre go miotalach arís gan aon rómhoill.

Ní raibh an dara teacht go Nesseby agus Burnes chomh coscrach do Mharianne agus a bhí an chéad amharc a fuair sí orm mí na Márta roimhe sin agus cuireadh oiread fáilte romham ar ais is go ndéanfá amach nach raibh aon choinne acu liom arís a choíche nuair a d'imigh mé go hOsló. Ach bhí drochscéala romham mar bhí an taifeadán Grundig a d'iompair mé liom ó Éirinn curtha as alt ar fad ag cadhnraí a sceith agus a mhill an taobh istigh de. Ar an dea-uair, áfach, bhí stócach de chuid an bhaile a bhí ina mhairnéalach trádála díreach i ndiaidh pilleadh ó thuras fada farraige agus cad é a bhí tugtha abhaile leis ach taifeadán úrnua Tandberg! Thug Odd Lamm iasacht fhadtéarmach dá mheaisín dom agus ba mé a bhí buíoch beannachtach dó as a mhórchroí. Ba mheaisín den scoth é ach go raibh sé trom anásta le hiompar i gcomórtas leis an Grundig. Chuir cineáltas Odd ar mo chumas a bheith ag taifeadadh liom sna míonna a bhí romham agus d'fhág an tubaiste leis an Grundig mé le ualach níos lú a iompar abhaile.

Bhí laethe an gheimhridh ag teannadh linn go tiubh agus an ghrian á crochadh féin ní b'ísle agus ní b'ísle sa spéir ó lá go lá. Bhí na gaethe solais uaithi agus í ag dul faoi ag déanamh cailéideascóipe den spéir, fiú amháin nuair a bhí sí imithe bun barr faoin léaslíne. Bíodh a fhios nach raibh meall na gréine le feiceáil níos mó choinnigh sí an spéir lasta lena gaethe solais ar fiar ar feadh i bhfad go dtí gur imigh sí rófhada ar fad ó dheas. Ach ar feadh roinnt seachtainí bhí ar a cumas an spéir ó dheas a dhathmhaisiú le solas athraonaithe thar chiumhais na cruinneoige. Ansin, bhí an seó thart ach cad é mar seó é! Ní bheadh aon ghrian ann ó mhí na Samhna go dtí mí Eanáir ach níorbh ionann sin is a rá go raibh sé ina oíche dhubhdhorcha ar fad mar bhí an ghealach agus na réalta san fhirmimint agus ní lánmhúchadh iomlán solais a bhí i gceist ná baol air.

Sular thoisigh sé ag cur sneachta agus seaca i ndáiríribh, chinn mé ar phéire buataisí réinfhia a ordú ó chomharsa liom, Margit Mathiesen a raibh cónaí uirthi suas an cnoc ó theach Lindseth. Bhíodh sí go síoraí i mbun fuála agus mhínigh sí dom an modh oibre a bhí aici ag roghnú píosaí de sheithe réinfhia le haghaidh uachtair agus íochtair na coise agus don tsáil agus ag plé le féitheoga fada cos triomaithe – an snáth lena ndéantaí na píosaí éagsúla a cheangal le chéile. Chuirtí paistí daite éadaí, gorm, buí agus dearg (dathanna Varanger) thart ar bhéal na mbróg agus scothóga sna dathanna céanna ar an chórda lena ndúntaí thart ar na murnáin iad.

Choinnigh na buataisí a rinne Margit dom mo chosa te teolaí i rith an gheimhridh fad is nach gcaithfeá iad nuair a bhí an teocht os cionn -5°C mar go ngreamódh sneachta leáite do bhonn na mbuatais agus d'éireodh na cosa fliuch fuar dá bharr. Ní raibh aon tsáil iontu mar a bheadh i mbróga eile agus b'éigean siúl ar úlla na gcos mar a rinne treibheanna ó na cianaoiseanna. Tá dhá chuid i mbonn na mbuataisí sin, caitín chun tosaigh agus caitín chun deiridh sa dóigh is go mbíonn greim daingean ag na cosa ar dhromchla an tsneachta. Tháinig mé isteach ar an chaoi le dosanna de chíb chumhra triomaithe a chaolú isteach faoi mo chosa agus mé á gcur orm. Bhí boladh deas ón chíb cuachta go deas néata faoi do chos ach b'éigean tarraingt caol uirthi agus ba ghnách leo í a úsáid cúpla lá i ndiaidh a chéile ach í a thriomú arís thar oíche in aice na tine. Tá goicíní cuaracha ar na buataisí agus tá sé ina nós acu giota den chíb a bhrú aníos iontu sin agus é a fhágáil iontu ar fad. Tá an dá phíosa cíbe sin a bhrúigh mise siar sna buataisí sin agamsa iontu i gcónaí agus iad chomh dea-bholaitheach is bhí siad riamh. Níos moille anonn ina dhiaidh sin chuir mé tuineach sa stíl áitiúil á déanamh dom ag comharsa eile.

SÓC I STÍL VARANGER

Chuir an chéad sneachta den gheimhreadh le gile na spéire faoi sholas na gealaí agus na réalta ach níor dhadaí sin i gcomórtas leis an taispeántas smaragaidghlas a bhí le feiceáil nuair a líonadh an spéir leis na gealáin tuaidh ag scinneadh go lonrach os ár gcionn sa duifean. Le linn thréimhse na dorchachta, bhí oiread solais ann i gcónaí is go bhféadfaí ainm a chur ar dhaoine nó feithiclí ag dul an bóthar a aithint go speisialta má bhí bealach sainiúil siúil acu nó crot inaitheanta orthu. Ní thig liom a rá gur thaitin sí liom mar thréimhse ach níor chuir sí thar mo dhóigh mé ach oiread. Bhí sí ina nuaíocht uilig agam agus ghlac mé léithi ó lá go lá go dtí gur shoilsigh an ghrian arís orm i ndiaidh na Nollag.

Tháinig mé ar chlann óg Lindseth tráthnóna acu sin ag súgradh amuigh agus iad ag béiceach in aird a gcinn ar na gealáin a bhí ag clúdach na spéire. Ansin nuair a rachadh na gealáin ag preabadaí go guagach, thugadh siad do na bonnaí é ceann ar aghaidh isteach sa teach agus iad ag screadaíl. Bhíodh an mháthair, Elen Bertha, ina seasamh sa doras agus í ag tathaint orthu lena n-anam gan olc a chur ar na gealáin nó dá gcuirfeadh, a dúirt sí, thiocfadh siad anuas orthu agus iad ina gcodladh agus ghoidfeadh an t-ionathar astu.

Ag caitheamh achasáin leis na gealáin a bhí na páistí agus ag fonóid fúthu le foirmle sheanda a chroithfeadh as a spadántacht agus a chuirfeadh ag spréacharnach fud na spéire iad. Seo mar bhí an fhoirmle acu:

> Guovsahas, guovsahas, lippati, lippati
> Buoide bihtá njálmmis
> Veahčir gállus.

> [A ghealáin, a ghealáin, *lippati, lippati*
> Giota saille in do bhéal
> Casúr in do bhathais.]

Is cosúil nach gciallaíonn *lippati lippati* rud ar bith faoi leith murab é gur iarracht é aithris a dhéanamh ar an fhuaim a dhéanann réinfhianna agus iad ag rith ar shneachta. Tá cuma sheanda ar na hachasáin antrapamorfacha sin eile nach féidir liom níos mó a rá fúthu ná gur dóiche gur íomhánna ón dílinn iad.

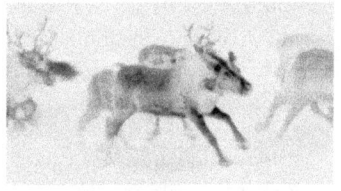

Cathaoir bheag adhmaid ar shleamhnáin ('*spark*' san Ioruais) an gléas iompair a d'aimsigh mé don taifeadán, an meáisín leagtha ar an tsuíochán agus mise taobh thiar de á chiceáil chun tosaigh – mar a dhéanfá le scútar – ar oighear nó ar shneachta dingthe. Nuair a bhíodh an Tandberg socraithe i gceart agam chuirinn chun bealaigh ag bailiú ábhair i dtithe an bhaile. Teach Aage Lamm (uncail le Odd gur leis an taifeadán) ab ea ceann de na tithe ab fhearr liom a dhul ann mar ba mhinic comharsa agus cara leis, Aamot Eikjok, ar cuairt ann romham.

Fear cainteach agus cainteoir breá é Aamot, fear a raibh baint imeallach aige le gluaiseacht sin Laestadius mar ba ghnách leis fónamh don phraeitseálaí ina aistritheoir más san Fhionlainnis a bhí a sheanmóir aige siúd. Bhí córas mar é i bhfeidhm san Eaglais Liútarach san Iorua chomh maith, an ministéir agus an t-aistritheoir gualainn ar ghualainn ar an altóir agus an seanmóir á aistriú go comhuaineach abairt i ndiaidh abairte ag an tSámach faoina libhré gleoite. Níor bhraig ar bith a chumas san Fhionlainnis, a dúirt Aamot, ach bhí misneach maith aige agus, mar a dúirt mé, cumas cainte ann. Nuair a chastaí deacracht dhosháraithe ina chasán, léimeadh sé thar cibé sliocht a tháinig i gceist, mar a dúirt sé, *'dego Holmenkollen'* ('mar Holmenkollen') ag tagairt don rampa mór scíála in Osló. Bhí sé sa tseanchas faoi theangaire eile sa cheantar go ndearna sé aistriúchán mire ar an ráiteas 'rugadh faoin Dlí mé' nuair a d'fhógair sé gur 'rugadh faoin *luovvi*' é (*Mun lean riegádan luovvi vuolde*): *lov* is ea an focal Ioruaise ar 'dhlí' agus mheasc sé é sin leis an fhocal Sámaise *luovvi* a chiallaíonn 'seastán adhmaid ardaithe le haghaidh stóráil éisc agus feola'.

'LUOVVI' DE CHUID NA SÁMACH

D'fhéadfaí dianphraeitseáil tart as cuimse a chur ar sheanmóirithe agus chuala mé trácht ar mhinistéir Liútarach in Utsjoki a bhí tugtha don ól agus, de réir an tseanchais, a choinnigh buicéad beorach lena ais sa phuilpid, agus a chromadh anuas anois is arís le bolgam nó dhó a tharraingt as, más fíor. Gach seans, ar ndóigh, gur áibhéil é seo a bhaineann go hindíreach leis na difríochtaí idir an dá eaglais Liútaracha mar ba léir don phobal iad – an ceann Fionlannach uaseaglaiseach agus an ceann Ioruach íoseaglaiseach (gan trácht ar shaoreaglaisigh Laestadius agus grúpaí eile mar iad).

Bíodh sé sin mar atá, bhí Sámaigh Varanger go mór in amhras faoin treibh a dtugadh siad *Nuortalaččat* ('Bunadh an Oirthir') orthu is é sin na 'Skolts' nó na Sámaigh a bhfuil cónaí ar a bhformhór sa Rúis agus gur lucht leanúna na hEaglaise Ceartchreidmhigh iad dá réir sin. Bhí sé amuigh orthu gur asarlaithe agus draíodóirí iad nó dar le Sámaigh Varanger gur mar sin a bhí ar mhodh ar bith. Ní hé amháin sin ach gur tae seachas caife a d'óladh siad. Seans, ar ndóigh, go mbaineann an bhearna mhór idir an dá chanúint Sámaise (mór go leor is go meastar in amannaí iad a bheith ina dteangacha éagsúla seachas ina gcanúintí) leis an scéal. I gcás ar bith, breathnaíodh go drochamhrasach orthu mar *Nuortalaččat*, dream difriúil, dream contúirteach fiú.

Mar léiriú ar an dearcadh seo, ní fhéadfá déanamh níos fearr ná díriú ar chuntas Aamot ar eachtra a tharla sa chomhthéacs áirid seo am ínteacht sna 1930dí. D'imigh seisean agus cara leis aimsir na Cásca ar thuras den chineál a dtugann muintir na hIorua *påsketur* air, ag sciáil soir amach le cósta inbhear Varanger Ó Dheas i dtreo Petsamo (a bhí ina chuid den Fhionlainn san am sin). Tháinig siad fhad le baile a dtugtar Boris Gleb air, áit a bhfuil eaglais Cheartchreidmheach suite thíos sa ghleann ann ar bhruach abhainn Pasvik, mórán san áit a bhfuil an teorainn idir an Iorua agus an Rúis sa lá atá inniu ann. Bhí áitreabh ann de chuid na *Nuortalaččat* agus bhuail Aamot agus a chomrádaí isteach i gceann de na tithe ann. Fáiltíodh rompu isteach agus tairgeadh braon tae dóibh agus ghlac siad go fonnmhar leis.

Bhí siad ina suí istigh ansin agus iad gléasta ina gcuid cótaí móra agus a gcuid buataisí fionnaidh agus iad ag caitheamh siar tae, cupa i ndiaidh cupa. Ar a dheireadh thiar, bhí a sheacht sáith den tae ólta ag Aamot agus nuair a bhí an cupa deiridh de diúgtha aigesean, chas sé bun os cionn ar an bhord é ar an toirt, ag tabhairt le fios go múinte nár theastaigh a thuilleadh uaidh. Ní raibh a leathbhádóir chomh déanta leisean ar na nósanna a bhain le hól tae sa chomhluadar sin agus nuair a tairgeadh cupa eile dósan, ní raibh sé de chiall aige dea-shampla Aamot a leanstan agus ní dhearna sé ach diúltú don tairiscint agus dúirt nach n-ólfadh sé a thuilleadh. Láithreach bonn, tháinig fearg ar an cheann tí faoin easpa sin béasa uaidh mar a chonacthas dósan é.

Leis sin, thoisigh cuileog dhofheicthe á chiapadh agus á chrá ag seabhrán thart faoina éadan agus a chloigeann. D'fhéadfadh sé í a chluinstin ach ní fhéadfadh sé í a fheiceáil agus ní fhéadfadh sé í a smiotadh. Bhí teas broghach sa teach agus bhí sé chomh brothallach istigh gur thug sé ar luchóigín é féin a nochtadh aníos as a pholl folaigh faoi choiléar an chóta a bhí á chaitheamh ag compánach Aamot agus thoisigh an luchóg ag sodarnaíl siar is aniar ar a chuid guailneacha.

Níor thug seisean dadaí faoi deara agus bhí ag treabhadh leis ainneoin na cuileoige, agus é dall ar gach uile ní. Ach tháinig an-iontas ar an tsean-*Nuortalaš* nuair a chonaic sé an luchóg mhíorúilteach ag pramsáil anonn is anall os comhair a dhá shúl. Ba thaispeántas é sin nach raibh aon choinne aige leis agus, i bhfaiteadh na súl, bhí an chuileog imithe. Go gairid ina dhiaidh sin, d'fhág an dís slán ag bunadh an tí agus d'imigh leo ag tarraingt ar an bhaile. Ba bhealach é sin ag an cheann tí é, a dúirt Aamot, an chuileog dhofheicthe sin a chruthú lena mhíshásamh faoi dhrochbhéasa mo dhuine a thabhairt le fios agus, ag an am chéanna, a chumas i gcúrsaí asarlaíochta a léiriú. Ní hé amháin sin ach chiallaigh athghairm na cuileoige gur thuig an seanduine gur asarlaí i bhfad ní ba chumasaí ná é féin a bhí sa chuairteoir agus go raibh sé in am aige géilleadh dó. Bhí brí le toise sa chás! Bhí siad ar a mbealach aníos as Boris Gleb fríd an tsneachta nuair a d'airigh Aamot go raibh a chomrádaí ar iarraidh uaidh agus sciáil sé anuas ar ais píosa go bhfeiceadh sé cá bhfaigheadh sé é. Tháinig sé air bun os cionn agus a cheann faoi i muc shneachta agus a chuid cosa agus scíanna san aer aige. Tharraing Aamot aníos ina sheasamh arís é agus b'ansin a thug sé faoi deara go raibh beilt mo dhuine scoilte ina dhá leath agus a chuid bríste agus eile titithe síos leis. Ba é an chaoi gur baineadh truisle as agus gur thit sé i ndiaidh a mhullaigh, dá bharr sin. Tarraingíodh aníos an bríste agus cuireadh ina cheart arís é agus chomh luath is a bhí caoi curtha air, thiontaigh fear an bhríste a aghaidh síos soir ar an teach a bhí fágtha thíos fúthu ina ndiaidh acu, chaoch air lena mhéar agus dúirt – 'ba tusa a shean-*Nuortalaš* (*Nuortalaš áddjá*) a rinne sin ormsa'. Níor cuireadh amach ná isteach orthu ina dhiaidh sin mar á luaithe is a bhí tugtha le fios cé rinne an asarlaíocht sin orthu bhí an té sin fágtha gan éifeacht olc ar bith eile a oibriú orthu ina dhiaidh sin.

Ba ghnách liom píopa a chaitheamh san am sin agus chuireadh mo mháthair tobac de chuid na hÉireann chugam anois is arís – *Player's Digger*, más ceart mo chuimhne. Ar chúis ínteacht, chuir sí rolla de thobac casta chugam uair amháin nach raibh mórán dúil agam ann mar nach raibh mé in ann aige. Thuig mé gur tobac coganta iontach é agus fuair mé amach go raibh a chroí istigh ag Aamot san ealaín sin. Ba ghnách liom ruainne de a thabhairt dó corruair agus bhaineadh sé an-sásamh as. 'Beidh orm tú a leanstan ar ais go dtí cibé áit as a dtáinig tú', a deireadh sé, 'má choinníonn tú ort do mo mheallladh leis an stuif seo!' Dá mba rud é gur bhain sé le reiligiún Laestadius i gceart, ar ndóigh, ní bheadh sé ag caitheamh ná ag cogaint ar chor ar bith. Ba dhuine geanúil garach lán de ghreann é a rinne a dhícheall dom ar a bhealach sainiúil féin.

Bhínn ag fáil litreacha go rialta ó mo mháthair agus cur síos aici ar chúrsaí sa bhaile. Ach, lá amháin, tháinig litir uaithi a chuir drochmhisneach agus éadóchas orm mar gur bás mo mháthaire móire, Granny O'Kane, an drochscéala a bhí aici dom. Bhí sí curtha i gceann an ama go bhfuair mé an cuntas ó mo mháthair faoina bás agus faoina faire agus a tórramh. Bhí teach na faire dubh le daoine, a dúirt sí, agus bhí oiread tranglaim ann go mb'éigean tae a iompar chuig daoine ar an tsráid taobh amuigh den teach. Ba bhealach é sin le tabhairt le fios gur duine í a raibh meas uirthi agus bhí mo mháthair gan dabht ag iarraidh é a bheith ina shólás domsa gur mar sin a bhí. Ach ba é fírinne an scéil nach mar shólás a bhreathnaigh mise air ach mar neamart a bhíthear á chur i mo leith gan mé a bheith ann don ócáid agus go raibh mé ar an bheagán ar fad den chlann nach raibh i láthair ag an tórramh. Ní raibh an dara suí sa bhuaile agam ann ach í a chaoineadh go huaigneach liom féin. Ba é sin an t-íosphointe ba mheasa dom i bhfad ó bhaile. Cúpla lá ina dhiaidh sin, thángthas orm agus mé i mo shuí ag stánadh ar an urlár agus chuaigh duine ínteacht amach ar m'intinn, dhúisigh aníos mé ón ghrinnstaidéar a bhí ar siúl agam ar an spota faoi mo chosa agus chuir ag gáire arís mé nuair a dúirt sé liom go clóchasach – *'Áiggot go eatnama oastet'* ('An bhfuil tú ag cuimhneamh ar thalamh a cheannach?'). Leoga, ag cuimhneamh ar thalamh a bhí mé ceart go leor ach ar thalamh glas na hÉireann i bhfad uaim. I bhfad ina dhiaidh sin, insíodh dom gur mhoithigh m'athairse trí chnag aisteacha ag an doras an oíche a fuair a mháthair bás. Ba Ghallchóireach ó dhúchas í agus tuar báis is ea na cnaga rúndiamhracha sin sa treibh sin daoine. Ba dhuine cineálta í a d'iompar go ciúin an trom bróin a bhí uirthi fá bhás tragóideach tobann thriúr dá páistí agus gan í ach óg-phósta.

B'fhear cneasta ciúinbhriathrach é Aage Lamm. Ní fear taibhseach mar Aamot a bhí ann ach bhí oiread céanna den deachroí aige domsa is a bhí ag Aamot. Bhí a theach ar thaobh an bhealaigh mhóir agus bhuailinn isteach chuige i gcónaí agus mé ag siúl thar bráid go teach an phosta. Lá de na laethe sin, bhí mé i mo sheasamh sa doras aige, idir dhá ursain an dorais mar a tharla, nuair d'éirigh sé an-chorraithe agus bhagair orm a theacht isteach nó a fhanacht amuigh ach, ar mo bheo, gan fanacht nóiméad eile san áit ina raibh mé, sa spás sin idir eatarthu a bhí faoi léigear ag fórsaí osnádúrtha, a dúirt sé.

Ní nach ionadh agus an Nollaig ag teannadh linn, bhí an baile i dTír Eoghain ag goilleadh ar m'intinn agus tháinig cumha orm i ndiaidh mo chairde gaoil, an chéad Nollaig riamh nár chaith mé ina gcuideachta í. Ach bhí mé leagtha amach ar mo théarma bliana a chur isteach sa Laplainn chomh fada agus ab fhéidir liom agus, le cian a thógáil díom, luigh mé isteach ar shiopáil na Nollag mar aon leis an chuid eile den líon tí. Go Nuorgam, baile beag san Fhionlainn cupla céad méadar ó theorainn na hIorua a chuaigh muid, Karl, Marianne agus mé féin, mar go raibh praghasanna earraí cuid mhaith ní ba shaoire ann ná san Iorua. Ní raibh mo sparán teann agus ní raibh d'acmhainn agam ach bosca mór d'úlla Meiriceánacha a cheannach ina bhronntanas don teach.

San am sin, ba i Hammerfest 400 ciliméadar soir an bóthar a bhí an siopa óil nó *Vinmonopol* ba ghaire dúinn san Iorua. Bhí fáil ar bheoir i stóras beorach Skipagurra cúpla scór ciliméadar uainn ach i Hammerfest amháin a d'fhéadfaí biotáilte a cheannach. Maidir leis an Fhionlainn, ba i Rovaniemi 400 ciliméadar ó dheas a bhí an mhonoplacht óil ba ghaire dúinn san am sin. Go gairid roimh an Nollaig tháinig pacáiste mór ó Hammerfest chuig teach Lindseth ina raibh duisín buidéal biotáilte ilchineálach. Tháinig siad leis an ghaltán cósta (*hurtig rute*) go Vadsø agus uaidh sin go Burnes. Ba cheannach comónta a bhí ann idir na comharsana béal dorais mar ba bhealach é chun last-táille a sheachaint duisín nó níos mó buidéal a theacht i gceist in aon gheábh amháin.

Níor bhac mise le m'ainm a chur ar an liosta sin mar bhí cárta cúil fós agamsa – na trí bhuidéil gan bearnú cuachta istigh i mo mhála droma ó d'fhág mé Stócólm mí na Márta roimhe sin. Ba bhónas nach raibh súil ag duine ar bith leis an tabhartas sin agus bhí an dubhiontas orthu gur éirigh liom an taisce dí sin a choinneáil chomh fada sin slán sábhailte faoi cheilt agus gan bhearnú. Níor loic éinne orm maidir le láimh chúnta a thabhairt leis an chaitheamh siar i rith séasúr na Nollag. Laghdódh sé an trom orm agus mé ag déanamh ar an bhaile ar ball.

Chleacht Marianne an mheasarthacht i gcónaí ach d'óladh sí corrbhraon anois is arís agus nuair nach raibh sé ar diúité tiomána, ba bhreá le Karl cupla duisín buidéal beorach Mack Øl a cheannach ón stóras i Skipagurra agus cheannóinn féin cuid nuair ab acmhainn dom é chomh maith. Bhí Karl agus mé féin inár suí ag bord na cistine tráthnóna amháin ag ól buidéal nó dhó agus nuair a shín mé amach mo lámh lena ghloine a líonadh, rug sé de bhoc ar chaol na láimhe orm agus chuir stop liom ag bagairt orm gan an bheoir a dhóirteadh amach thar dhroim mo láimhe. Ag dóirteadh amach an áidh a bheinn, a dúirt sé, dá scaoilinn amach an t-ól go croslámhach. Turn eile a bhí muid ag ól ag an bhord, tháinig codladh ormsa agus d'fhág mé slán ag Karl agus chuaigh isteach a luí. Bhí mé i mo chodladh go sámh nuair a dhúisigh Karl arís mé agus dúirt nach raibh muid baol ar a bheith réidh leis an ól go fóill agus go gcaithfinn taoscán eile a ól agus cuideachta a choinneáil leis. Níor theastaigh tuilleadh beorach uaimse agus níor ól mise aon deor eile ach shuigh mé leis go dtí gur stiúg sé.

Thairis sin, ní raibh Karl pisreogach chomh fada agus is eol dom. Ba sna mótair agus i ngnó an tacsaí a bhí a spéis. Bhí páirt mhór ag na mótair sa tsuirí le Marianne más fíor don ióic a cumadh faoi mar *'Unjárg boaresemus sjåføra'* ('an fear tacsaí is sine i Nesseby'). Ba chás eile ar fad í a mháthair de réir cosúlachta. Bean bheag chrom máthair Karl, a d'inis Elen Bertha dom, a mbíodh eagla ar dhaoine roimpi mar gheall ar na sprideanna a lean sna cosa léithi – a cuid *'noaidegázzi'*. D'fheictí in amannaí í ag caitheamh na ngéag ina diaidh ag scuabadh na sprideanna chun siúil as a bealach. D'fheictí chomh maith í ag slíocadh a cuid sciortaí agus ag tarraingt na bhfáithimí agus ag ordú do na sprideanna gan a bheith ag cur isteach uirthi a thuilleadh agus á scuabadh amach sa phóirse agus ag ordú dófa fanacht ansin amuigh. Dúirt a garmhac, Thomas, liom gur cuimhneach leis í a theacht aníos chuige ina luí sa lafta agus í ag comhrá leis na sprideanna i rith an ama agus ag bagairt orthu gan í a leanstan aníos mar nárbh áit cheart dófa é.

Mar mórán gach áit eile ar Mhór-Roinn na hEorpa agus i gCríoch Lochlann, is ar Oíche Nollag (seachas Lá Nollag) a bhíonn ócáid mhór na féile á ceiliúradh agus d'imigh Karl, Marianne agus mise go Tana an lá sin chun freastal ar sheirbhís eaglasta na Nollag i séipéilín beag Liútarach Polmak. Bhí a gclann níonach agus a gcuid fear agus cairde eile ann an oíche sin chomh maith. Bhí an séipéal lán go doras agus ba radharc lonrach é an pobal faoina gcuid éide niamhrach Shámach idir fhir agus mhná. Bhí scairfeanna síoda agus bróistí airgid ar a mbunús uilig agus boinéid bheaga glédhearga ar na mná maisithe le bandaí daite faoi na fáithimí. I gcontrárthacht leis an phobal bhí cuma leamh go leor ar an mhinistéir faoina róba fada dubh agus bán agus a rufa Eilíseach faoina mhuineál. Ina sheasamh lena ais agus, ag baint na craoibhe de ó thaobh stíle de, bhí an fear teangan faoin éide ba ghalánta a bhí aige.

POLMAK FAOI NOLLAIG 1967

Ba sheó beirte an seanmóir, a raibh le rá ag an mhinistéir briste anuas ina ghiotáin cainte agus aistrithe go healaíonta ar aon uain ag an teangaire. Ba chur i láthair sleamhain cleachtaithe ón bheirt acu é. Seans go n-éireodh uireasa comhchordachta idir an dá sheanmóir ar ócáidí mar seo más fíor don léirmheastóireacht a chuala mé go mion is go minic a thug le fios gur cumasaí go mór fada sa tseanmóireacht an teangaire ná an ministéir.

Athraonadh gaethe solais na gréine os cionn na léaslíne an chéad duais a bhronn an athbhliain orainn agus thimpeall is an tseachtain deiridh de mhí Eanáir 1968 bhí meall na gréine le feiceáil arís againn den chéad uair agus a sholas ag scaipeadh an dorchadais arís. Dúradh liom gur cheart guí a dhéanamh ar do chéad amharc ar an ghrian sin. Ba i dtús na bliana sin a tháinig teilifís na hIorua go Finnmark. Bhí fáil ar theilifís na Sóivéide ó Mhurmansk roimhe sin agus dá mbeadh teilifíseán de dhéantús na Fionlainne agat bhí de phribhléid agat breathnú ar chláracha agus scannáin gan stad faoin chogadh agus a leithéid – ábhar maíte éidearfa gan dabht. Leis an fhírinne a dhéanamh, ní raibh mórán déantús maitheasa sna cláracha Ioruaise ach oiread ach go bhféadfainnse iad a thuigbheáil den chuid is mó.

Tharla rud greannmhar tráthnóna amháin go luath sa bhliain 1968 agus scaifte de na comharsana istigh ag faire ar an teilifís. Bhí láithreoirí leanúnachais faiseanta san am agus nuair a nocht bean acu seo ar an scáileán, agus í ag trácht ar an aoibhneas a bhí i ndán dúinn an tráthnóna sin, bhí duine de na boic óga a bhí i láthair chomh scrúdta ag an radharc agus go ndeachaigh sé de léim trasna chuig an teilifíseán agus bhuail póg ar an ainnir ar an scáileán. 'Féach', a dúirt sé, 'phóg mé an spéirbhean Ioruach!' Is focal thar a bheith onomataipéach é an focal Sámaise – *cummá* [tsum-ma] – ar 'phóg', rud a chuir lena mhaíteacht bhréagach ar chaoi ínteacht.

Bhí seirbhís de chuid na hEaglaise Cincísí ar ócáid eile sa tseomra suite chéanna ag an dream a casadh orm in Alleknjarg roimhe sin. Fuair mé cead uathu an tseirbhís a thaifeadadh agus, chuige sin, chroch mé microfón ón lampa sa tsíleáil. Níor thug Karl ná Marianne isteach mórán don chreideamh a bhí acu agus is dóiche gur ghéill siad d'iarratas uathu le dea-mhéin a léiriú seachas aon rud eile.

Lá eile bhí díospóireacht mhór sa chistin i dteach Lindseth nuair a buaileadh tinn ceann de na caoirigh a bhí ag Thomas. Cé aige a bheadh sé de mhisneach glaoch ar an tréadlia i Kirkenes leis an chás a mhíniú agus cabhair a iarraidh agus cé bhí cumasach go leor san Ioruais chun cur síos beacht a dhéanamh faoina raibh bun os cionn leis an chaora bhocht? Ar a dheireadh thiar, ba é Thomas féin go mb'éigean dó an glaoch fóin a dhéanamh agus chluinfeá biorán beag ag titim agus é i mbun a ghnó. Rinne sé an teicneo-chomhrá a láimhseáil go paiteanta agus ba mhaith a bhí a fhios sin aige mar, nuair a leag sé síos an fón, thug sé léim san aer le háthas agus a lámha in airde aige agus é ag ligean liúnna caithréimeacha as.

Amanta, áfach, ní thiteann gach rud amach go ceart mar a léiríonn an scéilín beag seo a d'inis Thomas dom faoi bhean ar bheagán Ioruaise a chuaigh chuig an dochtúir i Vadsø. Dúradh léithi buidéilín dá cuid múin a thabhairt léithi chun tástála. Líon sí buidéilín de chineál ínteacht agus shín chuig an dochtúir é agus dúirt ansin (sa chineál Ioruaise a bhí aici), más fíor – '*Ska denne podeln hjem?*' ('An dtabharfaidh mé an buidéilín seo abhaile liom?').

Tá cibé greann atá sa scéilín seo bunaithe ar an fhocal '*podeln*' ('an buidéilín') mar nach focal Ioruaise ar chor ar bith é ach focal a chum sí féin bunaithe ar an fhocal Sámaise *boahtal* ('buidéal') agus ar an tuairim bharrúil a dtáinig sí uirthi faoina cheann riain deiridh. Tá an focal Sámaise ina fhocal iasachta ón Ioruais *butelje* gur focal iasachta é féin ón Fhraincis *bouteille*. B'éard a rinne an bhean bhocht an focal breá Sámaise, *boahtal* a Ioruaisiú de réir a tuisceana féin agus focal úrnua a cheapadh nach dtuigfeadh éinne ach í féin.

Bhínn ag éisteacht le Seirbhís Dhomhanda an BBC ó am go chéile chun mé féin a choinneáil ar an eolas faoina raibh ag tarlú sa domhan mhór agus le raidió na hIorua chomh maith mar aon leis an chlár bheag laethúil nuaíochta agus irise Sámaise ó Thromsø. Níor chuir daoine mórán spéise sa chlár Sámaise mar gur beag uilig a bhí le rá ann faoi Varanger gan trácht ar Nesseby ach thug sé léargas beag domsa ar ghnó na Sámach i gcoitinne ina dhiaidh sin. Maidir le cultúr, ba nósanna íoiceála intíre, áiteacha mar Kautokeino mar shampla, ba mhó a bhí faoi chaibidil ann agus ní raibh meas madaidh ag bunadh Varanger ar an stíl sin a bhí an-difriúil go deo óna stíl íoiceála féin. Ligeadh siad béic le teann fonóide nuair a thiocfadh íoiceanna de chuid Kautokeino ar an aer agus uireasa séis cheoil iontu, dar leo. Bhíthear den bharúil nach raibh cuma ná déanamh ar an chineál sin agus chuirtí i gcomparáid le tafann gadhair ag sceamhaíl agus ag uallfartach é. D'éist mise leis uilig agus le clár seachtainiúil eile ar Raidió na hIorua Osló faoi cheol tíre na hIorua, clár nár chuir éinne eile spéis ann ach mé féin. Bhí dúil agam sa cheol riamh agus choíche. Luath sa bhliain 1968, tháinig dráma ar an teilifís a chuir mo sháith iontais orm. B'éard a bhí ann, dráma de chuid Bhreandáin Uí Bheacháin, *'The Quare Fellow'* nó *'Særlingen'* mar ar tugadh san Ioruais air. Tá míreanna comhrá agus amhráin i nGaeilge thall is abhus fríd an dráma sin agus rinne na haisteoirí Ioruacha an Ghaeilge sin a láimhseáil mar a bheadh Gaeilge Dhún na nGall ó dhúchas acu! Níl a fhios agam faoi Dhia cén dóigh ar éirigh leofa sin a dhéanamh ach thaitin sé go mór liom an Ghaeilge sin a chluinstin arís agus chuir ag smaoineamh siar ar laethe m'óige mé sa chontae sin. Thart ar an am sin, scríobh Heinrich chugam agus dúirt go mbeadh sé ag dul ar shaoire shabóideach san Eilbhéis amach san earrach agus go raibh dóchas aige go mbeadh lá nó dhó sa tseachtain á chaitheamh aige i mBonn na Gearmáine. B'inmholta an mhaise domsa, a dúirt sé, traidhfil Gearmáinise a fhoghlaim agus nár mhiste dom seal a chaitheamh sa tír sin ar mo bhealach ar ais go hÉirinn agus go hOllscoil na Ríona.

Bhí scaradh na gcompánach ar na bocáin ach, roimhe sin, bhí sé i ndán dom a bheith sa láthair ag scarúint shuntasach de chineál eile ar fad – cruinniú bliantúil de réinfhianna an cheantair sin chun go ndéanfaí cuid acu a roghnú agus a mharú. Próiseas crosta malltriallach is ea é sin ina ndéantar a bhfuil de réinfhianna ar na sléibhte a thabhairt le chéile de réir a chéile in aon tréad mór amháin agus iad a stiúradh chuig suíomh lárnach sna cnoic idir Varangerbotn agus Skipagurra, áit a scarfaí amach óna chéile iad de réir úinéara, lasú a chur orthu agus iad a tharraingt le taobh le ciondíothú. Tógann sé roinnt laethe na hainmhithe geiteacha sin a chruinniú agus a thiomsú le chéile agus a chur isteach sa loca speisialta réitithe ar thaobh an tsléibhe, fál mór ciorclach agus sconsa clúdaithe le sacéadach thart ar an imeall. *Boazo rátkin* (Sámais), *poroerotus* (Fionlainnis), agus *reinskilling* (Ioruais) a thugtar ar an obair sin leis na réinfhianna.

Is minice in aigne an phobail i gcoitinne grúpaí Sámach ag maireachtáil ón láimh go dtí an béal ar bhánta sneachtúla thuaisceart na hEorpa ag campáil thall is abhus agus iad i mbun buachailleachta amuigh faoi na réalta. Ní mar sin atá sa lá atá inniu ann mar a bhfuil an lámh in uachtar ag iompar mótair agus bealaí cumarsáide nua-aoiseacha. Tarlaíonn táin réinfhia go fóill in áiteacha intíre mar Kautokeino nuair a aistrítear tréada ó innilt gheimhridh go hinnilt shamraidh ar chósta agus ar oileáin chósta Finnmark. Ach is é fírinne an scéil é nach dtugann ach líon teoranta Sámach a mbeatha i dtír ar an bhealach gháifeach údaí feasta.

Bítear ag buachailleacht na mílte réinfhia ar ardchlár Varanger agus baicle bheag úinéirí agus tréadaithe ina bun a bhfuil buanchónaí ar a bhformhór le cladach na farraige thíos faoi. Ní rómhinic ar chor ar bith a raibh ceann ar bith de na hainmhithe cuanna seo le feiceáil agamsa mura bhfeicinn corrcheann acu ag trasnaíl an bhealaigh mhóir ar bhóthar Vadsø nó Kirkenes. Ach, bhí an chuma air ar chaoi go raibh baint ag gach éinne leis na réinfhianna, bealach amháin nó bealach eile ina dhiaidh sin, bíodh sé gur ag plé le réinfheoil (á leasú agus á ithe), leasú seithí, fuáil loirgneáin, buataisí agus cótaí fionnaidh – nó ag snoí spúnógaí agus sceana coise adhairce (mar chaitheamh aimsire faoin am seo ach de dhroim riachtanais san am atá caite).

Tá mé ag déanamh gur le Karl agus Marianne dornán beag den tréad a bhí faoi chúram Henrik Mathisen, comharsa leo i mBurnes ach níor thuig mé i gceart riamh cén socrú ná ceangal a bhí eatarthu sa chomhthéacs sin. Ach bhí spéis acusan – mar a bhí ag gach éinne – sa réamhobair éachtach a bhí ar siúl maidir le bailiú le chéile an tréada scaipthe fríd an chnoc. B'shin an t-ábhar comhrá ba mhó ag tús mhí Feabhra agus tuarascála raidió á gcraoladh faoin dul chun cinn a bhíthear á dhéanamh ó lá go lá leis an ghnó chorrach dothuartha sin. Ba phróiseas achrannach go leor é ar theastaigh foighid, scil agus clisteacht thar na bearta lena chur i gcrích. Chomh fada agus a thuigimse, bhí fálta sínte inchorraithe sacéadaí i gceist a ndéantaí grúpaí beaga réinfhianna a thiomáint isteach iontu i dtús báire go dtí go rabhthar in innimh iad a thiomsú uilig ar deireadh thiar in aon chnap mór amháin. Bhí sé saothraithe acu!

Bhí duisín fear ná mar sin i lár an fháil deiridh acu sin agus na réinfhianna ag mionsodar timpeall orthu taobh istigh den sconsa, ag athrú treo gan stró nuair a shílfeá cinnte go mbuailfeadh siad in aghaidh a chéile ná in aghaidh duine de na daoine a bhí sa lár. Bhí na húinéirí agus na tréadaithe ag faire go géar orthu ó ainmhí go hainmhí ag iarraidh a gcuid féin a dhealú amach ar a gcuid sainmharcanna cluaise agus ansin an lasú a theilgean ar na beanna lena gceapadh agus a tharraingt le taobh. B'annamh dófa urchar iomrallach a chaitheamh. Ba radharc lán de chorraíl agus de ghluaiseacht é agus ba radharc fuilteach fosta é. Bhaintí stangadh as an ainmhí a bhí le marú agus chastaí ar a dhroim é sula sáití le scian cuarach sa mhuineál é. Ghearrtaí ar a bholg agus scaoiltí amach an t-ionathar ina dhiaidh sin. Bhí an slad agus an feannadh ar siúl i rith an ama ar an taobhlíne agus an sneachta dearg le fuil.

Bhí spéir ghlan agus aimsir chrua gheimhriúil ann le gaoth pholltach anoir an lá a sheas mise ar thaobh an tsléibhe sin ag faire ar an aicsean istigh sa bhfál. Bhí cótaí fada, loirgnéain agus buataisí fionnaidh ar mhórán gach uile dhuine a bhí i láthair ann iad gléasta idir fhir agus mhná ó bhonn go bathais in éide thraidisiúnta Shámach. Sheas na dathanna – gorm, dearg agus buí – ina maisiú ar a gcuid cultacha agus ar na fáisceáin ildathacha ar a gcosa amach faoi leamhsholas na gréine i gcoineascar na hoíche agus na céadta réinfhia liathdhonn agus bán ag tonnaíl sa chúlra thart orthu. Bhí mise gléasta go maith fá choinne na hócáide faoi shraitheanna éadaí agus mo chuid buataisí fionnaidh orm ach ar a dheireadh thiar d'fhág an ghaoth anoir agus fuacht c. -30°C ar crith mé mar gur éirigh mo chosa fliuch. Tharla sé sin mar go raibh mé chomh dallintinneach is gur sheas mé ró-fhada ar an fhoscadh sa scáthlán ina raibh caife ar díol, agus bhí an sneachta faoi phluda ann. Bhí mé chomh préachta le fuacht is a bheinn a choíche.

Bhí gal ag éirí san aer reoite ó na réinfhianna ag timpeallú thart taobh istigh den phailis shealadach de shacéadach crochta ar chuaillí agus colúin gaile ag éirí san

SCARADH NA RÉINFHIA

aer ón bhúistéireacht agus ón ionathar mar aon leis na seithí carnaithe ar an sneachta. Idir sholas lae agus oíche agus ag dul ó sholas dó ar fad a bhí sé ar deireadh agus muid ag tarraingt abhaile. Rinneadh scaradh na réinfhia de réir chórais sheanda a raibh gach éinne a bhí sa láthair déanta air ach mise. Diomaite de reo mo chos agus mo choirp, thaitin an lá go mór liom. Ba lá na gcéadta bliain agam é.

Breithlá 65 bliain Mharianne a bhí ag teannadh linn i dtús na Márta an sprioc a leag mé síos dom féin faoi slán a fhágáil ag mo chairde Sámacha agus an bóthar ó dheas a bhualadh den uair dheiridh. Tháinig anbhá ar Kharl agus Marianne nuair a d'inis mé dófa cad é mar a bhí agus ní lú ná sin an díomá a bhí ar Thomas agus Elen Bertha agus a gclann óg nuair a mhínigh mé an scéal dófa. Bhí siad déanta go maith orm faoin am sin, ar ndóigh. Ba dhuine den teaghlach mé agus níor thaitin sé leo go n-imeoinn uathu chomh tobann agus a tháinig mé ina láthair an chéad lá. D'fhéach Karl bocht teacht romham agus plota talaimh a thairiscint dom le teach a thógáil air dá dtogróinn fanacht agus thaispeáin an spota dom.

Sular gheal an lá cinniúnach sin, áfach, b'éigean tabhairt faoin réiteach do chóisir lá breithe Mharianne. Bíonn lúcháir mhór ar dhaoine sna tíortha Nordacha ar ócáidí den chineál sin agus b'amhlaidh a bhí i gcás Mharianne de ach bhí blas na cráiteachta air chomh maith sa mhéid is go rabhthar ag cur slán liomsa ag an am chéanna. Bhí an teach lán go doras an oíche sin le bunadh Lindseth i bhfad agus i gcéin, muintir Alleknjarg agus Polmak ina measc agus comharsana Bhurnes agus Nesseby fosta. Bhí cairde gaoil Mharianne ann, bunadh Bomban, seanteaghlach de chuid an cheantair a raibh baint láidir ó dhúchas acu leis an Fhionlainn chomh maith.

Réitigh mise an Tandberg sa tseomra leapa s'agamsa agus d'fhág an doras ar oscailt chun go bhféadfainn an deis a thapú chun taifeadadh a dhéanamh go héasca ar ióiceanna agus a leithéid. D'éirigh thar barr liom an oíche sin agus i measc rudaí eile chuala mé ceapóga fúm féin á rá ag Louise (bean de mhuintir Bomban) bunaithe ar ióic faoina fear céile, Hans – *'Poasta Hánsa'* ('Seán an Phoist'). Bhí cur síos aici ann ar an chaoi a dtáinig mise an bealach sin agus ar líon tí Lindseth ina raibh mórsheisear girseach tráth agus an mí-ádh go raibh gach uile dhuine acu pósta sular thuirling mise anuas ó neamh sa cheantar. Agus anois bhí mé ag fágáil...

Bhí neart le hithe agus le hól an oíche sin ann agus, ar an drochuair, bhí sampla de dheoch ó theach stiléireachta áirid i dTana ann chomh maith. B'ansin a bhí mo threascairt, faraor, mar go ndeachaigh an stuif sin chomh mór sin i bhfeidhm orm nach cuimhneach liom mórán dár tharla sa chuid eile den oíche phóiteach sin ach amháin go bhfuarthas sínithe go réalchruthach ar shlat mo dhroma amuigh sa tsneachta mé agus gur iompraíodh isteach ar ais mé agus gur cuireadh isteach sa leaba mé. Bhí a shliocht orm an mhaidin dár gcionn, ar ndóigh, le tinneas óil agus pianta goile. Ach, bhí gliondar orm nuair a chonaic mé go raibh an taifeadán ar obair go dtí go ndeachaigh an téip i léig agus go raibh sé lán de chaint agus de cheol agus duine i ndiaidh duine ag breith ar an microfón lena d(h)réacht cóisire féin a chur i láthair.

Chuaigh mé ar cuairt chuig *Dudd-áddjá* an tráthnóna sin agus bhí sé ar bís le nuaíocht na cóisire a chluinstin uaim. D'inis mé deireadh dó (nó oiread de go raibh cuimhne agam air) agus thrácht mé ar phoitín Tana agus an dochar a rinne sé dom. Níor cheart an stuif sin a ól ar chor bith, a dúirt sé, mar gur nós leis an dream sin dinimít a chur fríd! Ní ag magadh a bhí sé mar fuair mé amach ina dhiaidh sin go ndéantaí an grán ó chartúis ghunnaí gráin a chur fríd an bhraich lena neartú.

Dúirt Dudda go ndéanfadh sé mo leigheas agus leis sin rug sé ar ghloine agus líon le huisce as an bhuicéad d'oighear leáite a bhí sa chistin aige agus thug le hól dom é agus bos a láimhe leagtha ar mo bolg aige i rith an ama. D'airigh mé teas millteanach ag dul isteach ionam óna láimh agus bhí mé chomh maith is bhí mé riamh an lá dár gcionn.

Ba mhaith an mhaise dom le linn na tréimhse sin i Nesseby nár éirigh mé tinn agus go raibh mé i mbarr mo shláinte ó thús go deireadh ann. Níor bhris mé aon chnámh agus níor bualadh suas go dona tinn mé ar aon chúis seachas slaghdán nó dhó. Níorbh aon díobháil é sin mar nach raibh luach leithphínne d'árachas sláinte ná eile agam. Bhí mé i mo shaoránach de chuid na Breataine go teicniúil (de bharr concais ar a laghad ar bith) ach bhí pas Éireannach agam agus, dá réir sin, ní raibh mé i dteideal aon chúram leighis faoin chonradh idir an Iorua agus an Bhreatain. Ag breathnú siar air, b'amaideach an mhaise dom tabhairt faoin turas a rinne mé gan na cúinsí sin uilig a mheas i gceart roimh ré.

Seans gurab é an cothú breá éisc – trosc den chuid is mó ach cineálacha eile chomh maith mar haileabó, bradán agus, anois is arís, scadán – a choinnigh i gceart mé ó thaobh sláinte de. Tharlódh sé go mbeadh trosc againn cúig nó sé huaire sa tseachtain in amannaí agus is breá liom i gcónaí é! Bruitheadh agus ansin itheadh láithreach é le hola ae troisc nó im leáite mar anlann leis. B'fhearr liomsa an t-im ná an ola ae. Ní bhíodh mórán glasraí ann seachas préataí nach raibh thar mholadh beirte. Bhí ciall acu d'iasc ach ba chuma leofa na préataí a bhruith agus ansin ligean dófa fuarú san uisce chéanna. Ach!

Níor éirigh mé riamh bréan den trosc agus é chugam ina dhabaí móra feola díreach ón phota inar bruitheadh é. Ní íosfaí ach na píosaí ab fhearr de. Fear an tí a réitigh an t-iasc don phota nó don fhriochtán agus bean an tí a rinne an chuid eile. Ní chuirtí amach ar an bhord é go dtí go raibh gach duine ina shuí. Chuirfeadh an chuid is fearr den trosc chun suain thú.

Iascaireacht an gléas beo a bhí ag mórán agus ba mheá iontach é inbhear Varanger lomlán d'achan chineál éisc. Bhíodh an trosc crochta go hard chun triomaigh ar sheastáin adhmaid leis an chladach agus bhíodh cuid crochta mar sin ag gach teach sa cheantar sa reoiteoir mór amuigh faoin aer sa gheimhreadh. Dhéantaí iascmheall d'iasc eile nach mbeadh an oiread sin measa orthu. Bhíodh stéigeanna bradáin againn sa tsamhradh agus corruair bric sa gheimhreadh a maraíodh fríd phoill san oighear ar na lochanna sléibhe.

Bric á dTabhairt ar an bPort i Nesseby

Bhí faisean acu an craiceann a bhaint den bhradán agus a thóstáil ar ghabhlóg leis an tine go dtí go n-éireodh sé briosc le hithe.

Bhí haileabó ar cheann de na cineálacha éisc a raibh an-tóir ag iascairí air agus chuala mé go raibh gnás ag iascairí carraig áirid a raibh crot dearscnach uirthi ar an chladach a bhualadh lena gcuid miotógaí agus iad ag cur chun farraige chun go mbeadh ádh éisc orthu agus go sonrach go maródh siad haileabó. Sa chomhthéacs chéanna mhoithigh mé dá mbeadh fear singil ina bhall den chriú agus dá mbeadh an t-ádh leo haileabó a mharú go ndeirtí gur de thairbhe go raibh caidreamh aigesan le bean an oíche roimhe a tharla sé sin agus bhítí ag spochadh gan taise gan trua as dá bharr. Bhí feoil réinfhia, uaineoil agus caoireoil againn le hithe chomh maith le hiasc. Thaitin na spólaí agus stéigeanna réinfhia thar barr liom ach ba nuacht mhór iad sin.

IASCAIRÍ DE CHUID NESSEBY

Ba ghnách na spólaí réinfhia a bheith crochta amuigh san fhuacht agus dhéantaí iad a bhearradh le scian ghéar ina n-abhlanna reoite isteach i bpota agus im leáite ó íochtar ann. Bhí siad chomh tanaí sin go bhfriochtaí i bhfaiteadh na súl ina gcoirníní iad. Bhí Marianne go maith i mbun bia a réiteach ach ní raibh sí baol ar chomh héirimiúil i mbun na ceirde sin is a bhí Elen Bertha. Thug sise teanga réinfhia dom le hithe turn amháin agus d'inis dom go raibh contúirt mhór ann go ndéanfadh sé 'gielis' ('bréagach') mé, go speisialta dá n-íosfainn barr na teangan.

Tháinig mé isteach sa teach chuici lá amháin agus builín aráin á thógáil amach as an oigheann aici agus ar chúis aisteach éicint, ní boladh aráin ach boladh uibheacha agus slisíní bagúin a thug mé, boladh a rug caol díreach ar ais abhaile mé agus friochadh den tseandéanamh in Éirinn. Bhí fáil ar bhagún ann ach ní bagún é den chineál a raibh mise cleachtaithe leis a bhí ann ach rud leamh gan bhlas. Bhí dúil mhór ag daoine i mbagún na Fionlainne i ngeall ar an mhéid saille a bhí ann, rud a thaitin leis na seandaoine go speisialta.

Bhí sin amhlaidh faoi fheoil réinfhia chomh maith agus ba ghnách le cuid mhaith acu caighdeán na feola sin a mheas ar a raibh de shaill inti. Chuala mé conablach réinfhia á tomhais faoi na téarmaí céanna is a úsáideadh sa chur síos iomráiteach ar mhuc sin Mhic Dathó na sean-Ghaeilge (*Scéla Mucce Meic Dathó*) is é sin 'ceithre mhéar agus ordóg ina sheasamh' de shaill ann. Bhí Karl ar an dream go mb'fhearr go mór fada leo an tsaill a ithe ná an fheoil agus ba ghnách leis an *'čahpes biergu'* ('feoil dhubh') a ghearradh amach agus a chur de leataoibh ar a phláta.

Chuaigh an bhliain sin a chaith mé i *Sámieatnam* i bhfeidhm go mór orm ar an iliomad bealaí. Bhí an t-ádh dearg orm teacht ar theaghlach agus ar phobal daoine a ghlac liomsa, stráinséir ó oileán mara san Aigéan Atlantach; bhí de chneastacht iontu dearcadh orm go haoibhiúil agus ligean liom nuair a bhí gá leis. Chothaigh siad an spéis a bhí agam ina dteanga dhúchais bíodh a fhíos go mb'fhéidir go ndeachaigh sé sa mhuileann ar chuid acu cad chuige a mbacfainn le teanga nach raibh aon ghá léithi níos mó, dar le mórán ag an am sin: – *'It sámegielain birge guhkkelii go Ceavccegeaðgai'* ('Ní thabharfaidh *Sámigiella* níos faide ná Ceavccegeadge [baile beag Mortensnes ar an bhóthar soir go Vadsø] thú!'), a deireadh siad siúd.

Bhí cuid a bhí claonta in éadan gach ní a raibh baint aige le teanga agus cultúr na Sámach agus níorbh ionadh ar bith é sin agus stát na hIorua chomh naimhdeach is a bhí le glúnta roimhe sin in aghaidh an dúchais sin. Ach cuireadh an polasaí sin ar ceal agus d'athraigh cúrsaí chun feabhais de réir a chéile. Sular fhág mise Nesseby, bhí fáil ag clann óg Lindseth ar chúpla uair teagaisc in aghaidh na seachtaine ina dteanga féin agus roinnt bheag blianta ina dhiaidh sin, bhí naíonraí agus scoltacha Sámacha á gcur ar bun agus bhíthear ag feiliúint ar chostas an stáit do thuismitheoirí freastal ar chúrsaí chun léamh agus scríobh na teangan s'acu féin a fhoghlaim.

Ba léir dom go raibh claonta in aghaidh na Sámach fite fuaite i gcuid de phobal Finnmark. Chonaic mé fear in éide Shámach á chiapadh is á chrá ag baicle óganach i mbaile Vadsø lá, iad ag rith ina dhiaidh ag béicíl *'Lapp djevel'* ('Diabhal de Shámach') leis. Ba rídhóiche go raibh braon maith d'fhuil Shámach (agus Kvaen) sna hamadáin chéanna. Insíodh dom go mb'fhearr le Aud gan Sámais a labhairt lena lucht aitheantais i Vardø ar Sámaigh iad ar eagla go gcluintí iad agus go mbeifí ag caitheamh anuas orthu dá bharr.

D'inis Ellen (bean de ghirseacha Lindseth) dom go bhfuair sí gonc óna comhleacaithe oifige i Vadsø nuair a chuaigh sí ag obair ansin ina duine fásta; eagraíodh cóisir bhréigéide ann agus ordaíodh di gan a héide Shámach a chaitheamh – *'Gjør ikke det, gjør ikke det!'* ('Ná déan sin, ná déan sin!') a dúradh léithi. Den chuid is mó, áfach, caithfidh mé a rá gur i réimsí oideachais ba mhó a d'imir an stát Ioruach leithcheal oscailte ar na Sámaigh de réir mar ba léir domsa é. Ach bhí a leithéid san aer ar dhóigh ínteacht ina dhiaidh sin agus i ndubh agus i mbán i bprionta corruair. Féach an sliocht seo as leabhar le Hans Kristian Adamson agus Per Klein, *Blood on the Midnight Sun* (New York 1964, lgh. 228-9), faoin tréatúir Henry Oliver Rinnan, fear a thaobhaigh leis na Naitsithe nuair a bhí an Iorua faoi chois acu, fear a raibh oiread gráin ag an phobal air gur shaothraigh sé an leasainm 'Printíseach an Diabhail' dó féin:

> In addition to being unusually undersized in a land of brawny men, he had coarse black hair and piercing eyes with a faint slant. This, together with his narrow face and high cheek bones, combined to give Rinnan's features a distinctly oriental cast. There was about him something that suggested a throwback to the 'Small People' – called Samers [Sámaigh] – who invaded Norway from Siberia many centuries ago. They were dark and mysterious nomads whose penetrating eyes seemed to hypnotize and whose hearts were cold and cruel. They were endowed with primitive animal cunning and their souls – so the Nordmen of the Middle Ages believed – had been sold to the Devil. In return they had received supernatural knowledge of human nature as well as clairvoyant and telepathic powers. It would seem that all of these qualities had been bestowed on Rinnan... there was nothing in Rinnan's appearance to point to his Norwegian ancestry.

* * *

Beidh cuimhne go deo agam ar mo chairde sa Laplainn a chaith chomh fial liom agus a d'fháiltigh romham isteach sa chultúr agus dúchas teangan s'acu féin; ní dhearna siad dhá leath dá ndícheall ar mo shon gan aon agó. Maireann an cairdeas agus an caidreamh i gcónaí ainneoin – ní nach ionadh – a bhfuil díobh imithe ar shlí na fírinne le leithchéad bliain anuas. Agus déantar athnuachan ar an tseanchairdeas ó am go chéile le cuairteanna uainne chun na Laplainne agus cuairteanna ó shliocht na seanlanúna Lindseth agus cairde eile go hÉirinn.

Ní dhéanfaidh mé dearmad ar na daoine geanúla a casadh orm sa dúiche sin, ar Karl agus Marianne, ná ar Thomas agus Elen Bertha agus a gclann ná na comharsana i

Thomas ⁊ Elen Bertha Lindseth

mBurnes agus Nesseby (agus Siri agus Olav Dikkanen san áireamh, ar ndóigh) gan trácht ar na daoine uaisle i dTana ar chuir mé aithne orthu a bhfuil an iomarca acu ann lena lua as a n-ainm. Rinne siad uilig duine díobh féin mé agus beidh mé buíoch go deo díofa ar a shon sin. D'fhág mé i mo dhiaidh iad agus ualach ar mo chroí.

Roinnt seachtainí ina dhiaidh sin, thoisigh mé amach ar an turas fada bus agus traenach ó dheas go Stócólm agus uaidh sin go Bonn na Gearmáine. Is ait an rud nach cuimhneach liom mórán faoi fhágáil slán ag na daoine ar chuir mé aithne orthu le linn na bliana sin, diomaite d'anacair Mharianne a bhí anbhriste faoi scaoileadh lena *biebmogánda*. Seans, b'fhéidir, ag leanstan do shampla mo mháthaire a sheol cóip den *Irish Times* chugam go rialta, gur fhiafraigh Marianne díom ar mhaith liom go gcuirfeadh sise *Finnmarken*, an páipéar áitiúil, chugam. Ba lánúin dea-chroíoch flaithiúil comhbhách iad a ba chiontsiocair le mo ghnó i measc na Sámach a éascú ar an iliomad bealaí. Thaistil muid an bóthar sin le chéile go fonnmhar ón chéad teagmháil amscaí eadrainn agus bhí an scarúint sin pianmhar don triúr againn.

Bhí mé tromchroíoch go maith á bhfágáil uilig i mo dhiaidh ach bhí de shólás agam gur rug mé liom eolas bunaidh ar a dteanga bhaile agus ar a gcultúr mar aon le smeadráil teangacha eile agus lán mála de nótaí agus taifid fuaime, grianghraif agus sleamhnáin. Bhí a fhios agam go mbeadh lúcháir ar Heinrich faoi sin uilig nuair a bhuailfinn leis sa Ghearmáin. Bhí an beart curtha i gcrích!

Ba chéim neamhghnách cinneadh Heinrich déanamh in éagmais a Chúntóra Taighde (agus a raibh de mhíbhuntáiste dó sa mhéid sin) ar feadh tréimhse agus é sin a chothromú le ceadúnas a thabhairt dó dul ag fánaíocht agus ag foghlaim thar sáile. Ba é sin Heinrich agat. Ba mhaith ab fhiú dó é nuair a phill mé ar ais agus mé líofa sa chanúint Sámaise sin a dtug sé buneolas dom fúithi sular thug mé aghaidh ar an Laplainn agus cur amach agam ar ghnéithe de chultúr an phobail ann. Gan eolas ar an teanga ní bheadh ar mo chumas dul ag plé leis an chultúr sin i gceart ná blaiseadh den traidisiún béil i Nesseby agus Tana. Bhí an misneach a bhí ag Heinrich in éascú an turais taighde sin dom bunaithe ar an bharúil a bhí aige dá dtabharfaí cead mo chinn dom nach ligfinn síos é agus ar an dóchas go mbeadh sé ina phreabchlár chun tosaigh agam sa tsaol acadúil ina dhiaidh sin. Ba mar sin a chuir sé sin in iúl dom é agus bhí iontaoibh agamsa as agus an toradh céadach air in am agus i dtráth.

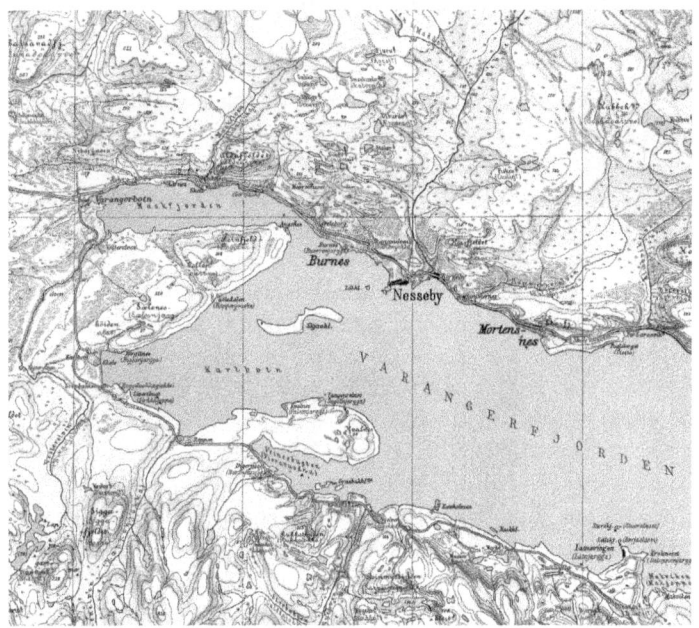

NESSEBY, BURNES, ⁊ INBHEAR VARANGER

— XI —

Ag Triall Abhaile

FAOIN AM SIN, bhí seanchleachtadh agam ar thaisteal fríd réimsí cúlráideacha thuaisceart Chríoch Lochlann agus na Fionlainne agus gearreolas maith agam dá réir sin ar an chasán ar ais ó dheas go Stócólm. Bhí a fhios agam go raibh léachtóir le Gaeilge in Uppsala, baile ollscoile turas traenach uair a chloig taobh ó thuaidh den phríomhchathair agus i ndiaidh dom dhul i gcomhairle le hAmbasáid na hÉireann i Stócólm faoin té a bhí sa phost sin ag an am, shocraigh mé go dtabharfainn cuairt air. Séan de Búrca an léachtóir sealadach a bhí i mbun an Ghaeilge a mhúineadh ann an tráth sin. Dúirt Seán go gcuirfeadh sé mé in aithne do Bho Almqvist, an tOllamh gníomhach le Béaloideas a bhí ag déanamh cúraim de ghnó na léachtóireachta ag an am. Nuair a chas mé le Bo, dhearbhaigh sé go mbeadh folúntas ar ball ann agus gheall go gcoinneodh sé ar an eolas mé faoi chúrsaí. Bhí aithne mhaith againn ar a chéile uaidh sin go dtí go bhfuair sé bás sa bhliain 2013, cúig bliana agus dhá scór ina dhiaidh sin.

An lá céanna in Uppsala i mí na Márta 1968, níl ann ach gur casadh duine eile orm – an bhean a phósfainn agus mo pháirtí saoil, Maj Magnusson, ach ní raibh sé i ndán dúinn bualadh le chéile an lá sin. Bhí sí ina mac léinn béaloidis ag Bo san am fosta agus ag dul don Ghaeilge le Seán de Búrca chomh maith agus rang aici i seomra in aice láimhe san fhoirgneamh chéanna le linn domsa agus Bo a bheith i mbun cainte le chéile.

D'fhág mé Stócólm agus chuaigh ag triall ar Bhonn na Gearmáine chun tabhairt faoin Ghearmáinis a fhoghlaim. Thaistil mé liom ó dheas go Malmö le traein agus uaidh sin go Cópanhágan agus ar aghaidh liom uaidh sin arís go Hamburg ar bhád farantóireachta ar thaistil an traein air chomh maith liom féin agus na paisinéirí eile. Agus mé ar mo bhealach ó dheas, tháinig scéala ó Heinrich nach mbeadh ar a chumas theacht go Bonn mar a bhí beartaithe aige agus mhol sé dom a dhul i dteagmháil le Ceiltiseoir Gearmánach arbh ainm dó Rolf Baumgarten (a raibh cónaí air i mBonn); tháinig scéala chugam uaidhsan go mbeadh sé lánsásta gach cúnamh a thabhairt dom sa chás. Tháinig mé suas le Rolf sa *Sprachwissenschaftliches Institut der Universität Bonn* agus d'éirigh leis socrú a dhéanamh ar mo shon cead suí a fháil sa leabharlann ina raibh rannóg shuaithinseach de leabhair a bhain leis an Léann Cheilteach. Chuidigh Rolf liom teach lóistín a aimsiú in Herwarthstraße – seomra singil ar chostas réasúnta i dteach príobháideach. Ar chostas beag, chláraigh mé i mo mhac léinn ócáidiúil san ollscoil, rud a chuir ar mo chumas freastal ar chúrsa Gearmáinise d'eachtrannaigh. Thapaigh mé an deis fosta clárú do chúrsa eile – *Sitte und Brauch* ('Nósanna agus Cleachtais') – faoi Mattias Zender, an tOllamh le hEitneolaíocht.

Ba mhór an nuaíocht dom i ndiaidh na bliana san fhásach ó thuaidh bailiúchán breá leabhar mar é a bheith thart orm san Institiúid. Cuireadh in aithne mé d'ollamh de chuid na hInstitiúide – Johann Knobloch – a thug cuireadh dom freastal ar na seimineáir choicisiúla s'aigesan. Ba ghnách le fear eile – an Dr Heinrich Becker – a theacht ann chomh maith. Bhíodh sé sin go síoraí ag brú Gaeilge ormsa.

OLLSCOIL BHONN

Bhí Gaeilge ag Becker ceart go leor mar gur chaith sé formhór an chogaidh fágtha ar an trá thirim más fíor, istigh in Árainn. Bhailigh sé go leor béaloidis ann agus thóg mórán grianghraf. Shíl a lán daoine gur spiaire a bhí ann agus seans gurb ea. Chuala mé ráite chomh maith é go raibh iarracht den 'dath donn', mar a deirtí, ar an ollamh Knobloch féin, is é sin le rá go raibh baint aige leis na Naitsithe tráth ach seans gur doiligh do Ghearmánaigh agus Ostaraigh (agus Ostarach é Knobloch) den ghlúin sin éaló ó dhroch-chliú den chineál sin ar fad, bíodh sé fíor ná bréagach. Scoláire maith agus fear gnaíúil a bhí ann a chaith go han-séimh liomsa agus a mhisnigh mé chun Gearmáinis a labhairt leis nuair ab fhusa go mór fada dósan (agus domsa) cloí le Béarla. Ar a dheireadh thiar, tháinig oiread feabhais orm sa Ghearmáinis go raibh mé in innimh comhrá réasúnta a dhéanamh leis sa teanga sin.

Ba thabhartas ó Dhia teacht a bheith agam ar áiseanna na hInstitiúide go háirid Dé Sathairn nuair nach raibh éinne i láthair ach mé féin agus Rolf. D'úsáid muid an chistin le caife a dhéanamh dúinn féin agus cheannaíodh sinn *frikadellen* ('millíní feola') agus *rollmops* (scadán picilte) chun ceapairí a dhéanamh, agus cáca milis i delicatessen in aice láimhe. Ó Luan go hAoine, ba ghnách linn béile substaintiúil a ithe sa *Mensa* in Áras na Mac Léinn. Níorbh é ba bhlasta i gcónaí ach níor chosain sé ach aon mharc amháin. Ar an Domhnach, b'éigean dúinn dhul i muinín caife Turcach, áit a bhfuair mé turn amháin banda mór rubair i gceartlár an bhurgair a bhí á chogaint agam.

Mar aon leis sin uilig, luigh mé isteach ar chúrsa san Ungáiris faoi mhúinteoir darbh ainm Dr von László. Seanimirceach a bhí ann, stíl sheanaimseartha fhoirmeálta múinteoireachta aige agus gan aige ach aon dalta amháin – an mac seo. Dar liom gur ag brath ormsa fanacht dílis dó a bhí sé chun go mbeadh sé in ann an jab a choinneáil mar nach raibh aon mhac léinn ar bith eile aige ach mise, de réir cosúlachta.

Bhí Gearmáinis líofa agus Béarla briste aige agus ba mheascán den dá theanga a bhí in úsáid againn sna ceachtanna. *Einführung in das ungarische Sprache* an téacsleabhar a bhí againn, leabhar a foilsíodh sa Ghearmáin Thoir a priontáladh ar pháipéar ag dul i gcosúlacht le páipéar leithris den chaighdeán ab ísle agus a bhí lán de shleachta leadránacha próis faoi ghaiscígh agus gaiscíocht an Chumannachais, comhfheirmeoireacht, pleananna cúig bliana, dlúthpháirtíocht na n-oibrithe agus rl.

Bhí sé ina ghnás aige mionanailís a dhéanamh ar na sleachta sin agus an foclóir a bhain leo agus b'éigean dom iad a rá ina dhiaidh focal ar fhocal go dtí go raibh sé sásta gur thug mé na fuaimeanna cearta liom. Ba é sin an chuid ab éasca den phróiseas mar chaithfinn ansin ó cheacht go ceacht na sleachta sin a chur de ghlanmheabhair agus iad a aithris dó an chéad uair eile. Choinnigh mé orm leis an obair sin chomh maith agus thiocfadh liom agus fuair mé mo luach saothair an lá ar chríochnaigh muid an rang deiridh nuair a sheas sé agus chraith lámh liom go foirmeálta agus dúirt sa chanúint aisteach Béarla a bhí aige – *'I thank you for your very interesting!'* Bhí feitheamh fada agam leis an chuid eile den abairt ach níor tháinig sí agus sin a raibh de. D'fhág muid slán ag a chéile agus ní fhaca ceachtar againn a chéile arís.

Is dóiche nár thaitin an prós uafásach sin pioc níos fearr le Dr von László ná liomsa agus níor ghreamaigh mórán de i mo chloigeann. Níl fágtha i mo chuimhne agam ach cúpla abairtín a bhaineann le béasa agus ráiteas amháin nach mbainfí mórán úsáide as a choíche (ach oiread leis an ráiteas *'Lo! The postilion has been struck by lightning!'*) ach i gcur agus cúiteamh faoi phointí neamhghnácha gramadaí – *'A Magyar zászló piros fehér zöld'* is ea é agus ciallaíonn sé '[Tá] brat na hUngáire dearg, bán agus glas'. Abairt bhailí ach san am chéanna gan aon mhaith ann chun díospóireacht a choinneáil sa tsiúl. Cinnte, ní ábhar a spreagfadh duine ar bith chun comhrá é murab é go gcuirfí spéis ann mar eiseamláir d'abairt ainmfhoclach – is é sin le rá, abairt nach bhfuil aon bhriathar ann.

Ba í Bonn príomhchathair na Gearmáine Thiar an tráth sin, ar ndóigh, agus ambasáidí go leor ann cois na Réine in áiteacha mar Bad Godesberg, mar a raibh Ambasáid na hÉireann suite. Fear breá darbh ainm Éamonn Kennedy a bhí ina Ambasadóir ag Éirinn ann ag

CATHAIR BHONN SNA 1960DÍ

an am agus ba é a tháinig i dtarrtháil orm sa chruachás áiféiseach thragóideach inar tharlaigh mé i mBonn nuair a goideadh uaim formhór na dtaifead agus na ngrianghraf a thóg mé sa Laplainn.

Tráthnóna Aoine amháin agus gan ach seachtain nó dhó caite agam i mBonn, bhuail mé le Rolf san Institiúid chun cuid den ábhar a bhí bailithe agam idir thaifid agus shleamhnáin a thaispeáint dó. Bhí fáil aige ar áiseanna na hInstitiúide chuige sin agus chaith muid cúpla uair a chloig ansin ag dul fríd chuid den chnuasach s'agamsa. Thug muid cuairt ar theach tábhairne *Gaststätte 'Hähnchen'* ('An Coileach') sa Münsterplatz ina dhiaidh sin agus bhí greim bia le hithe againn ann agus cúpla gloine beorach *Kölsch* (an bheoir áitiúil) le cois.

Nuair a dhúisigh mé an mhaidin dár gcionn thuig mé go raibh an mála mór plaisteach ina raibh mo stór luachmhar ón Laplainn coinnithe fágtha i mo dhiaidh agam sa teach tábhairne faoin bhord san áit a raibh muid inár suí. Siúd amach ar ais liom ar an bhomaite chun a thuairisc a chur sa tábhairne ach séanadh síos agus suas go bhfacthas riamh san áit sin é. Ní raibh mé ag fáil mórán éisteachta ón bhainisteoir agus ghlaoigh mé ar Rolf agus d'iarr air theacht i gcabhair orm, rud a rinne sé ar an phointe boise. Ba é an cás céanna aigesan é – níor fágadh aon mhála faoi aon bhord agus ní fhacthas téipeanna ná sleamhnáin ná dadaí eile mar iad nuair a glanadh an áit an oíche roimhe. Insíodh dúinn gur sna cófraí móra amuigh a caitheadh dríodar agus fuílleach bia agus eile na hoíche roimhe agus go raibh fáilte romhainn dul ag cuartú fríd an tslobar sin dá dtogródh sinn.

Seal ina dhiaidh sin, bhí mise agus Rolf sáite go dtí na huillineacha sa phrácás samhnasach sin ag iarraidh teacht ar ruainnín ar bith den stór a bhí imithe uaim. Ní gan tairbhe ar fad a bhí ár saothar

MÜNSTERPLATZ, BONN, 1968

mar tháinig muid ar chúpla téip agus roinnt bhoscaí sleamhnáin sa tsalachar sin ag déanamh fianaise go raibh an ceart agamsa nuair a mhaígh mé gur sa teach tábhairne sin a fágadh iad. Ach ní raibh ansin ach an chuid ba lú dá raibh ar iarraidh, ar ndóigh, agus bhí muid den bharúil go raibh tuilleadh faoi cheilt áit éicint eile istigh san fhoirgneamh. Ní raibh an bainisteoir ar aon intinn linn siúd is nach bhféadfadh sé fianaise na gcófraí a shéanadh agus nach uathu féin a shiúil na téipeanna agus na sleamhnáin isteach iontu.

Thuig mé nach raibh an bhainistíocht sásta dadaí eile a dhéanamh faoi ag an phointe sin agus bhí mé i mbarr mo chéille. Ba léir go mbeadh sé riachtanach céimeanna breise éigeandála a ghlacadh agus b'ansin a thóg mé an cinneadh go gcaithfinn glaoch ar an Ambasadóir faoin iarracht tarrthála a bhí ar siúl againn, duine nach raibh aon aithne ar bith agam air ná go fiú go raibh a fhios agam a ainm. D'aimsigh Rolf uimhir fóin theach an Ambasadóra dom agus ghlaoigh mé air agus d'inis dó ó thús go deireadh cad é mar bhí. Ba scéal fada an anró i gceart agam é agus ní thógfainn air é dá rithfeadh sé leis gur scéal i mbarr bata a bhí ann ó thús deireadh – turas chun na Laplainne, cuairt ar an Ghearmáin ar an bhealach abhaile, oíche sa phub, dúiseacht mhaidine gan dóigh, ransáil chófraí dramhaíle agus drochamhras faoin lucht bainistíochta a raibh a fhios acu níos mó faoi chúrsaí ná mar a bhí siad ag ligint orthu. Ar chúis ínteacht, thug sé isteach dom agus scathamh beag ina dhiaidh sin siúd leis ina charr chuig an Münsterplatz agus sómas an tSathairn fágtha ina dhiaidh aige ar mhaithe liomsa.

Idir an dá linn thug mise agus Rolf le fios do chách go raibh Ambasadóir na hÉireann ar a bhealach chun an scéal a iniúchadh agus, siúráilte go leor, siúd amach an bainisteoir agus ualach téipeanna ina bhaclainn leis. I seomra a mhic a thángthas orthu, a dúirt sé. Tharla sé seo díreach nuair a bhí an tAmbasadoir ag teacht ar an láthair agus tháinig aoibh air nuair a chonaic sé cad é mar bhí. Ghlac mé buíochas ó chroí leis agus déanaim arís anois é as a idirghabháil thráthúil agus as an dea-mhéin a léirigh sé sa chás.

Ní bhfuarthas ar ais ó lucht an tábhairne ach cuid den ábhar a goideadh uaim. Ba bhuille damanta dom sciar maith de thoradh mo chuid oibre ó thuaidh a dhul amú mar sin ach ba cheacht luachmhar dom fosta é. Ní raibh aon spéis ag mac an bhainisteora – más é a bhí ciontach – sna taifid *per se*, ar ndóigh, ach gur shíl sé na téipeanna a aththaifeadadh. Seans fiú go raibh an próiseas sin sa tsiúl fiú i gceann an ama go ndeachaigh mise á gcuartú. Ach bealach amháin nó bealach eile mhúin sé dom go gcaithfinn cúram níos fearr a dhéanamh de mo chuid earraí luachmhara feasta.

I mo thurasóir a bhí mé sa Ghearmáin agus, dá réir mar a thuig mé, cead agam fanacht ráithe ann. Ach cuireadh ar mo shúile dom seal ina dhiaidh sin nár mhiste dom clárú leis na póilíní láithreach ar eagla go mbuailfeadh bus mé nó go dtarlódh taisme de chineál ínteacht eile dom. Ba dhearmad mór a leithéid a dhéanamh agus gan ach víosa ráithe turasóra (in ainm is a bheith) agam, mar a tharla. Bheinn i sáinn i gceart dá dtarlódh a leithéid, de réir cosúlachta. Tamall ina dhiaidh sin thug mé mé féin ar láimh do na póilíní agus Rolf ina chrann taca agam. Bhí alltacht ar an oifigeach a raibh muid ag plé leis go raibh sé de dhánaíocht ionam fanacht sa tír thar an tréimhse a bhí dlite dom ag tabhairt dúshláin na n-údarás. Chuaigh sé le báiní ag caitheamh na ngéag agus ag scairtí agus ag bualadh dorn ar an chabhantar; ba sheó scanrúil é d'iompar nach raibh aon chleachtadh agam air riamh roimhe. Bhí an chuma air go gcaithfinn glanadh liom gan mhoill ach d'éirigh le Rolf san idirghabháil a rinne sé ar mo shon, bac ar an fhorghníomhú a shocrú agus fuair mé cead fanacht bunús míosa eile dá bharr sin. Rinneadh moll cáipéisí a réiteach agus a shíniú agus a stampáil faoi thrí agus scaoileadh liom go mínáireach chun oiread damáiste agus ab fhéidir a dhéanamh do phobal mór na Gearmáine san achar ama breise a ceadaíodh go drogallach dom!

Ba é mo dhualgas míthaitneamhach an breithiúnas díbeartha sin a chur in iúl don tiarna talaimh (agus a mháthair) ag inse dó go raibh d'iachall orm loiceadh ar an léas leathbhliana ar an tseomra a bhí ar cíos agam uaidh. Ní mó ná sásta a bhíthear liom agus ní dhearna siad mórán iarrachta an míshásamh sin a cheilt. Ach lena gceart a thabhairt dóibh, nuair a tháinig an lá go mb'éigean dom Bonn a fhágáil i mo dhiaidh, chuir siad slán turais liom agus thug buidéal breá fíon Mosel ina bhronntanas dom.

Leis an phasáiste abhaile le traein agus bád a íoc, rinne mé mo thicéad oscailte eitleáin ó Londain go Stócólm agus ar ais a mhalartú agus fuair thart ar £70 i mo ghlaic de chúiteamh air. Leis sin, bhí fuílleach airgid agam chun an ticéad traenach ó Bhonn go hOstend na Beilge, an bád farantóireachta ó Ostend go Dover Shasana agus an traein uaidh sin go Londain a íoc. Chuir mé ticéad in áirithe ó Londain (Euston) go Heysham agus ticéad (den chéad rang) ar an bhád ó Heysham go Béal Feirste. Bhí na díslí caite agus bhí an cúrsa abhaile ó mo chamchuairt fhada ar an choigríoch rianaithe.

Bád farantóireachta Heysham go Béal Feirste

D'fhág mé Bonn ar an chéad chéim den turas sin faoi lár an lae ar Shatharn ag deireadh mhí Iúil 1968. An mhaidin sin, chuaigh Rolf agus mise agus cairde eile linn a cheannach lón bia le haghaidh an turais ar an mhargadh sa Römerplatz – torthaí den chuid is mó – agus sheas siad liom ar ardán stáisiún na dtraenacha ag fanacht ar an traein a bhéarfadh abhaile mé. Agus muid inár seasamh ansin cé chonaic mé ag bacadaíl aníos an t-ardán chugam ach an tOllamh Johann Knobloch agus a bhean chéile ina chuideachta le slán turais a chur liom. Thug sé bronntanas de leabhar amhrán tíre de chuid na Gearmáine dom agus bhronn a bhean mála mór eile torthaí orm le haghaidh an turais. Ba mhaith uathu é. Ghlac mé buíochas le gach duine a bhí ann agus d'fhág slán agus beannacht ó dhuine go duine acu agus ag Bonn agus as go brách liom.

* * *

Turas fada leadránach traenach trasna iarthuaisceart na Gearmáine via Aachen chun na Bruiséile agus uaidh sin go hOstend a thug fhad leis an bhád go Sasain mé. Shuigh mé ar dheic na loinge a thug anall mé mar nach raibh aon áit eile agam agus tháinig i dtír i nDover le bánú an lae. Bhí scríofa agam chuig mó dheirfiur, Sheila – a bhí ag banaltracht i Northampton san am – go mbeinn i Londain a leithéid seo de lá i ndúil is go mbeadh sí in ann bualadh liom. Ní raibh aon eolas agam ar Londain ach luaigh mé Piccadilly Circus mar áit a bhféadfadh sinn bualadh le chéile ann mar gur thuig mé gur pointe suntasach aitheanta é a mbeadh eolas aici air.

Chaith mé cúpla uair a chloig ag fámaireacht thart go héadairbheach ann gan tásc ná tuairisc le feiceáil agam ar Sheila. Chuala mé ina dhiaidh sin gur seachadadh mo litir chuici chuig an teach béal dorais de mhícheapadh agus nach bhfuair sí í go dtí i bhfad ina dhiaidh sin agus mé ar ais in Éirinn. Roghnaigh mé go bpillfinn ar stáisiún Euston leis an traein faoi thalamh, áit a mbeadh an traein go Heysham le fáil agam an tráthnóna sin agus nuair a bhí mé i mo sheasamh sa stáisiún ag breathnú ar léarscáil bhalla na dtraenacha agus ag iarraidh meabhair a bhaint aisti, d'airigh mé stíl shnagach cainte Bhéal Feirste taobh thiar díom ag grúpa ógánach a bhí ag iarraidh a mbealach a dhéanamh go Euston fosta mar mé féin.

Ní raibh driopás ar bith ormsa agus bhí mé ag fálróid liom ar mo shuaimhneas ag stopadh le seiceáil go raibh mé ar an chasán cheart ó am go chéile agus ag teacht suas arís agus arís eile le hógánaigh Bhéal Feirste a bhí ag bogshodar leo go héiginnte sa treo chéanna. Tháinig muid go dtí an t-ardán ceart ar a dheireadh thiar agus sheas siad in aice liom ag cabaireacht eatarthu féin ag cur is ag cúiteamh faoi chúrsaí léarscáile agus imní orthu i gcónaí nach raibh an t-ardán ceart aimsithe go fóill acu. D'éist mé leo ag tuairimiú faoin chás agus an chuma orthu go n-iarrfaí ormsa a dheimhniú dófa go raibh siad ar an bhóthar cheart ach ansin thiontaigh duine acu go tobann i mo threo agus shiúil tharam chuig fear eile a bhí ina sheasamh ar an ardán chéanna, fear gnó de chuid na cathrach gona threabhsar stríocach, a scáth báistí rollta agus a bhabhlaer. Gan hú ná há, rop sé chuige an cheist seo a leanas – *'How do you get from Piccadilly to Euston?'* Tháinig dreach iontais ar mo dhuine ach focal amháin níor dhúirt sé. Ba léir domsa nár thuig an fear gnó Béarla an ógánaigh ar chor ar bith ach choinnigh seisean air leis an cheist chéanna agus gan freagra ar bith le fáil aige go dtí sa deireadh go mb'éigean dó tiontú ar a sháil agus pilleadh ar ais ar a chomrádaithe a bhí ar bior le cluinstin cad é mar bhí. *'See him,'* a dúirt an t-ógánach ag caochadh ar an fhear gnó, *'I couldn't understand a word he said!'* Níl ann ach nár rug mé barróg air as á réchúisí is a bhí sé ag déileáil leis an leamhsháinn inar tharla sé. Leis sin tháinig an traein isteach chun an ardáin agus as go brách linn uilig.

Agus mé lastáilte go talamh le bagáiste, bhí mé ag tiaráil liom síos aníos dorchla na traenach go Heysham i stáisiún Euston ag iarraidh suíochán a aimsiú, nuair a bheannaigh glór lách dom ó urrann a bhí gearr-phlódaithe cheana féin ag tabhairt le fios go ndéanfadh siad áit dom ann. Thóg beirt fhear urrúnta na málaí uaim agus chuir suas ar an raca bagáiste iad agus shocraigh beirt eile áit suí dom in aice leo. Sceith a mbearradh gruaige agus a staidiúir mar aon leis an mheascán canúintí de chuid Béarla na hÉireann a bhí acu an scéal orthu agus deimhníodh go raibh an ceart agam maidir leis an bhuille faoi thuairim sin nuair a insíodh dom gur *Irish Guards* arm na Breataine i ngnáthéadach a bhí iontu agus iad ar a mbealach ar ais go hÉirinn ar scor.

Ba dhream cainteach cuideachtúil iad agus bhí fear amháin acu thar a bheith fiosrach faoi mo shiúlta sa Ghearmáin. Bhí sé ar stáisiún ansin tráth, a dúirt sé, agus luaigh sé campa míleata éicint ann agus ansin chuir ceist ormsa cén gnó a bhí agamsa ann. D'inis mé dó gur i mBonn a bhí mé agus gur fhreastail mé ar an ollscoil ann. Spreag an t-eolas sin ceist dosheachanta eile a d'fhág idir dhá chomhairle mé – cén sórt ábhair a raibh mé ag déanamh staidéir air san ollscoil? I ndeireadh na dála shocraigh mé ar *'Celtic Studies'* a lua agus leis sin bhí tost beag ann gan gíog as duine ar bith acu go dtí go dtáinig an ráiteas seo ó fhear na gceisteanna a chuaigh sa mhuileann ar fad orm i dtús báire – *'That's where it started, wasn't it, Luther and all that!'*, a dúirt sé i gcanúint Bhéal Feirste. Ghlac sé scathamh orm a thuigbheáil gur shíl seisean gur *'Catholic'* (seachas *Celtic*) *Studies* a bhí ráite agamsa, péire focal nach mbeadh mórán de dhifríocht eatarthu i gcaint laethúil na cathrach sin lena cheart a thabhairt don duine bhocht. Ach ba mhaith uaidh an iarracht sin a dhéanamh aon dochar nó dúshlán a d'fhéadfaí a bhaint as an eolas a thug mise dó a chur ar neamhní. Rinne mé mo dhícheall rudaí a shoiléiriú ach ní shílim go raibh an chuma ar dhuine ar bith acu gur thuig siad cúrsaí mórán ní b'fhearr dá bharr. Rinne muid an t-am a mheilt go pléisiúrtha le chéile ina dhiaidh sin agus roinn mé orthu a raibh fágtha den stóras torthaí a bhí ar iompar liom ón Ghearmáin agus choinnigh muid orainn mar sin gur scar muid ó chéile ar chéibh Heysham.

Ag Triall Abhaile

Bhí mé ag cuimhneamh go mbeadh gá agam le hoíche mhaith chodlata ar an bhád agus ba chuige sin a bhí cábán den chéad rang curtha in áirithe agam. Bhí mé ag déanamh ar an stangairt don chéad rang nuair a sheas oifigeach sa chasán orm agus d'fhéach mé a threorú bealach eile. Chuir sé a sháith iontais air nuair a chonaic sé go raibh an ticéad ceart agam. Bhí an turas trasna ciúin agus chodlaigh mé go sámh agus ar mhuscailt dom ar maidin tharraing mé anáil mhór d'aer breá na hÉireann den chéad uair le fada roimhe sin.

Maidin bhreá sa tsamhradh a bhí ann agus bhí roinnt uair a chloig le spáráil agam sula dtógfainn an bus chun na hÓmaí. Rinne mé amach go rachainn go Sráid Camden go teach Bhridget Kelly a mbínn ar lóistín aici roimhe sin. Ní raibh aon bhus de chuid na cathrach ann ag an am sin den mhaidin agus shiúil mé liom aníos Sráid Mhór Victoria i dtreo na hOllscoile. Bhí ceantar mór de chuid na nDílseoirí –

Ar ais i mBéal Feirste

Sandy Row – ar thaobh na láimhe deise díom agus thit mo shúil ar ghraifíteo scríofa ar bhinn tí ann a bhain stad asam: *'We are the people'* a bhí á fhógairt ann don tsaol mhór. Strácáil mé liom agus mé ag meabhrú faoin fhoráileamh a bhíthear á thabhairt. B'ionann sin agus mo mhacasamhail a chur in áit na leithphínne, dar liom, agus mé a rangnú i gcatagóir fhodhaonna ínteacht, an chéad uair ó d'fhág mé an baile ar airigh mé an mothú sin. Ní bheadh mo chairde Sámacha ná mo chairde Gearmánacha sásta leis. Ba léir nár athraigh aon rud sa Tuaisceart sa réimse sin san idirlinn. Fáilte choinníollach abhaile, más ea. Sea, go deimhin ba dheas an rud a bheith ar ais arís…go pointe.

Bhí m'athair ag iarraidh mé a bhailiú i mBéal Feirste ach theastaigh uaim an turas sin a spáráil air agus ba é mo mhian é ar aon chuma gan deireadh a chur le mo shruthaireacht bóthair go mbaininn Tír Eoghain amach arís. Ba é stáisiún suarach na mbus ar an Ómaí, más ea, deireadh m'aistir agus túspointe m'athionchorpraithe i gceartlár mo mhuintire go cionn tamaill ar mhodh ar bith.

— *IARSCRÍBHINN PHEARSANTA* —

Mo Mhuintir Féin

TÁ PARÓISTE NA LEAMHCHOILLE timpeallaithe ag trí pharóiste de chuid Dheoise an Chlochair – An Droim Mór, Eadarnaí agus Tearmann Mhic Graith, más ea. Tagann An Droim Mór i ngaireacht cúpla ciliméadar de Dhroim Caoin féin áit a dtugtar Sliabh Learga uirthi. Ba chineál cloch críche ón dílinn í an sliabh sin atá marcáilte ar léarscáileanna de chuid na meánaoise mar ba é an pointe ab fhaide ó thuaidh i nDeoise an Chlochair é ag an am. Tá a haghaidh anonn aici ar shliabh suntasach eile ar a dtugtar Sliabh Troim in Annála na gCeithre Máistir. Rinne na plantóirí athbhaisteadh orthu araon agus *The Pigeon Top* agus *Bessy Bell* a ghlaoitear anois orthu.

Téann teorainn Dheoise Dhoire le fánaí go rite siar ó dheas i dtreo Loch Éirne Íochtair i gContae Fhear Manach agus tá radharcanna breátha trasna na locha le fáil ón talamh ard sa Leamhchoill. Idir abhantracht na Feabhaile agus na hÉirne atá na cnoic seo agus uiscedhroim iontu. Ba ghnách le seanchara liom, Mickey McCanny (Mickey Neilly), a raibh cónaí air in aice láimhe, é a chur mar seo: dá mbeadh do mhún agat agus tú ag imirt chártaí nó ar do chéilí i dteach de thithe an cheantair sin ba leis an Fheabhail a rachadh d'uisce dá rachfá amach doras amháin agus leis an Éirne dá rachfá amach an doras eile.

Mar an gcéanna ón talamh crochta i dtuaisceart agus in iarthar na Leamhchoille, tá fairsinge mhór Chontae Dhún na nGall le feiceáil gona mullaigh arda sainiúla – ó chón grianchloch na hEargaile san iarthuaisceart, doirseoir bángheal na Rosann (an bhinn is airde sa chontae ag 751 méadair), aniar go dtí an Mhucais chruiteach agus ansin ó thuaidh go hInis Eoghain. Uaidh sin fosta is féidir líne ghleann Abhainn na Finne a leanstan siar go hAlt na Péiste agus na Cruacha Gorma. Cuachta taobh istigh dá scairp agus faoi scáth na Cruaiche Goirme féin, tá gleann folaithe ar a dtugtar Na Cruacha nó *'The Croaghs'* mar a deirtear i mBéarla.

Agus radharcra mórthaibhseach den chéadscoth ar fáil i ngach treo ní hionadh go dtarlaíonn sé in amannaí nach léir do bhunadh na Leamhchoille a bhfuil d'áilleacht tíre sa bhaile acu féin agus gur neamhshuim leo feabhas na dúiche s'acu féin ar chaoi. Rinne file áitiúil, Felix Kearney (1888-1997) a dhícheall chun sin a chur ina cheart le hamhrán iomráiteach *'The Hills above Drumquin'* a bhfuil gnaoi ag daoine i bhfad ón Leamhchoill air. Tá sé curtha le fonn amhráin iomráitigh eile – *'She lived beside the Anner'* agus is minic a luaitear leo an sliocht seo as an amhrán sin nuair a thráchtann bunadh na Leamhchoille ar Dhroim Caoin agus iad i bhfad ó bhaile:

> *Drumquin you're not a city but you're all the world to me,*
> *You're lot I'll never pity should you never greater be.*

Tá sé amuigh ar Cholm Cille gur 'fear imreasach achrannach, fear teasaí tobann' a bhí ann. Agus é ag taisteal na tíre de réir cosúlachta, bhí peata gabhair go síoraí sna sála aige agus tá sé tugtha le fios sa tseanchas gur tharraing an gabhar céanna go leor achrainn thall is abhus. Tá an baile beag inar rugadh mé ar cheann acu sin mar a d'inis seanfhondúir de chuid na háite, Paddy McAleer, dom:

> *'When Colm Cille come till Drumquin the people milked his goat annoned [un-noticed] to him. He took a fit of temper and went up the Cow Market and he looked down the town and, says he – "There y'are Drumquin, you'll never be any better!" '*

Instear a leithéid céanna de scéal faoi Naomh Pádraig fosta agus fán chuairt a thug seisean fadó ar na Sceirí i dtuaisceart Chontae Átha Cliath, áit a ndearnadh coir níos gráiniúla arís nuair a mharaigh agus a d'ith áitreabhaigh an bhaile sin an gabhar a bhí aigesan. Na *'Skerries Goats'* a thugtar orthu go fóill dá bharr sin.

Fear de chuid na Leamhchoille ó bhun go barr ab ea m'athairse, John O'Kane (1908-1977). Seisear clainne ar fad a bhí ann, m'athairse agus triúr deartháireacha leis, James, Patrick agus Francis, agus beirt deirfiúracha, Catherine agus Alice. Níor mhair triúr acu sin ach seal mar gur sciob fliú mór 1918 an bheirt ghirseach agus Francis chun báis i bhfoisceacht cúpla seachtain dá chéile agus fágadh an tseanmhuintir croíbhriste brúite le teann bróin ina ndiaidh. Bhí Alice (Granny O'Kane) ar nós duine buile gan mórán spéis ná suim aici sa tsaol ar feadh seal agus le linn an ama sin d'éirigh le comharsa mná a bhí ag obair di seilbh a

JOHN O'KANE

JAMES O'KANE

ALICE O'KANE
NÉE GALLAGHER

ghlacadh go formhothaithe ar bhaill éadaigh na bpáistí faoin chré, cuid anois agus cuid ar ais. Choinnigh an bhean sin uirthi i rith na bliana ina dhiaidh sin ag fuáil agus ag cuilteáil léithi i nganfhios go dtí go raibh cuilt ioldaite déanta ar deireadh aici d'éadaigh na bpáistí. Thug sí do mo mháthair mhór í agus thug sise do mo mháthairse í agus thug sise do mo dheartháir Seán agus a bhean Ella í. I bhfad ina dhiaidh sin, bhí m'athairse agus a dheartháir, Jim, go maith in ann baill éadaigh na bpáistí sin a aithint thar a chéile.

D'fhás m'uncail Jim suas le bheith ina chineál braigléara ar a dtugtar *'tangler'* i mBéarla. Fágadh feirm bheag le huacht aige i mbaile fearainn a dtugann siad Cor an tSeascainn air i bparóiste an Droma Mhóir, gualainn ar ghualainn le Cor na bhFearann i bparóiste na Leamhchoille, an baile inar rugadh a mháthair, Alice Gallagher. Chaith sé a shaol ag freastal ar aontaí fud fad iarthar Uladh agus tuaisceart Chonnachta ag déileáil is ag jabaireacht bó is caorach go mion agus go minic gan pínn rua ina phóca aige. Bhí an-scil aige in ainmhithe agus i gceird an cheannaitheora gan acmhainn – iad a cheannach faoina luach agus a dhíol arís gan mhoill ar phraghas níos airde, rud a chuir ar a chumas a chuid féin a thabhairt d'fhear na bhfiach agus brabús beag a chur síos ina phóca féin. B'obair choscrach í sin corruair, dá dtarlódh nach n-éireodh leis luach na bhfiacha a bhaint amach lá an aonaigh; níorbh annamh é go mb'éigean dó tabhairt do na bonnaí go haibéil agus an stoc a bhí 'ceannaithe' aige a fhágáil ina dhiaidh. Scoth smuglálaí a bhí ann fosta ar mhinic leis an teorainn a chur de d'aon léim amháin agus tréad caorach Conallach á thionlacan go neamhdhlithiúil isteach go Tír Eoghain aige. Bhí tuigbheáil don ghreann aige, más searbh féin a bhí sé in amannaí, agus b'eachtraí sciliúil é. Ní raibh aon chlann air agus fágadh ina bhaintreach é nuair a fuair a bhean, Mary, bás. Ach ní go huaigneach a fágadh é mar ba theach céilí a theach inar ghnách leis féin agus a chuid comharsan cúrsaí an tsaoil a phlé agus polasaithe talmhaíochta an Aontais Eorpaigh a chíoradh go mion.

Bhí Pat, an deartháir ab óige acu, ina charas Críost agam. Bhí aois mhaith aige nuair a phós sé Úna, Cathánach eile ó pharóiste na Dreagaise in aice láimhe, an chéad mháistreás scoile a bhí agam féin. Ní raibh aon chlann orthu agus d'uchtaigh siad ceathrar páistí, beirt bhuachaillí agus beirt chailíní. Ba lánstaonairí iad beirt nach raibh mórán d'fhéith an ghrinn iontu agus dúil nimhe acu i gcúrsaí cráifeachta agus creidimh. Bhí faisean aigesean gníomhú as a stuaim féin mar choimeádaí morálta ag an tseisear againne, Sheila, Seán, Aidan, Brendan, Declan agus mé féin agus muid ag éirí aníos, rud a d'fhág míshásta go maith muid ó am go chéile. Bhí duifear an domhain idir é féin agus Jim agus bhí an chosúlacht air nach raibh mórán goile acu dá chéile.

Ba bhall de mhuirín mhór mo mháthairse, Teresa (1917-1996) fosta; bhí ochtar ar fad acu ann – mórsheisear girseacha agus aon bhuachaill amháin – Patrick – arcán an bhalláin deiridh, an duine ab óige acu. Annie, Bea (Bridget), Cassie (Kathleen), Cissy (Margaret), Teresa (Tessie), Dean (Rose) agus Susie a bhí ar na girseacha. Tá chuile dhuine acu anois ar shlí na fírinne. Caisidigh ab ea iad agus James a bhí ar a n-athair. Ba as baile

TERESA O'KANE
NÉE CASSIDY

fearainn a dtugann siad Gleann Geis air i bparóiste an Phobail in oirthuaisceart Chontae Fhear Manach buailte le teorainn Thír Eoghain agus ba i nGleann Geis a rugadh mo mháthair agus b'ansin a chaith sí céadbhlianta a hóige. I dtús an chéid seo caite, dhíol James Cassidy an gabháltas talaimh a bhí aige i nGleann Geis agus cheannaigh ceann eile sa chéad bhaile eile soir uaidh – An Barr i gContae Thír Eoghain. Bhí suas le 40 heictéar (100 acra) talaimh ann idir thalamh cuir agus phortach. Ar an drochuair, níor rith an fheirmeoireacht ró-iontach leis i gceachtar den dá áit.

Bhí sé amuigh air más fíor gur scaip sé pónairí ar an chréafóig in áit iad a chur i dtalamh am amháin. Níorbh ionadh ar bith é más ea gur tharraing sé ceird eile ar fad air féin ar ball – an tsiúnéireacht – agus thug maitheamh go deo ar chúrsaí feirme. Ba

JAMES CASSIDY

shiúinéir maith sciliúil é, ceird a d'fhoghlaim sé in Albain áit ar chaith sé seal de bhlianta ag obair i longchlóis Clydebank. Bhí am crua aige ann agus é ina phrintíseach agus é beo ar éigean ar an bheagán. D'éirigh sé as a bheith ag ól bainne ina chuid tae le pinneacha a shábháil agus lean sé de nós an tae a ól gan bainne lena shaol ina dhiaidh sin. Bhí gá leis an leasainm a bhí air i nGleann Geis – 'An Siúinéir' – mar gur Caisidigh uilig mórán a bhí ar an bhaile sin agus theastaigh córas mar sin chun idirdhealú a dhéanamh eatarthu ó theaghlach go teaghlach. 'Girseacha an tSiúinéara' nó *The Joiner's Cutties* a bhéarfaí ar a chlann níonach. D'fhás Pat – an duine ab óige acu – aníos ina fhear scafánta, guth maith ceoil aige agus dúil aige sna mná agus san ól. Is cosúil gur chaill sé a mhisneach nuair a rugadh girseach i ndiaidh girsigh dó agus nár léir dó go mbeadh fáil a choíche aige ar láimh chúnta den chineál a theastódh ó fheirmeoir úspánta mar é.

Ba as an Droim Mhór Íochtair i bparóiste Eiscrí (paróiste an Chlochair roimhe sin) mo mháthair mhór Bridget Slevin, baile fearainn buailte le Coill na bhFuiseog áit a ndeachaigh sí ar scoil agus an ceantar céanna a ndeachaigh William Carleton – údar mór Thír Eoghain de chuid na naoú haoise déag ar scoil chois claí ann. D'fhág sí an baile nuair a phós sí James Cassidy sa bhliain 1908, agus, idir imirce go Meiriceá (Cassie, Johnny, Teresa, Susan agus Rose) agus póstaí eile, níor mhair ar deireadh sa teach sin a bhí lán go doras tráth den tsaol ach ceathrar, mar a bhí an tseanlánúin, Brian Slevin, a bhean Annie (McGirr), agus a mac Brian (fear singil nár phós riamh), mar aon le gar-níon leo, Annie Cassidy, a tháinig chun cónaithe go buan ann sa bhliain 1911.

BRIDGET CASSIDY
NÉE SLEVIN

Bíodh a fhios gur damhsóir éirimiúil a bhí i m'athairse agus an-dúil sa cheol aige ní sheinnfeadh sé agus ní amhránaí a bhí ann ach oiread. Bhí na Sléibhínigh ceolmhar mar a bhí na Gallchóirigh: ba ghnách le mo mháthair mhór, Bridget, an fhidil agus an mileoidean a sheinm agus, anois is arís, mo mháthair.

D'ainmnigh Bridget Slevin an mhórchuid dá níonacha féin as a cuid deirfiúracha féin; ainmníodh mo mháthair as a haintín Teresa a d'imigh go Meiriceá blianta beaga sular rugadh ise. Níor phill sí féin ná na deirfiúracha eile a chuaigh anonn ina teannta riamh ach tháinig mac le Teresa sin 'abhaile' blianta fada ina dhiaidh sin. Frank Kumagai an t-ainm a bhí air agus mar is léir ón tsloinne ní Gael go smior a bhí ann mar gur Seapáineach a bhí ina athair. Chaith an chlann sin blianta i gcampa géibhinn i Meiriceá le linn an Dara Cogadh Domhanda. Bhí clú agus cáil ar dheirfiúracha mo mháthaire móire mar dhamhsóirí. Ba ghnách leofa a gcuid steipeanna a chleachtadh ar an léibheann cloiche a bhí idir na ba sa bhoitheach agus na lámha sínte amach acu thar dhroim na mbó chun a meáchain a thógáil sa dóigh is go saorfaí na cosa chun aicsin. Ba fúthusan a thiteadh an dualgas tús a chur leis na himeachtaí ag damhsaí sa cheantar sin.

Ba níon le Caisideach eile ó Ghleann Geis mar a tharla í, Anne McGirr, máthair na Sléibhíneach sin a raibh mo mháthair mhór féin, Bridget, ar dhuine díobh. Nuair a thoiligh sise agus a muintir go bpósfaí ar James Cassidy ó Ghleann Geis ise tarraingíodh aníos cúrsaí gaol fola a bheith idir an bheirt Chaisideach – máthair mhór Bhridget (Liza Alice Cassidy) agus an fear a bhí le bheith aici – James Cassidy. Ach ní raibh aon bhaol ann dáiríre go gcuirfí cosc ar an phósadh. Ar an aonach i bhFionntamhnach, thimpeall is leath bealaigh idir Gleann Geis agus an Droim Mór Íochtair, a casadh ar a chéile iad. Chuaigh Bridget an lá sin ionsar chailleach cártaí a bhí ar an bhaile agus insíodh di gur gearr go mbuailfeadh sí leis an fhear a phósfadh sí, go mbeadh sé ard dubh dathúil agus, mar a dúirt sí, go mbuailfeadh sé isteach mar an leon agus amach mar an t-uan. Is é sin le rá go mbéarfadh an fhearg an bua air ar luas lasrach agus go socródh sé síos arís lán chomh gasta is a spréach sé. Dúirt mo mháthair liom gur minic a chonaic sí an t-athair nuair a chuaigh rud éicint ar fiar air agus é i mbun siúinéireachta ag caitheamh casúir uaidh beag beann ar a raibh de dhaoine gar dó. Bhí mo dhearthair, Brendan, nach maireann, díreach lán chomh tobann leis (agus lán chomh séimh) agus an ghéin cholgach chéanna ag brúchtaíl aníos ann.

*   *   *

Riamh agus choíche bhí spéis agam sa cheol agus san amhránaíocht agus dúil thánaisteach agam sa rince mar chaitheamh aimsire, rud a bhí sa dúchas agam ar an dá thaobh. Ba ghnách le Granny Cassidy (née Slevin) an mileoidean agus an fhidil a sheinm agus Granny O'Kane (née Gallagher) an fhidil.

Ba rinceoir céime agus amhránaí den scoth í Liza Alice Cassidy ó Ghleann Geis i bparóiste an Phobail, Contae Fhear Manach, agus b'amhlaidh an cás dá sliocht. Caithfidh sé gur thaitin sé léithi gur phós a gar-níon, Bridget, isteach agus gur chuir sí fúithi sa bhaile chéanna asar eascair sí féin.

Nuair a fuair James Cassidy bás, tháinig Granny Cassidy chun cónaithe linne i nDroim Caoin agus tamall maith ina dhiaidh sin, cheannaigh sí mileoidean ach chaith sí uaithi go cráite arís é nuair a thuig sí nach rabh na méara umhal go leor aici lena sheinm i gceart. Thaitin sé go mór léithi mise agus na páistí eile a chluinstin ag dul do cheol agus amhráin.

Bhí bainseo cúigthréadach ar cheann de na bronntanais a fuair mo mháthair, Teresa (nó 'Tess[ie]') nuair a phós sí, bronntanas neamhghnách ann féin agus uirlis cheoil neamhghnách fosta. Níor inis sí riamh cé a thug di é ná cad chuige. Sheinneadh sí an fhidil in amannaí (agus '*Danny Boy*' mar speisialtacht aici). Ní fhaca mé ag bualadh an bhainseo riamh í ach rinne muidinne neart dromadóireachta ar an uirlis chéanna nuair a bhí muid inár bpáistí. D'fhoghlaim mo dhearthair, Aidan, é a sheinm agus b'aigesean a fágadh ar deireadh é.

Cuireadh cuid againn ag foghlaim pianó agus veidhlín ag Miss McCullough, múinteoir ceoil ar an Ómaí. Smachtaí den tseandéanamh agus múinteoir fíormhaith a bhí inti. Is iomaí marc a d'fhág sí ar mo mhéara lena rialóir. Chuir mo mháthair d'iachall orainn a bheith ag cleachtadh go crua agus rinne muid go maith sna scrúduithe (suas chomh fada le Grád 5). Ní raibh léamh, scríobh nó inse béil ar an ghalamás a rinne mo mháthair nuair a d'éirigh le Declan, an deartháir is óige agam, an chéad duais dá aoisghrúpa ar an veidhlín a bhaint ag Feis Dhoire, cathair mhór an cheoil, agus cruipidín a dhéanamh de na hiomaitheoirí eile, bunadh Dhoire ina measc.

Séamas ⁊ Declan

Johnny nó '*Big Johnny*' a bhí ar m'athair. Bhí oiread Cathánaigh sa Leamhchoill go mb'éigean leasainmneacha a bhaisteadh ar go leor acu; fear eile – colceathair le m'athair – a raibh 'John O'Kane' air, níor tugadh airsean ach '*The Smiler*', mar shampla, agus glaoitear an t-ainm sin go fóill ar a chlann mhac – '*The Smilers*'.

Dá mhéad a raibh de thoirt ann agus é i mbarr a mhaitheasa sárdhamhsóir a bhí ann agus is maith a bhí sé in ann ag na damhsaí uilig a raibh tóir ag an phobal orthu san am sin – macasamhail *Highlands, Mazurkas, Polkas, Two-steps* agus a leithéid. Bhí dáimh aige le ceol agus amhráin chomh maith ach, mar a bhí gach uile dhuine de Chathánaigh na Leamhchoille, ní raibh sé ábalta aon uirlis a sheinm agus ní chanadh sé. Bhí mo dheirfiúr Sheila mar sin fosta agus tá mo dheartháir Seán sa chatagóir chéanna, arddamhsóirí agus ciall acu do rithim an cheoil ach gan í a bheith acu. Thairis sin, mise (cairdín), Aidan (bainseo), Brendan (giotár) agus

Declan (fidil) na héanacha corra i measc Chathánaigh na paróiste, ceathrar a raibh ceol acu agus glór cinn.

Cuireadh d'iallach orm rince Gaelach a fhoghlaim ach murab ionann agus mo dheirfiúr, Sheila, ní raibh aon mhaith ionam, bíodh a fhios nach raibh aon easpa diongbháilteachta ná tiomantais ag roinn le mo chuid iarrachtaí. Bhí an méid sin le léamh go sonrach ar an taispeántas a thug mé Domhnach samhraidh amháin ag rásaí an Taitigh Shalaigh nuair a thug mé bocléim mhór mhilleach ard san aer agus amach ón ardán síos isteach sa tslua a bhí ag faire orm thíos fúm.

Ní raibh aon uireasa ceoil agus amhrán ag cóisir na Nollag i dteach s'againne nuair a thiocfadh an teaghlach sínte uilig mórán le chéile bliain i ndiaidh bliana. Bhítí ag súil go nglacfadh gach éinne páirt ghníomhach éicint san ócáid ag cur leis an spórt agus an greann chomh maith agus thiocfadh leo idir cheol agus amhráin agus aithriseoireacht.

TERESA O'KANE AR AN FHIDIL

Bhí na fir a phós clann níonacha 'Ghirsigh an tSiúinéara' (James Cassidy) go mór chun tosaigh sa tsiamsa: bhiodh Dan McGrath (fear Dean) tugtha don amhrán faoin chú cháiliúil údaí '*Master McGrath*'; bhíodh cur síos ag Tommy Fullan ó Phort an Dúnáin (fear Cissie) ar chúinsí seicteacha san amhrán '*The Old Orange Flute*'; bhíodh dáimh faoi leith ag John McCrossan ón Leamhchoill (fear Susie) leis an '*Rose of Tralee*'; agus sheinneadh Packie O'Hagan (fear Annie) ó Eascrach an fhidil.

Ní raibh na mná chun cúil ach oiread: ba ghnách le Kathleen (bean Phaddy Kelly) '*When the fields are white with daisies*' a rá agus deireadh Dean agus Susie cuid de na hamhráin raidió a raibh tóir orthu san am, amhráin de chuid Delia Murphy, Gracie Fields, Doris Day agus Jo Stafford, mar shampla; sheinneadh mo mháthair '*Danny Boy*' agus an slua á chanadh in éineacht léithi; agus deireadh Pat (aon bhuachaill amháin an tsiúinéara) '*The Pride of Petravore*' agus amhráin eile de chuid Percy French le guth breá glan. Ba é an *Gallowglass Céilí Band* agus *Jimmy Shand and his Band* a chuireadh ceol gramafóin ar fáil do na damhsóirí nuair a thiocfadh an t-am chuige sin.

Ar na píosaí véarsaíochta ar ghnách leo iad a aithris bhí '*Dangerous Dan McGrew*' le Robert Service (Dan McGrath), agus '*The Will*' le Felix Kearney á aithris ag mo dheirfiúr, Sheila, agus ba mhinic a rinneadh an dán le Elizabeth Shane, *'Wee Hughie'* a aithris, dán a bhí lán d'fhocla canúnacha a thaitin oiread sin le daoine is go ndéarfadh siad as béal a chéile é – *'He's gone to school, wee Hughie, and him not four…'* Dhéanadh m'athair mímeoireacht faoi ainniseoir ínteacht a raibh a chuid pocaí lán d'uibheacha aige a chríochnaigh go tubaisteach nuair a bhuaileadh sé na lámha in éadan a chuid ceathrúnacha ag déanamh smionagair de na huibheacha, mar dhea.

Blianta roimhe siúd, bhíodh cóisir na Nollag don teaghlach sínithe i dteach mhuintir mo mháthaire (James agus Bridget Cassidy) ar an Ómaí, teachín beag in *Fairmount Avenue* a bhíodh ag cur thar maoil le daoine. Óladh deoch na Nollag agus itheadh an chuid ab fhearr de bhia na Nollag go lúcháireach agus go cuideachtúil ann. B'ócáidí na hócáidí sin ar an Ómaí agus i nDroim Caoin a thug seans don ghrúpa mhór colceathracha – clann Ghirseacha an tSiúinéara – bualadh le chéile.

Ag amanta eile den bhliain, reáchtáiltí cóisirí i dtithe eile de chuid an teaghlaigh agus i dtithe eile de chuid na comarsanachta chomh maith ó am go chéile. Is cuimhneach liom a bheith i láthair ag cóisir i dteach mhuintir Cholla i nGairbheach an Chuilinn agus i dteach de chuid na gCathánach i Leac an Phraisigh agus i dteach Willie Gorman ar an Tulach agus bhí mé ag cúpla cóisir a tionóladh i nDoire Uaráin (in aice le Bearach) áit a raibh muid ár n-óstáil ag Paddy agus Kathleen Kelly (m'aintín).

Ag ceann de na cóisirí sin, shín Paddy Kelly gloine fuisce do m'athair agus ceann eile domsa ar theacht isteach an doras dúinn. Ní raibh a fhios agam ar feadh dhá mheandar cad é ba cheart dom a dhéanamh leis an ghloine mar nár ól mé deoch meisciúil i gcomhluadar m'athar riamh roimhe sin. Ach ar iompú do bhoise, labhair Paddy agus solas na rógaireachta sa tsúil aige – 'Seo a Shéamais, déan spúnóg nó mill adharc!', a dúirt sé. Ba ag tagairt don tseandóigh le spúnóg a dhéanamh as adharc bó a bhí sé, próiseas inar theastaigh idir dhianchúram agus lámh éadrom ón duine a bhí mbun na hoibre, nó dá dtabhartaí an smitín ba lú sa bhreis don scian thar an mhéid a bhí de dhíth le spúnóg mhaith a chruthú, bheifí ag dul i gcontúirt poll a chur san adharc agus leis sin bhí do spúnóg millte agat. Mhaolaigh seanrá Phaddy ar aon mhíchompord a bhain leis an eachtra agus thug le fios go raibh mé le taitneamh a bhaint as an deoch a thairg sé dom gan amadán a dhéanamh díom féin.

Leis an aimsir, rinneadh ceoltóirí ardáin de Bhrendan agus Declan le grúpaí ceoil mar *'The Candy Style'* (Brendan), grúpa phopcheol tíre, agus *'Knotty Pine'* (Declan), grúpa ceol *Bluegrass* (a bhfuil iomrá orthu ar fud na tíre). Ach níos tábhachtaí ná sin uilig, bhíodh sé ina nós againn seinm le chéile ar ócáidí a bhain leis an teaghlach, breithlaethanta mór le rá, bainiseacha agus a leithéid agus bhaineadh sinn an-spórt agus pléisiúr as teacht le chéile mar sin.

Aidan, Seán, Brendan, Declan, Sheila, ⁊ Séamas, sa bhliain 2010

Tharla sé uair amháin gur sheinn muid le chéile ag bainis cholceathair dúinn le linn don bhanna ceoil proifisiúnta a fostaíodh don lá sos a ghlacadh. Bhí físthéip á déanamh d'imeachtaí na bainise agus mhoithigh muid ina dhiaidh sin go raibh cuid de ghaolta an ghrúim ag déanamh iontais den chostas a chuir an lánúin orthu féin dhá bhanna ceoil a fhostú le haghaidh na hócáide nuair a chonaic siad san fhíseán muid. Ba chur amú airgid a bhí ann, dar leofa. Caithfidh sé gur thaibhsigh muid fónta dófa!

Leanann traidisiún an cheoil ar aghaidh sa chéad ghlún eile: Tá Neil agus Colin, beirt mhac Declan ina gceoltóirí (giotár) agus amhránaithe den scoth; seinneann beirt mhac Aidan (Ciarán agus Diarmuid) an fhidil mar a dhéanann ár níon féin, Sorcha, a bhfuil lámh mhaith aici ar an fhideog agus ar an ghiotár agus a bhfuil guth breá binn aici fosta.

Sorcha agus Pádraig

* * *

Rinne Annie, an deirfiúr ba shine ag mo mháthair, cur síos ar a muintir dom mar seo a leanas:

> Well, I think she was the most marvellous singer – 'Granny Cassidy'. Her and Minnie used to sing together and she played the fiddle. Her mother was great too and her mother before her, Liza Alice Cassidy. She was famous. She sung 'The Parting Glass'.

There was one time there was a Fair Day in Tempo and somebody sang Liza Alice's – my great grandmother's song – 'The Parting Glass'. And this man hit the counter and he says: 'I never heard anybody ever could sing that song like Liza Alice Cassidy!' She was a step-dancer too. She was tall and light and a great dancer and a great singer, great. She was reared in Glengesh and I suppose they were all step-dancers at that time. Somebody learned her and she was marvellous. She used to open the ball, you know, every year for the Mason's [McGirrs], herself and another man. She used to take off her shoes and that was the first dance that was danced, her and some neighbour man that was a good dancer. She was the loveliest singer ever opened a mouth and she died very young. She was only a young woman when she died. Her mother again was a good singer too. It was handed down.

I ndeireadh a saoil, tháinig Granny Cassidy chun cónaithe linne agus lá amháin chuala sí mise ag tabhairt faoi amhrán a rá agus chuir cluas le héisteacht uirthi féin. Ba é an *'Parting Glass'* a bhí ann agus nuair a bhí sé ráite nó leathráite agam d'iarr sí orm é a rá arís. Rinne mé iontas faoi sin ag an am ach ag cuimhneamh siar anois air, dar liom nach ormsa a bhí a haird ach ar a muintir féin agus ar Liza Alice go sonrach, bíodh a fhios nár dhúirt sí focal faoi.

Phós John O'Kane Teresa Cassidy sa bhliain 1941 in eaglais an Chroí Ró-Naofa Íosa ar an Ómaí. Bíodh a fhios gur aimsir an chogaidh a bhí ann agus ganntanas d'achan chineál ag brú orthu, ba i mBun Dobhráin ar chósta an Atlantaigh i gContae Dhún na nGall, ceithre scór ciliméadar ó bhaile, a eagraíodh féasta na bainise. Ainneoin na teirce, d'éirigh le m'athair féachaint chuige go raibh fáil ar oiread artola is a thug ann agus a d'iompair abhaile arís suas le scór carranna de lucht na bainise. I mBun Dobhráin chomh maith a chaith an lánúin úr mí na meala. Sa *Gaelic Hotel* (gur le muintir Uí Mhíocháin é), áit ar ghnách linn ár gcuid laethe saoire cois trá a chaitheamh ar feadh blianta ina dhiaidh sin, a bhí siad.

Sa teach sin le George Thompson i Droim Caoin, trasna an droichid agus ar an taobh ó thuaidh den abhainn, a rugadh mise. An Dr Joseph Campbell (duine den bheirt dochtúir sa Leamhchoill) agus an bhanaltra cheantair, Alice Thompson, a chuidigh le mo mháthair mé a thabhairt ar an tsaol. Rugadh cúigear eile clainne di ina dhiaidh sin idir 1943 agus 1956. Rugadh mo dheirfiúr Sheila Alice (1943) agus Seán Kieran (1945) sa teach céanna sin ach san ospidéal ar an Ómaí a rugadh an chuid eile againn – Aidan Patrick (1949), Brendan Thomas Gerard (1953) agus Declan Joseph (1956). Murab ionann agus mo chuid siblíní níor dáileadh ormsa ach aon ainm amháin nuair a baisteadh mé. D'iompraítí thart i gcliabhán caolaigh den chrann saileach leagtha ar shuíochán chúil charr m'athar mé agus mé i mo naíonán.

Bhí riaradh an ghluaisteáinín adhmaid a rinneadh dúinn ina chnámh spairne seasmhach idir mé féin agus Sheila agus ina chúis achrainn. Tharraing an cinneadh a rinne mé an fheithicil chéanna a phéinteáil gleo nuair a shuigh sise isteach inti agus dúirt nach raibh rún aici corradh as an bhealach nuair a tharraing mise lán na scuaibe de pheint dhearg uirthi agus ar Sheila chomh maith. D'éirigh eadrainn lá eile agus ba é cic an scéil é gur dhaor mé chun seal faoi choinneáil í agus ghlasáil isteach í dteachaín na ngéabha í. Níorbh fhada gur éirigh an gháir go raibh Sheila ar iarraidh agus, ní nach ionadh, chuathas i scaoll. Is oth liom a rá gur fhan mé i mo thost ró-fhada agus nár lig mé faic orm faoin áit a raibh sí curtha faoi ghlas agam. Ach scaoileadh an rún ar deireadh agus tugadh tarrtháil ar Sheila bhocht. Ní thógfainn uirthi é murar mhaith sí dom riamh é. Fianaise is ea an méid sin gur páiste dalba dána a bhí ionam, páiste a bhí brúidiúil go pointe dá aon deirfiúr.

Sheila agus Séamas

Ar an téad céanna, agus mé i mo naíonán i mbaclainn a láimhe ag sagart na paróiste, Father Dougan, is amhlaidh go ndearna mé mo mhún isteach ina phóca...de mhícheapadh, ar ndóigh. Ní fhéadfaí aon chuimhne a bheith agam ar an eachtra sin ach chuala mé an scéilín sin agus ráigeanna eile inste chomh minic sin fúm is go dtig liom mé féin a shamhailt dá ndéanamh. Cuireadh iomardú orm go mion minic agus léasadh maith de shlaitín chrann sailigh corruair. Leis an tarcaisne a chur i gceann na héagóra, chuirtí amach mé leis an tslaitín a bhaint fosta. Hobair go marófaí mé tráth a thit mé amach de thaisme as carr m'athar – a bhí á thiomáint ag Frank Cassidy, fostaí buan dá chuid. Ba mé féin a ba chúis leis nuair a d'éirigh liom mo chos a ardú ar mhurlán an dorais agus é a bhrú síos. Amach liom agus bualadh m'éadan in aghaidh an bhóthair ach níor tharla aon ghortú dom diomaite d'éadan stróicthe agus puisín pléasctha. An Dochtúir Campbell céanna is a thug ar an tsaol mé a d'fhuaigh le chéile arís mé agus a chuir stop leis an gheonaíl a bhí agam nuair a chuir sé banana isteach i mo ghlaic – an chéad amharc a bhfuair mé riamh ar a leithéid. Beart inspioráideach!

Lánúin dhlúsúil shaothrach ab ea iad John agus Teresa a bhain spórt agus greann as an tsaol. Bhí ciall mhaith do ghnóthaí acu beirt agus bhí siad gasta ag cuntas agus scil faoi leith ag m'athair san áireamh béil. Chuireadh mo mháthair boladh an dea-ghnó go réidh rud a rinne sí go rialta sa tsiopa éadaigh agus bróg a reáchtáil sí i nDroim Caoin ar feadh na mblianta. Chuaigh an chomhairle mhaith agus an cúnamh fial a fuair sí óna deirfiúr, Susie, go mór chun tairbhe di san fhiontar sin, bean a chaith cuid mhaith dá saol ag obair i gceann de phríomhshiopaí den chineál sin ar an Ómaí – J. B. Anderson i Sráid an Mhargaidh. Ba ghnó seanbhunaithe siopa mo mháthaire gur leis an tseanlánúin John agus Bridget Maguire tráth den tsaol é agus b'uathu sin a ceannaíodh é mar aon le plota beag talaimh trasna an bhóthair uaidh. Is cuimhneach liom an fuadar a bhí fúithi-se agus Susie an lá a osclaíodh an siopa agus an imní a bhí orthu faoin chéad chustaiméir a thrasnódh an tairseach isteach chucu. Mura gceannódh an duine sin rud éicint – dá laghad é – ní éireodh leis an ghnó, dar leo. Ar ámharaí an tsaoil rinneadh an beart, rud a thug faoiseamh mór don bheirt bhan.

Ba chniotálaí díograiseach mo mháthair agus, mórán mar a bhí gach uile dhuine (agus m'athair san áireamh) san am sin, chaitheadh sí toitíní. An lá sula bhfuair sí bás in aois a 79, liostáil sí na hearraí a bhí uaithi ón tsiopa agus orthu siúd bhí céad toitín. Níor chuir an cineál sin amach ná isteach ar cheachtar acu ó thaobh sláinte de an chuid is mó dá saol.

MAJ LE TERESA ⁊ JOHN O'KANE

Bhí mo thuismitheoirí thar a bheith cliste ag imirt chártaí agus bhí cumas iontach in m'athair i mbun '*Solo*', cluiche casta cosúil le fuist ina mbíonn imreoir amháin ag dul in éadan na n-imreoirí eile. Déantar an méid cleasanna a fhógairt a mheasann an cearrbhach a bheith in ann iad a ghnóthú. Bhí *misère* ar cheann de na roghanna a bhí ann agus ba rogha an-deacair ar fad a bhí ann mar gurb é a bhí i gceist leis gan oiread agus cleas amháin ar chor ar bith bith a ghnóthú. B'iontach an mac é m'athair maidir leis na cártaí a áireamh go cruinn chun an *misère* a thabhairt i dtír. Bhí mo dheirfiúr, Sheila, iontach bláfar fosta agus scoithe láimhe aici ar cheardanna láimhe agus déanamh cuilteanna. Is beag ar fad den chineál sin cumais a tháinig anuas chugamsa ó mo mhuintir. Bhí m'athairse comhdheas ar gach láimh mar atá mé féin go pointe: leis an chiotóg amháin a dtig liom cártaí a chur amach; deasógach a bheinn dá mba dhornálaí mé agus leis an chos chlé a rómhraím an talamh.

Ba ghnách le m'athair turasanna bus a reáchtáil sa tsamhradh go Cnoc Mhuire i bhfad ar siúl i gContae Mhaigh Eo. Chuireadh lán cúpla bus acu chun bealaigh ar an Domhnach pacáilte go dtí an doras agus cathaoireacha infhillte adhmaid aníos an pasáiste idir na suíocháin go fiú chun go bhféadfaí tuilleadh oilithrigh a bhrú isteach. Stopadh na busanna i mBun Dobhráin le haghaidh aifreann moch maidine an Domhnaigh agus ar aghaidh leo ansin suas go Sligeach agus uaidh sin ó dheas go Tobar an Choire, Baile Chathail agus sráidbhaile Choc Mhuire féin ar deireadh – an áit ar nocht an Mhaighdean Bheannaithe, Naomh Iósaif agus Naomh Eoin sa bhliain 1879. Bhíodh paidrín i ndiaidh paidrín á rá gan stad ag na hoilithrigh i rith an bhealaigh ag prapáil don mhórphaidreoireacht ar ball agus eile ar an láithreán. D'éireodh m'athair tuirseach den tsíorghuí agus nuair a bhí bunscríbe bainte amach acu, bhéarfadh seisean agus na tiománaithe bus cuairt ar cheann den bheagán tithe óil a bhí san áit lena ngoib a fhliuchadh. Lá dá raibh mé ann, bhuail ógánach a raibh 'blas an tSaorstáit' ar a theanga bleid orm agus muid ag fanacht leis an tslua pilleadh ar ais ó na searmanais. Luaigh sé rud liom a thug tuigbheáil bhreise dom ar a raibh i gceist maidir liomsa a bheith i m'Éireannach agus i mo Thuaisceartach nuair a mhínigh sé gur fearr na Caitlicigh iad Caitlicigh an Tuaiscirt ná an dream ó dheas i ngeall ar an chur in éadan go mb'éigean dófa cur suas leis taobh thall den teorainn. Ní raibh ansin ach baothchaint, ar ndóigh, ach baineadh siar asam ina dhiaidh sin mar gur chuma linn a bheith in éagmais an chur in éadan céanna.

Dá leanfadh sé linn ar an turas fada síos ar ais chun an Tuaiscirt seans go dtiocfadh sé ar mhalairt tuairime faoi fheabhas an Chaitliceachais ó thuaidh. Ar an chéad dul síos, bhí an dúil sa phaidreoireacht maolaithe go mór faoin am sin agus ní raibh ach corrphaidrín á rá go fuarbhruite ar an bhóthar síos go Bun Dobhráin. Ach chuaigh an díogras sin i ndísc ar fad chomh luath is a tharraing na busanna isteach ar phríomhshráid an bhaile sin. D'fhéadfá a rá gur thit an tóin as an oilithreacht ag an mhóiméid sin nuair a ghéill na hoilithrigh as éadan don chathú a raibh siad timpeallaithe aige, na meáisíní cearrbhachais agus na tithe tábhairne! Is cuimhneach liom oilithreach amháin a raibh gloine sa ghlincín aige ag stamrógacht amach as an bhus sa Leamhchoill agus chuile bhéic aige – '*If I don't see youse through the week, I'll see youse through the window!*'

Dhéantaí oilithreachtaí go háiteacha eile ní ba ghaire do bhaile chomh maith, go Tobar an Dúin i bparóiste na Tearmann in aice le Leitir Ceanainn i gContae Dhún na nGall, mar shampla, agus go Loch Dearg in aice le Paite Gabha sa chontae chéanna fosta. Fadó, ba ghnách le pobal na Leamhchoille an turas go Loch Dearg ('Purgadóir Phádraig') a dhéanamh de shiúl na gcos trasna na gcnoc in iarthar na Leamhchoille ar bhealach an Stocáin. Ba mhinic a thug mo mháthair agus mo dheirfiúr, Sheila, cuairt ar an 'Oileán', mar a bheirtí air, ach bíodh a fhios gur ghnás le m'athair a mhaíomh gur minic a thiomáin sé lucht oilithreachta chun an chladaigh níor sheas sé féin riamh cos istigh ar an oileán agus ní dhearna mé féin ach oiread é. Bhí an córas a bhí i réim san am sin crua go maith gona throscadh géar, bigil oíche agus turas cosnochta thart ar na stáisiúin lomlán de chlocha spiacánacha. Chonaic mé Sheila agus mo mháthair ag pilleadh abhaile tráthnóna tuirseach traochta i ndiaidh a ndeachaigh siad fríd agus, stiúgtha leis an ocras agus uile mar a bhí siad, ag fanacht go foighdeach go mbuailfeadh an clog buille an dó dhéag san oíche agus go raibh cead acu a gcéalacan a bhriseadh. Mná misniúla!

Bhí gnáthaicídí beaga agus móra na hóige orainn agus bíodh a fhios go raibh mo mhuintir ina sá den tsaol, chloíodh siad lena bhfréamhacha agus níor leasc leo dhul i muinín leigheasanna traidisiúnta pobail mar aon le leigheasanna an dochtúra nuair a mheas siad go raibh gá leo – le leonadh nó borrphéist, mar shampla. Rinneadh mo leigheas ar an triuch nuair a cuireadh thart trí huaire faoi asal mé, córas ar a dtugtar 'dul fríd', seanchleas ón dílinn a bhfuil d'aidhm aige duine a 'aistriú' ó staid amháin (tinn) go staid eile ('folláin'). Ar an dóigh chéanna, ní raibh le déanamh agat chun faithne a ghlanadh ar siúl ach seilide dubh a aimsiú (gan iarraidh) agus é a chuimilt don fhaithne agus ansin é a shá ar dhealg agus de réir is mar bhí an seilide ag tnáitheadh bhí an faithne ag imeacht de réir a chéile fosta.

SÓC LE BÓ IN AICE LE DROIM CAOIN

Chuaigh muid ag siúl thart fríd na páirceanna ar bhruach na

habhna agus ar laethe breátha samhraidh ceadaíodh dúinn dul ag snámh (agus súil ghéar á coinneáil orainn) san abhainn, áit a dtugadh siad 'The Meetings' air mar ar bhuail trí shruthán ag titim anuas ó na cnoic thart orthu le chéile. Bhí poll domhain istigh ina lár a raibh eagla ár gcroí orainn roimhe mar gur chreid muid gur 'turnhole' nó poll súraic a bhí ann a bhéarfadh chun bealaigh muid dá dtéadh sinn in aice leis. Choinnigh muid leis an bhruach agus lapadán gar go maith dó. Bhí áit eile san abhainn a dtugadh siad na 'Sandy Beds' air, lúb san abhainn agus cladach breá gainimh ann. B'áit iontach le haghaidh 'iascaireacht' pincíní le prócaí suibhe agus corda beag ceangailte thart ar a mbéal acu. Ba sheomra folctha ag teaghlaigh bhochta fosta é agus d'fheictí páistí á dtreorú ann tráthnóna Dé Sathairn le iad féin a ní de cheal uisce reatha sna tithe acu agus deiseanna folctha mar ba chóir.

Gléas iascaireachta eile déanta sa bhaile an chéad chéim eile a thug mé ina dhiaidh sin. Níor theastaigh uait ach géag fhada chaol crainn gona ruaim, seanspól agus tairne bheag sáite ina ceann mar ríl, duán, corc ó bhuidéal portair (a mbíodh fáil orthu sna pubanna áitiúla) agus próca cuiteoga agus bhí leat. Bhíodh sinn go síoraí ag tnúth le tuile san abhainn go speisialta ceann a thiocfadh i dtobainne agus a bheadh sách láidir chun créafóg agus cuiteoga a ruaigeadh amach ón bhruach agus na bric a chur á n-ithe san uisce láibeach. D'éireodh go maith leat dá mbeitheá amuigh in am chun breith ar an tuile á luaithe agus tháinig sí agus sular éirigh leis na bric craos a dhéanamh agus gur imigh an aiste a bhí orthu in éag, nó nuair a bhí leibhéal na habhna ag titim siar ar ais agus an tuile ag ionsaí spíonta agus aiste ag teacht ar an iasc arís.

*   *   *

Ní raibh teora ar bith leis an spéis a chuir muid sa pheil nuair a bhí muid óg. Chothaigh m'athair an spéis sin mar gur peileadóir a bhí ann féin tráth den tsaol agus bhíodh sé ag freastal ar chluichí móra agus beaga, agus cluichí contae thall is abhus agus cluichí craoibhe i bPáirc an Chrócaigh anois is arís. An chéad uair a sheas mé cos i bPáirc an Chrócaigh ina chuideachta siúd a bhí sé ag an chluiche Leathcheannais idir Ard Mhacha agus Ciarraí sa bhliain 1953 agus mé ar dhuine den lucht féachana i mo shuí gar go maith don taobhlíne. Bhí mé i mo bhall d'fhoireann mionúr Dhroim Caoin a ghnóthaigh Sraith na Mionúr in Iarthar Thír Eoghain sa bhliain 1959. Bhí muid ceaptha le déanamh go maith sa chraobh an bhliain chéanna ach, bhuail Fionntamhnach muid (i ndiaidh athimeartha) sa chéad bhabhta agus chuir sin deireadh linn.

I mo lánchúil a bhí mé sa dá chluiche agus bhí páirtí ranga a shuigh ar aon bhinse liom ina lántosaigh in m'aghaidh. Bhí an bheirt againn ag tnúth go mór leis an chluiche agus thug muid mionna agus móid go n-imreodh sinn cluiche breá spórtúil in aghaidh a chéile an lá sin. Faraor géar, ní mar shíltear a bítear – ní dhearna mo pháirtí ranga ach stodaí a bhróige a tharraingt anuas ó ghlún go rúitín orm in aon turas an chéad seans a fuair sé orm. Níor tugadh agus níor iarradh aon cheathrú anama uaidh sin amach go deireadh an chluiche.

Imríodh an chéad chluiche i nDroim Caoin agus díol suntais ab ea an chaoi ar ídíodh anuas an farasbarr mór pointí a scóráil muid sa chéad leath go dtí go raibh muid gob ar ghob le Fionntamhnach agus gan ach bomaite nó dhó fágtha agus an chuma air go mbeadh an lá leis na cuairteoirí nuair ab éigean don mholtóir stop a chur leis an chluiche mar gur thoisigh lucht tacaíochta an dá fhoireann ag greadadh a chéile ar an taobhlíne agus i lár na páirce ina dhiaidh sin. Imreas bréige a bhí ann a thionscnaigh dream s'againne le rosc catha bhréige agus iad ag béiceach '*Up Fintona for hairy butter!*' nuair a thuig siad go mbeadh thiar orainn. Buaileadh amach as an chraobh muid san athimirt (a bhí leamh go leor mar chluiche i gcomórtas leis an chéad chomhrac) i bPáirc na mBráithre Críostaí ar an Ómaí.

Níos moille anonn an bhliain sin ghlac muid páirt i gcraobhchomórtas do Chlubanna Mionúr Chúige Uladh agus chríochnaigh muid ar chomhscór in éadan Bhaile Úr an Bhuitléaraigh, curaidh na bliana i gContae Fhear Manach, sa chéad bhabhta. Bhí rogha thrí pharóiste againne – An Leamhchoill, agus dhá pharóiste eile in aice linn nach raibh aon chlub iontu san am – Achaidh Árann agus An Dreagais – agus bhí foireann láidir againn. Bhíthear dóchasach go maith go mbeadh an lá linn agus thraenáil muid go crua don chluiche a imríodh i mBaile an Irbhínigh in oirthuaisceart Chontae Fhear Manach céad méadar nó mar sin ón teorainn le Tír Eoghain. Bhí coimhlint éachtach eadrainn agus chríochnaigh an cluiche cothrom ar chomhscór.

Socraíodh dáta don athimirt ach níor imir mise an tráthnóna sin ná aon tráthnóna eile go deo ina dhiaidh sin i ngeall ar rogha an dá dhíoga gan choinne a tharlaigh romham. Bronnadh bonn óir Ghael Linn orm an tráthnóna sin i Halla Naomh Pádraig in Ard Mhacha, bonn a tháinig idir mé agus an cluiche peile sin faoinar loic mé go tromchroíoch ar an fhoireann s'againne. D'fhéadfá a rá go deimhin gur scar mé le spórt agus peil ar mhaithe le Gaeilge ní hé amháin. Ní raibh lá áiféala orm faoi ná aon chaitheamh ina dhiaidh ach seans nach raibh dearcadh chomh réchúiseach sin ar an cheist ag mo chomrádaithe peile san am. Ní thógfainn orthu é mar bualadh amach as an chraobh sin chomh maith muid san athimirt. Lean mé cúrsaí peile ina dhiaidh sin ón taobhlíne agus leanann go fóill agus cineálacha eile spóirt chomh maith ach níor tharraing mé aon bhróg peile orm ó oíche sin Ard Mhacha go dtí an lá inniu.

Bhí peil Ghaelach ar cheann den bheagán cineálacha spóirt eagraithe sa Leamhchoill san am sin agus bíodh a fhios go raibh bearna leathan pholaitiúil/sheicteach sa phobal trí chéile – ach oiread leis an lá inniu – bhain muid sult as an mhuintearas a rinne roinnt bheag Protastúnach ligthe lúfar linn a ghnóthaigh áit go réidh ar an fhoireann peile. Ainneoin an tsabóideachais thréin a bhí ann san am d'imríodh siad linn Domhnach is dálach.

Ba mhac le fear siopa Protastúnach stócach de na stócaigh sin a raibh an-mheas againn orthu agus, le hómós dá bhonn custaiméirí Protastúnacha, ordaíodh don stócach a bhí fá réir le cur chun bóthair linn ar an Domhnach a fheisteas peile a bheith sáite i bhfolach aige oíche Dé Sathairn taobh thiar de chlaí síos an bóthar uaidh as a bhféadfadh sé é a bhailiú go discréideach an lá dár gcionn. Bhí fear eile de na stócaigh sin ina chaiptín ar an bhfoireann ina dhiaidh sin agus tá grianghraf de crochta ar bhalla den chlubtheach atá anois ann.

Bhí an t-am ann nuair nach raibh aon chlub peile againn ná trácht ar a leithéid ach níor mhaolaigh sin ar an dúil a bhí againn sa pheil. Bhí cibé socrú a bhí ann roimhe sin titithe as a chéile faoin am sin ach bhíodh liathróid á ciceáil ó dhuine go duine againn go síoraí agus dúil chráite againn cluichí a imirt le foirne eile in áiteacha eile dá bhfaigheadh sinn seans. Iarracht de na hiarrachtaí a rinneadh an méid sin a chur i gcrích ab ea an 'cluiche' a d'eagraigh mise idir mo pháirtithe ranga i mBunscoil na mBráithre ar an Ómaí agus 'foireann' s'againn féin i nDroim Caoin. Tháinig deichniúr nó dáréag d'ionadaithe na hÓmaí ar cuairt chugainn ar an bhus Satharn amháin.

Thug muid faoina chéile ar pháirc bheag de chuid na háite le hainm is postaí in airde againn is eile. Ní fhéadfaí a mhaíomh gur lúthchleasaithe nó peileadóirí móra iad go leor de na rannpháirtithe ón Ómaí agus b'fhurast dúinn sárú orthu an lá sin ainneoin gur chaill muid duine de na peileadóirí ab fhearr a bhí againn leath bealaigh fríd an chluiche mar go mb'éigean dó bailiú leis 'na bhaile nuair a tháinig glaoch óna mhamaí go raibh an dinnéar ar an bhord aici. Ba bhean í sin nach gcuirfeadh éinne suas di. Réitigh mo mháthair béile beag dúinn uilig agus d'imigh na cuairteoirí ar ais chun na hÓmaí le bus an tráthnóna.

Ar ócáid eile, d'iompair m'athair agus comharsa linn baicle againn le carranna go háit a dtugann siad an Droim Dubh air, in aice le Bearach taobh ó dheas den Ómaí chun cluiche a imirt in aghaidh foireann gan stádas ach oiread linn féin. Ba iad mo chuid páirtithe ranga ón cheantar sin i Meánscoil na mBráithre a d'eagraigh an cluiche sin agus m'athair agus fear de chuid na háite sin, Paddy Kelly (an fear a bhí pósta ar m'aintín Kathleen, mo charas Críost) ag obair i bpáirt leo. Níl barúil agam cad é an scór a bhí ann ná cé bhain an cluiche ach beidh cuimhne go deo agam ar an dá charr a d'iompair ann agus ar ais 'na bhaile muid agus peileadóir de na peileadóirí s'againne brúite isteach i gcófra bagáiste charr m'athar de cheal spáis sa charr féin. Dheamhan dochar a rinne sé dó ach stop m'áthair anois is arís le cinntiú go raibh mo dhuine ina bheo i gcónaí. Tháinig feabhas ar chúrsaí agus de réir a chéile d'éirigh linn feisteas a cheannach agus geansaithe buí mar chuid tábhachtach de. Múinteoir scoile áitiúil a mhol dúinn mogóirí róis a phiocadh le haghaidh díol agus thiomsaigh muid oiread acu sin le chéile fud fad na paróiste is a sheas costas an fheistis dúinn.

Tá dathanna eile ar fad ag an chlub atá anois ann – agus ainm a eascraíonn as polaitiú na sochaí mar thoradh ar 'na trioblóidí' sa Tuaisceart; Cumann Uilf Teoin a thugtar anois air. Mar atá go forleathan anois sa CLG ar na saolta deireanacha seo, tá páirc bhreá dá chuid féin ag an chlub gona sheastán agus clubtheach téagartha. Is pointe teagmhála do phobal na Leamhchoille idir fhir is mhná é, ach ar an drochuair tá gné na rannpháirtíochta thrasphobail a bhí suas le mo linn-se ar iarraidh bun barr. Ar an láimh eile, bíonn peileadóirí CLG an lae inniu rannpháirteach i spóirt eile, rugbaí agus sacar ina measc, agus go deimhin féin bíonn tóir orthu ag clubanna eile den chineál sin rud nach raibh fíor ar chor ar bith roimhe seo. Orthu seo (ach ní sa Leamhchoill), tá beirt nia liom a d'imir rugbaí d'fhoireann na hÉireann faoi 19 agus faoi 20 bliana araon agus d'imir fear acu do Chúige Uladh fosta.

* * *

Tá cuimhne agam ar bhliain an tSneachta Mhóir, 1947, nuair nach rabhthar in ann éirí amach ar feadh seachtainí fada i ngeall ar a raibh de mhuca agus síoba sneachta ann. Feicim go fóill na tolláin agus na casáin tríothu agus an sneachta crochta os ár gcinn agus muid ag siúl iontu. Chuala mé blianta ina dhiaidh sin faoin obair éachtach a rinneadh chun corp a bhí le cur a aistriú amach as an teach nuair a b'éigean na claíocha a shiúl leis an chónra chun an príomhbhóthar a bhaint amach. Ba mhinic a raibh fuacht pholltach agus

'Sneachta Mór' na bliana 1947

siocán crua le fulaingt sa gheimhreadh againn; ach sholáthraigh sé sin deiseanna iontacha dúinn sleamhnáin a dhéanamh, go speisialta anuas an mhala rite ar shráid mhór an tsráidbhaile a raibh seanphumpa gona chóta cocháin in airde ann a choinnigh neart uisce leis an tsleamhnán sin agus a rinne fíorsciorrach é. Ba ghnách le cuid den taos óg sleamhnáin a dhéanamh go meargánta ar dhromchla reoite locha bhig a bhí in aice linn dá dtigeadh oíche sheaca an-dian go deo.

Maidineacha geimhridh bhíodh creathanna fuachta orm féin agus ar ghasúir eile mar mé féin a mbíodh bríste gairid á chaitheamh againn. Bhí an teach ina chíréip romham tráthnóna geimhridh amháin nuair a phill mé abhaile ón scoil agus buataisíní fionnaidh mo mháthaire orm, buataisíní a bhí imithe ó mhaidin agus nach raibh tásc ná tuairisc le fáil orthu go bhfacthas ar mo chosa-sa iad. Meidhir a tháinig ar an líon tí in áit an mhearbhaill a bhí orthu roimhe sin nuair a dhearc siad ormsa agus na buataisíní á gcaitheamh go neamhchotúil agam. Ní raibh call ar bith againne le buataisíní ná bróga laethe breátha samhraidh agus ba é mian ár gcroí a bheith ag rith thart cosnochta. Thigeadh sinn abhaile tráthnóna smeartha le clabar agus tarra agus ní raibh aon dul as sula ligtí isteach chun an tí sinn ach an salachar a ní chun siúil agus im a chuimilt ar na cosa leis an tarra a bhain díofa. Bhí bróga samhraidh eile againn a dtugadh sinne 'gutties' orthu, bróga éadroma ar dhroch-chaighdeán ar nós bróga leadóige ach gan iad a bheith leath chomh galánta leo siúd. Ba de ghuma peirc [*guttapercha*] iad, stuif láidir liathdhubh a tháinig as an Mhalae go bhféadfá a dhathú lena dhéanamh bán. *'The Gutty'* an leasainm a baisteadh ar halla rince faiseanta in Inis Ceithleann i gContae Fhear Manach arbh ainm dó ó cheart *'The Silver Slipper'*.

Ba chaitheamh aimsire mór againne sa tsamhradh, an rud a dtugadh sinne *'birling hoops'* air. Ní dheachaigh muid in aon áit gan fleasc a bheith linn ach amháin Aifreann an Domhnaigh. Ní raibh san fhearas sin ach seanfhleasc rotha rothair agus bhíodh cipín adhmaid i do leathláimh agat i rith an ama le leagan air agus le coinneáil leis agus tú ag rith agus an fleasc á chasadh agus á stiúradh agus á stopadh agat. Bhí cuid bheag acu ar dhéanamh taibhseach – cineál *de luxe* mar a déarfá – gona tiúbanna agus boinn rubair; bhí inlíocht agus luas thar na bearta ag baint leo siúd bíodh a fhios nach mbíodh oiread racáin leofa agus a bhíodh leis an fhleasc lom.

Tharlódh sé anois is arís aimsir shamhraidh go dtéadh sinn ar aistear fá na cnoic in iarthar na Leamhchoille ag tarraingt ar loch a dtugtar Loch Lao uirthi a bhfuil trá gheal ghleoite gainimh thart timpeall uirthi. Bhaintí úsáid sa tseanam as an ghaineamh a bhí ina chlár súgartha againne mar ghléas chun faobhar a chur ar sceana agus ar chorráin agus spealtracha. Ach oiread leis an abhainn, bhí contúirt sa loch chéanna, agus ar an ábhar céanna, mar bhí sé amuigh uirthi go raibh poll súraic inti a thug uisce na locha chun bealaigh leis ó íochtar faoi thalamh agus i bhfad ó bhaile.

Mar a bhí sna paróistí eile máguaird, uair sa bhliain le linn an tsamhraidh dhéantaí rásaí nó '*sports*' a eagrú agus a reáchtáil. Bhí na scórthaí oibrithe deonacha i mbun an réitigh do na rásaí agus bhí na tráthnóntaí roimh an lá mhór ag ionsaí chomh spreagúil céanna leis an lá féin. Lomtaí féar, chuirtí suas postaí agus sconsaí, dhéantaí na cúrsaí lúthchleasa a rianú agus a thomhais amach agus páirc na himeartha don ilchomórtas peile mhórsheisear an taobh a leagan amach. Bhí sruthán beag ag rith thart ar imeall na páirce agus chuir mise spéis i gcónaí sa droichead beag sealadach adhmaid a thógtaí go speisialta mar bhealach isteach trasna an tsrutháin don phobal a tháinig chuig na rásaí. Leis an chlapsholas oíche Dé Sathairn chuirtí an crann brataí in airde, crann nach raibh ann ach cuaille garbh de chrann giúise ar lomadh na géaga de. Ní chuirtí brat na hÉireann ar foluain go dtí lár an lae Dé Domhnaigh agus an slua ag bailiú isteach ar eagla go mbainfeadh na póilíní anuas é mar go raibh sé in éadan dlí Stormont an suaitheantas náisiúnta a nochtadh go poiblí. Bhíodh brat na hÉireann greamaithe d'fhorstua halla na paróiste agus sheinntí *Amhrán na bhFiann* (*'The Soldier's Song'*) ag rincí agus ócáidí eile ann (bíodh a fhios gur beag duine a raibh na focla ar eolas acu i mBéarla nó i nGaeilge). Is mar bhrat Shinn Féin seachas brat na hÉireann a bhreathnaíonn cuid mhaith de na daoine anois air.

Ceann de phríomhghnéithe na rásaí ab ea na bannaí ceoil píbe ag máirseáil fud na páirce. Bhí banna na Leamhchoille, banna de chuid na '*Hibernians*' nó '*Oul' Hibs*' (mar a bheirtí go minic orthu) ar cheann acu sin gléasta go simplí i mbrístí dubha agus léinte bána agus banna eile a raibh an filleadh beag á chaitheamh acu agus a raibh 'Tulach Néill' scríofa ar an droma mór a bhí ar iompar acu. Fuair mé amach ina dhiaidh sin gur ó bhaile beag taobh ó dheas den Ómaí iad, baile a dtugann siad *Sixmilecross* i mBéarla air, a tháinig siad. Chomh fada agus a bhain sé liomsa agus mórán mór eile ar an láthair, tharlódh sé gur ainm an drumadóra seachas ainm áite an 'Tulach Néill' céanna.

Pointe teagmhála ag na rásaí ab ea na Seomraí Tae a lonnaíodh sa tseanUachtarlann – ní i ngeall ar an tae agus sólaistí milse a bhí ar fáil iontu amháin – ach i ngeall ar an raidió gona bhataire fliuch, stáisiún Raidió Éireann (nó *'Athlone'* mar a bheirtí air) aimsithe aige agus glór Mhicheáil Uí Eithir ag moladh gaiscígh chontaethe i bhfad ó bhaile ag starrfach thart i bPáirc an Chrócaigh sna cluichí leathcheannais peile. Bhíodh sinne suas le haghaidh cibé foireann Ultach a bhí ag dul sa tseans in éadan leithéidí Chiarraí, Chontae na Mí, nó Chontae Mhaigh Eo. Chuir sloinntí éagoitianta na bpeileadóirí mar Prendergast, Loftus, Langan, Gilvarry agus Mongey (as Maigh Eo), strainséartha agus uile mar a bhí siad, le draíocht na hócáide ar bhealach aisteach ínteacht.

Ba speisialtóireacht faoi leith ag seanpheileadóir den scoth de chuid na Leamhchoille agus tábhairneoir áitiúil aithris a dhéanamh ar Mhac Uí Eithir agus a ghlór inaithianta. Chun údarás sa bhreis a dheonú dá chur i láthair bhí sé ina nós aige sin píosa Gaeilge mar dhea a fhógairt ag tús na cainte. Ní raibh aon fhocal Gaeilge aige, ar ndóigh, ach níor stop sin é mar nach raibh sa mhéid a bhí á rá aige ach cnap siollaí seafóideacha ar mhullach a chéile ag tabhairt le fios dá lucht éisteachta (a bhí chomh dall ar Ghaeilge is a bhí sé féin) gur Gaeilgeoir paiteanta a bhí ann. *'A-slug-a-sloo-a-slug-a-slug-a-hone-y'* an réamhchantaireacht bhréagach seo a bhíodh aige agus ba ghnách leis an réamhfhocal úd lena chuid 'tráchtaireachta' a dhul i bhfeidhm go mór ar a lucht éisteachta.

Ní raibh sé i ndán do Thír Eoghain Craobh Chúige Uladh a ghnóthú go dtí 1956 agus Páirc an Chrócaigh a bhaint amach sa chluiche leathcheannais dá bharr sin in éadan Chontae na Gaillimhe. D'fhág siad Páirc an Chrócaigh folamh an lá sin. Ach bhí siad buacach i gCluain Eois sa bhliain 1956 agus Corn an *Anglo Celt* abhaile leo den chéad uair. Bhí mé ann le m'athair agus is cuimhneach liom fear a fheiceáil ag díol bailéidí clóite garbhdhéanta ar thaobh na sráide, leathlámh lena chluais aige mar a bheadh sé ag casadh an amhráin suas ina mhuinchille. Caoineadh bréige faoi anbhás a d'fhulaing asal anaithnid ar an teorainn áit ar mharaigh scaifte *B Specials* é le rois piléar dírithe dar leo ar ionróirí de chuid an *IRA*.

Chuaigh muid i ngleic le feirmeoireacht de chineál amháin nó de chineál eile thar na blianta. Bhí caoirigh, ba, muca, cearca, géabha, lachain agus turcaithe againn ó thráth go chéile agus mar aon le réimse glasraí coitianta, bhí cuiríní dubha, spíonáin ('*goosegabs*' a bheirtí orthu), biabhóg agus sú talún againn. Nuair a bhí barr maith acu sin ann (agus fáil ar oráistí) bheirtí faoi shubh a dhéanamh ar mhionscála tionsclaíoch. Bhí an pónaire leathan ar ghlasra de na glasraí ab ansa le m'athair agus tá dúil nimhe agam féin ins na pónairí céanna fosta. Dhéantaí maistreadh a bhualadh nuair a bhí ba againn, bhítí ag gabháil d'fhéar agus corruair lín agus bhaintí móin mhaith dhubh sléibhe, an chuid is fearr di. Bhíodh sinne uilig a bheag nó a mhór páirteach san obair a bhain leis na himeachtaí seo uilig agus ní hionann sin is a rá gur thaitin siad ar fad linn i gcónaí.

Ba shaothar duaisiúil go maith é baint na móna bíodh a fhios go raibh de bhuntáiste leis gur fhéad muid laethe breátha samhraidh a chaitheamh faoin tsliabh os cionn Gleann Sleamhain nó suas '*Number Ten*' an t-ainm saoithiúil a bheirtear ar an mhala rite suas uaidh sin chun an phortaigh. Bhí tae sa phortach ina phléisiúr speisialta agus dreas codlata ina dhiaidh corruair agus sinn ag ligean ar scíste tamall. Gléas rabhaidh gan dabht chun sinn a choinneáil ag leanúint den obair ab ea an tuairisc faoin arc sléibhe ('*mankeeper*' nó '*newt*'), dúil bheag cosúil le breac ceathairchosach a thaithíonn an fraoch a raibh sé amuigh air go sleamhnódh sé síos sa sceadamán ort dá bhfaigheadh sé seans ort agus tú i do chodladh amuigh. D'fhanadh sé istigh ionat ag ithe agus ag ól leis le linn duit a bheith ag meath agus ag dul ó mhaith.

Bhí leigheas ann don staid léanmhar sin agus leigheas creathnaitheach go maith é mar chaithfeá diantroscadh a dheánamh gan dadaí a ithe ná a ól go cionn trí lá. Nuair a bhí an méid sin curtha díot agat chaithfeá slám scadán saillte a ithe agus tamall ina dhiaidh sin a dhul fhad le sruthán a mbeadh neart uisce ag titim síos ann agus tú féin a shíneadh ar do bhéal is do shrón, béaloscailte agus do chloigeann amach píosa os cionn an uisce. Luath nó mall ina dhiaidh sin, thiocfadh an t-arc sléibhe – a raibh oiread tart air féin faoin am sin agus bhí ar an ainniseoir a bhí ag iarraidh é féin a leigheas – aníos agus amach ar bhéal an othair leis an tart a mhúchadh san abhainn. Is cosúil gur tharla sé uair amháin d'ainniseoir acu seo go raibh sé de shásamh aige, agus é ina luí os cionn an tsrutháin agus é ar leathadh béil, arc sléibhe a fheiceáil ag sleamhnú amach lena tart a mhúchadh agus ansin ag sleamhnú isteach ar ais arís chun tarrtháil a thabhairt ar mhórsheisear rudaí óga dá cuid a bhí fágtha aici ina diaidh istigh.

Mo Mhuintir Féin

Tá dáileadh forleathan idirnáisiúnta ag an scéilín sin faoin arc sléibhe a cuireadh dá dhroim seoil agus tá cuntas le fáil ar a leithéid i seanlitríocht na Gaeilge ag dul siar míle bliain agus, gan dabht, sa traidisiún béil roimhe sin arís. Chreid na daoine dá bhféadfá greim a fháil ar arc sléibhe agus a bholg a lí le do theanga – ag dul sa tseans, ar ndóigh, go léimfeadh sé isteach i do bhéal – go mbeadh leigheas agat do dhó chnis. Ní raibh le déanamh agat ach an dó a lí lena leigheas, más fíor. Bhí aithne agam ar fhear de chuid na Leamhchoille a rinne sin agus a raibh a leithéid de leigheas aige. 'An Dochtúir' a ghlaoití ina leasainm air.

Tharlaigh anois agus arís go bhfágtaí sa bhaile muid agus an áit fúinn féin ('le cúram a dhéanamh den teach') nuair a bhí ár dtuismitheoirí imithe ar thuras lae in áit ínteacht – go Dún na nGall, seans, contae a raibh an-tóir acu uirthi. Bhí cúpla céad cearc againn á gcothú faoi chóras domhaineasrach agus tháinig mise ar phlean leis an *ennui* a bhí dár gcrá a chur ó dhoras nuair a d'aimsigh mé braon fuiscí sa teach agus chuaigh mé á mheascadh fríd bhia na gcearc go bhfeicinn ar meisce iad. Ba chleas caidheach é ach bhí an-spórt againn ar feadh seal ina dhiaidh sin ag faire ar na créatúir bhochta agus na cosa ag imeacht uathu agus iad ag titim agus ag éirí thall is abhus fríd theach na gcearc. Buíochas do Dhia go dtáinig siad chucu féin gan mhoill agus nach raibh a dhath ar bith orthu ina dhiaidh sin ach oiread de thairbhe mo chuid amadántaíochta. Tharlódh sé go mbeadh droch-chríoch ar an obair sin uilig, dá bhfaigheadh ceann acu bás nó dá gcuirtí isteach ar an táirgeadh uibheacha dá bharr. Ag breathnú siar anois air, ní miste dom a admháil gur maith agus gur rímhaith a bhí lascadh den slaitín sailigh tuillte agam mar gheall air, ach bhí an lá ag dlí an *omertà* mar níor tráchtadh riamh ar an obair sin agus ní bhfuair mo thuismitheoirí gaoth an fhocail faoi riamh.

Roimhe sin, bhí táirgeadh uibheacha ina chuid lárnach de gheilleagar na tuaithe mar go ndéantaí iad a bhabhtáil le fear an tsiopa agus earraí grósaera agus rudaí eile a fháil ina n-áit. Bhí raidhse uibheacha le díol ag Granny O'Kane dá réir sin ón tsiopa s'aici féin anuas ar a raibh d'uibheacha ag a cuid cearca féin chomh maith. Bhí jab mór le déanamh aici uair sa tseachtain na huibheacha sin a ghlanadh go cúramach agus iad a stóráil ins na cásaí móra adhmaid a raibh siad le cur chun bealaigh iontu ina dhiaidh sin. Ba ghnách le gníomhaire taistil a dtugadh siad 'fear na n-uibheacha' air na cásaí a bhailiú ón teach agus iad a thabhairt fhad le lárionad speisialta. Tháinig an t-am gur ceadaíodh domsa mo sciar féin den obair sin a dhéanamh. Ba chomhartha go raibh iontaobh aici asam mar nach ligfeadh sí de chóir na n-uibheacha mé murar thuig sí nach scoiltfinn an blaosc orthu agus mé á gcuimilt go fuinniúil le clabhta tais (ar maos i sóid) leis an tsalachar a bhaint díofa. Ligfeadh sí dom fosta cuidiú léithi sa tsiopa maidin Domhnaigh i ndiaidh an aifrinn ag tomhais tae ina mhálaí punta agus dhá phunta as cófra mór adhmaid agus bhí de spórt agam a bheith ag gearradh unsaí tobac ó shlat fada tobac le scian speisialta, uirlis a raibh cloigeann leathchiorcalach agus faobhar fíorghéar uirthi. Thaitin sé sin uilig liom agus ba dhuais ann féin a bheith páirteach san obair sin ach chinntigh Granny i gcónaí nach n-imeoinn uaithi ina dhiaidh sin gan buidéal 'mianra' agus ciste beag crua a dtugadh siad *'Paris bun'* air i mo ghlaic mar chúiteamh.

Thug Father Deery – an séiplíneach óg a rinne mé a earcú i mo fhreastalaí aifrinn – orm páirt a ghlacadh i gcuid de na drámaí a chuireadh sé ar stáitse, drámaí den chineál ara dtugtaí 'geandrámaíocht cistine'. Thaitin siad go mór leis an phobal áitiúil agus pobail eile sna paróistí máguaird. *'Paid in his own coin'* agus *'A damsel in distress'* a bhí ar dhá cheann acu sin a raibh mise páirteach iontu. Bhain mé taitneamh as bíodh a fhios gur beag de mhianach an aisteora a bhí ionam. Ba réalta amach is amach, áfach, iad an dá lachain a bhí ar stáitse i ndráma de na drámaí sin. Scaoiltí amach ar an ardán iad agus ansin ruaigtí amach ar ais tamall ina dhiaidh sin iad. Bhaineadh an lucht féachana an-spórt as a bheith ag faire orthu sa *milieu* choimhthíoch inar tharlaigh siad agus dhéanadh siad iontas as neamhbhuarthacht na lachan bochta le linn an taispeántais gan aird ar bith acu ar shoilse nó fuile faile agus gáire an lucht éisteachta. Ocras a choinnigh suaimhneach iad mar nach dtugtaí pioc ar bith le hithe dófa le laethe roimh an léiriú agus chaití ansin slám ghráin chucu ar urlár an ardáin rud a dhírigh a n-aird go huile is go hiomlán ar líonadh a mbolg agus a choinnigh ó bheith ag eitilt fríd an teach iad. Tharla aon am amháin go raibh mise agus fear eile in ainm is a bheith ag plé le cúrsaí dlí ag ligint orainn féin gur aturnaetha a bhí ionainn. Bhí muid ag ól tae fuar as buidéal fuiscí ag tabhairt le fios gur póiteoirí muid agus muid bog-ólta. Rinneadh ceataí díomsa oíche amháin, áfach, i halla sa Tearmainn (*'Carmen' [Carrickmore]*) nuair a labhair gasúr súilaibí a bhí ina shuí chun tosaigh sa halla agus a d'fhógair don tslua: 'Féach, a mhamaí, tá an fear sin ag ól fuiscí agus suaitheantas na staonairí in airde ar a chasóg aige!'

Fógraíodh an bhliain 1950 ina Bliain Bheannaithe ag an Phápa Pius XII agus chinn m'athair agus mo mháthair ar thuras a thabhairt chun na Róimhe, turas níos ardaidhmeannaí go mór fada ná aon oilithreacht eile a bhí déanta acu go dtí sin. Chuige sin, cheannaigh siad carr úrnua ó gharáiste Fred Charleton ar an Ómaí, Vauxhall Velox a raibh ceithre dhoras air agus inneall sé shorcóir agus giarbhosca thrí luas ann. Bhí lánluas 120 míle san uair leis agus HZ3533 an t-uimhirchlár a bhí air. Tosaíodh ar na carranna sin a dhéanamh den chéad uair sa bhliain 1949 agus ní raibh fáil go réidh orthu ar chor ar bith in aimsir thearcamais iarchogaidh. £550 a luach, rud nár chuir amach ná isteach ar m'athair mar gur fear é a raibh neart airgid aige san am sin agus lán chumais ann an méid sin agus costas an turais fhada fríd Shasana, an Fhrainc, an Eilbhéis agus an Iodáil chun na Róimhe a sheasamh.

B'fhiontar uaillmhianach amach is amach é gan dabht. Theastaigh go leor réamhphleanáil dó a raibh cúrsa teangan ina chuid tábhachtach de mar nach raibh Fraincis ná Iodáilis ag mo thuismitheoirí ná ag éinne den triúr oilithreach eile a bhí le dul in éindí leo – dearthair mo mháthaire, Pat, agus a deirfiúr, Susie, agus cara léithi-se, Agnes Farry. Rinneadh cuid den easnamh sin a leigheas nuair a chuaigh an séiplíneach a bhí ann san am – Father Devine – i mbun ranganna leo ag dáileadh eolais orthu faoi na teangacha a chasfaí sa tslí orthu ar ball. Chonaic mé an sagart á dteagasc le linn geimhreadh na bliana 1949-1950, a chuid 'daltaí' ina suí ar fhormaí agus é ina sheasamh rompu agus iad ag iarraidh oiread de na buneilimintí a shú isteach chomh maith agus ab fhéidir leofa. Ba bheag seans go mbainfeadh siad ardlíofacht amach ach b'iontach an gaisce a rinne siad oiread tairbhe a bhaint as an chúrsa agus a rinne cúis mhaith dóibh ina dhiaidh sin. B'údar gáire acu iad na pónairí ar a dtugtar *haricot vert* sa Fhraincis mar gur *'haricut beans'* an leagan a bhí m'athair orthu siúd. B'fhéidir gur snamh a thug siad don glasra uileláithreach sin ba chúis lena lua chomh minic sin ach bealach amháin nó bealach eile ba é an t-aon fhocal amháin de stór focal na dteangacha sin a chuala mé á lua acu riamh. Caithfidh sé gur cuireadh comhairle mhaith orthu ó dhaoine eile chomh maith faoin chúrsa taistil a bhí rompu, faoi chúrsaí lóistín agus faoi cháipéisí taistil agus riachtanais eile den chineál.

Aidan, Seán, Séamas, ⁊ Sheila

Agus ár dtuismitheoirí ag taisteal thar lear, fágadh mise, Sheila, Declan agus Aidan faoi chúram na seanmhuintire, athair agus máthair mo mháthaire, James agus Bridget Cassidy, agus beirt eile a bhí ag obair do m'athair, Mickey Mimnagh agus Winnie McGeehan ag cuidiú leo. Dheamhan cuimhne ar bith atá agam ar an lá a d'fhág siad ach ba lá eile ar fad é an lá a phill siad abhaile agus chas isteach go buach chuig an teach. Bhí siad lánluchtaithe le bronntanais dúinne agus do mhórán eile – na hoibrithe a bhí fostaithe ag m'athair sa chairéal a bhí aige, mar shampla, paidríní beannaithe ag an Phápa do chuile dhuine acu agus suas lena leath acu sin ina bProtastúnaigh! Is minic a chuala mé mo mháthair ag rá go mb'éigean dófa cóir breise acu sin a cheannach mar gur ghoid scaifte mná rialta a bhí suite taobh thiar díofa i gCearnóg Pheadair Naofa uathu na cinn a bhí réitithe acu le haghaidh na hócáide. Bhí a gcuid bagáiste lán d'airgead aduain idir bhoinn agus bhancnótaí milliún *lira* agus cloganna cuaiche ón Eilbhéis nó *'Switcherland'* mar a bheireadh m'athair air. Bhí caint acu faoi nathracha nimhe a bhí le feiceáil acu anois is arís agus iad ag déanamh cóisir faoin aer ar thaobh an bhóthair agus faoin dua a bhí orthu uisce inólta a aimsiú gach áit a shiúil siad. B'aistear eipiciúil acu é gan aon agó, a raibh scóp suntasach i gceist leis agus ar cuireadh i gcrích go dóighiúil é trasna réimse leathan de Mhór-Roinn na hEorpa, láthair an Dara Cogadh Domhanda blianta beaga roimhe siúd. Ach ba theacht abhaile a raibh blas den dobhrón ag roinn leis mar, i ngan fhios dúinne, chaill mo mháthair clann ar an turas ar ais go hÉirinn. Níor bhraig ar bith í sláinte mo mháthaire go cionn blianta beaga ina dhiaidh sin agus seans go raibh baint aige sin le déine an taistil a rinne sí agus ar bhain di lena linn. B'éigean di seal a chaitheamh san ospidéal ar an Ómaí agus naoi mí fhada in ospidéal an Mater i mBéal Feirste ina dhiaidh sin dá bharr.

Bíodh a fhios nach raibh mé ach beag óg, seans gur spreag an turas a thug siad mé chun tabhairt faoi thaisteal inchurtha leis níos moille anonn i mo shaol, ach i dtreo eile ar fad. Nó seans, b'fhéidir, nach raibh ann ach gur spreag na cuimhní cinn a bhí acusan faoin oilithreacht a rinne siadsan 'Columbanus' – naomh mór de chuid na hÉireann fadó, fear a bhí ina 'oilithreach do Chríost' ar Mhór-Roinn na hEorpa sa Ré Dhorcha – a roghnú domsa mar ainm don chomhneartú.

Mo Mhuintir Féin

CEAP SINSEAR
MO MHUINTIRE
Ó 1822
[Leagan leasaithe 2020]

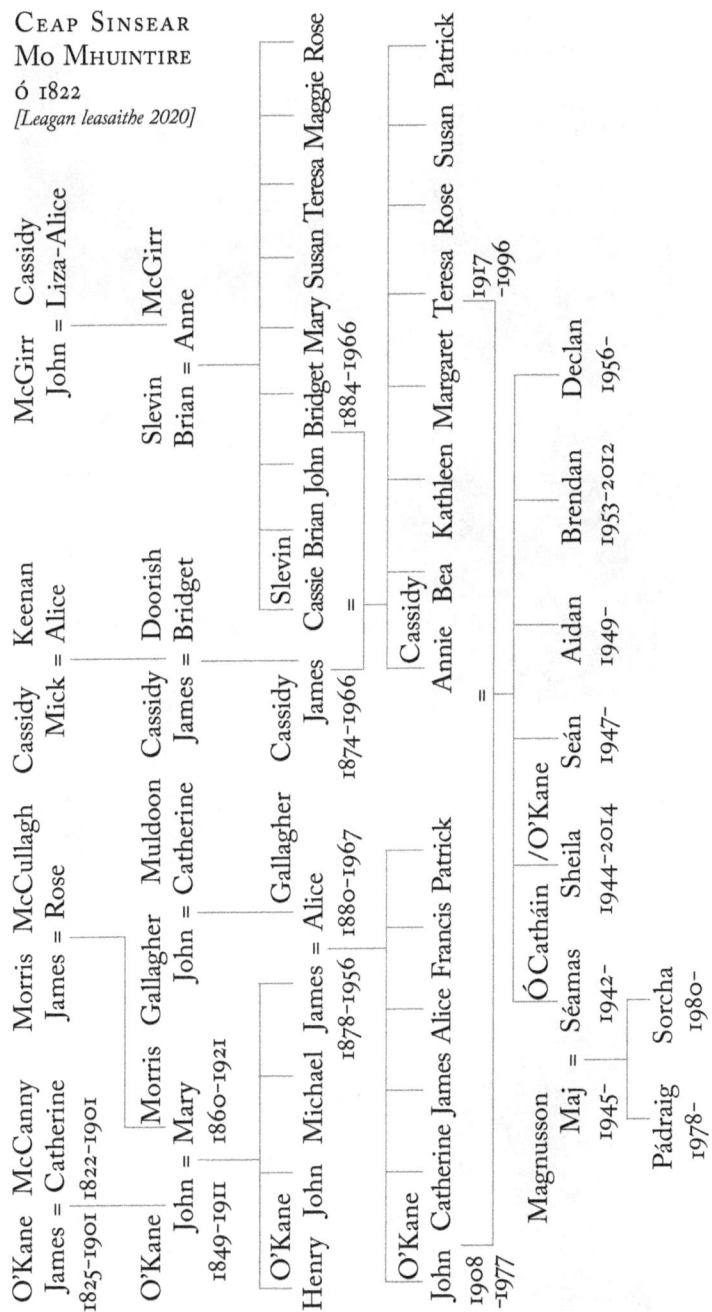

[AR DHEIS >] SÓC AG OLLSCOIL MARYLAND, LE [AR DHEIS AR FAD] PEGGY BUTLER, CEANN ROINN AN BHÉALOIDIS, LEABHARLANN NA COMHDHÁLA SNA STÁIT AONTAITHE, 2004

[< AR CLÉ] SÓC MAR LEAS-UACHTARÁN AR FHÉILE IDIRNÁISIÚNTA NA CLÁIRSÍ ÓRGA (BÉALOIDEAS AGUS CEOL TÍRE), 1984 (FÓTÓ LE CAOINCHEAD RTÉ)

[AR DHEIS >] SÓC AG ACADAMH RÍOGA GUSTAVUS ADOLPHUS, OLLSCOIL UPPSALA, AN tSUALAINN, 1994

[< AR CLÉ] OSCAILT ACADAMH OIDHREACHTAÍ CULTÚRTHA NA hÉIREANN AG OLLSCOIL ULADH, COLÁISTE MHIG AOIDH, DOIRE, 2001: SÓC LE SÉAMUS MAC MATHÚNA, PROINSIAS MAC CANA AGUS SEAMUS HEANEY

AN tÚDAR

Rugadh an Dr Séamas Ó Catháin i nDroim Caoin, Contae Thír Eoghain sa bhliain 1942 agus bhain sé céimeanna amach ag Ollscoil na Ríona i mBéal Feirste, áit ar ceapadh ina Ollamh le Ceiltis é. Bhí sé ina Ollamh le Béaloideas Éireann agus ina Stiúrthóir ar Chnuasach Bhéaloideas Éireann i gColáiste Ollscoile Bhaile Átha Cliath. Is é an túdar é ar *Uair a Chloig Cois Teallaigh / An Hour by the Hearth* (Comhairle Bhéaloideas Éireann: 1985) agus *The Bedside Book of Irish Folklore* (Dufour Editions: 1988). Bhí sé ina eagarthóir ar *Northern Lights: Following Folklore in North-Western Europe* (UCD Press: 2001) agus ina chomheagarthóir ar *Treasures of the National Folklore Collection / Seoda as Cnuasach Bhéaloideas Éireann* (Four Courts Press: 2010).

Bhí sé rannpháirteach i gcláracha faoin bhéaloideas a craoladh ar RTÉ agus an BBC sna 1980idí agus bhí sé ina bhall de ghiúiré Fhéile Idirnáisiúnta na Cláirsí Órga agus ina eagarthóir ar *Béaloideas, Iris an Chumainn le Béaloideas Éireann* ó 1996-2005.

Áirítear ar na gradaim agus duaiseanna idirnáisiúnta atá gnóite aige – Ridireacht (Céad Grád) d'Ord Leon na Fionlainne (1986), Buaiteoir Dhuais Dag Strömbäck, Acadamh Ríoga Gustavus Adolphus, Uppsala, An tSualainn (1994) agus Duais Ruth Michaela-Jena Ratcliff, Dún Éideann (1985). Ball Oinigh é de Chumann Kalevala na Fionlainne, ó 1981; agus ó 1990 i leith tá sé ina bhall de Folklore Fellows Acadamh Eolaíochta na Fionlainne; iarbhall é de Choiste Comhairleach Institiúid Thaighde Léann na hÉireann agus na hAlban ag Ollscoil Obar Dheathain.

Tá cónaí air i mBaile Átha Cliath ó 1973 lena bhean Maj Magnusson, a casadh air sna 1960idí agus é ina Léachtóir le Focleolaíochta agus Béaloideas in Ollscoil Uppsala sa tSualainn. Tá beirt clainne acu – Pádraig agus Sorcha.

LIOSTA LÉARÁIDÍ

leathanach

Teach Eoghain Phádraig ar Na Cruacha *Bileog cheangail*	
SÓC ag cur agallaimh ar Phádraig Eoghan Phádraig	iv
SÓC in aois a 3	viii
Cliar Bhainise John O'Kane agus Teresa Cassidy, 1941	4
Bunscoil Phoiblí Dhroim Caoin, 1947	6
Droim Caoin, Contae Thír Eoghain	11
Cloch chuimhne Phaite Gabha	12
Brendan ⁊ John O'Kane le cóiste na marbh *Rolls Royce*	15
Paite Gabha, Contae Dhún na nGall	17
An teora sna 1950odí	19
Fógra phost custam	20
SÓC ar cháirdín pianó	21
Scrúdú phost custam 1932 *[fótó: Leonard Puttnam AP]*	23
Léarscáil d'iarthar Chontae Thír Eoghain	25
Coláiste Bhríde, Rann na Feirste	34
Micí Sheáin Néill	47
Seanleabharlann Ollscoil na Ríona	52
Ollscoil na Ríona, Béal Feirste	55
Léarscáil: 'Na Cruacha' i nDún na nGall	57
Map: 'The Croaghs', County Donegal	58
Leabhar Laighean	63
Pádraig Eoghan Phádraig	68
Maj le Máire ⁊ Conall 'ac a' Luain	69
Teach le cúilteach cosúil le Teach Eoghan Phádraig	71
Cliabh iompair móna *[le Simon Coleman RHA]*	72
Conall an Damhsa	77
Conall ar an fhidil	78
Teach Eoghan Phádraig sa gheimhreadh	79
Pádraig á thaifeadadh	81
SÓC le saighdiúir de chuid Arm na Breataine, 1970	84
Maj Ó Catháin agus Rí Liam, 1970	86
Léarscáil (1907): Dubh-Binn ⁊ Na Gleanntaí	89
Baile an Róba, Contae Mhaigh Eo	91
Heinrich Wagner le Annie McCrea sa Chaisleán Glas	92
Léarscáil Heinrich Wagner de Chríoch Lochlann	96
Léarscáil na hEorpa agus réigiúin de chuid na Sámach	99

leathanach

Nesseby in oirthuaisceart Finnmark	107
Karl ⁊ Marianne Lindseth	110
Mná agus páistí Nesseby sna 1950dí	112
Vadsø	115
Torill ⁊ Per Gustav Lindseth le Oscar ⁊ Lasse Wigelius	117
Miráhkal Doavvtír Dudda	118
Karl Lindseth	122
Tithe de chuid na Sámach agus sconsa féir	125
SÓC i stíl Varanger	131
'Lippati'	132
'Luovvi' de chuid na Sámach	133
Polmak faoi Nollaig 1967	138
Réinfhianna	142
Scaradh na réinfhia	143
Bric á dtabhairt ar an bport i Nesseby	146
Iascairí de chuid Nesseby	147
Thomas ⁊ Elen Bertha Lindseth	149
Nesseby, Burnes, ⁊ Inbhear Varanger	151
Ollscoil Bhonn	153
Cathair Bhonn sna 1960dí	155
Münsterplatz, Bonn, 1968	156
Bád farantóireachta Heysham go Béal Feirste	158
Ar ais i mBéal Feirste	161
John O'Kane	163
James O'Kane	164
Alice O'Kane *née* Gallagher	164
Teresa O'Kane *née* Cassidy	165
James Cassidy	165
Bridget Cassidy *née* Slevin	166
Séamas ⁊ Declan ar cháirdín pianó agus fidil	168
Teresa O'Kane ar an fhidil	169
Aidan, Seán, Brendan, Declan, Sheila, ⁊ Séamas	171
Sorcha agus Pádraig	171
Sheila agus Séamas	173
Maj le Teresa ⁊ John O'Kane	174
SÓC le bó in aice le Droim Caoin	176
'Sneachta Mór' na bliana 1947	181
Aidan, Seán, Séamas, ⁊ Sheila	187

leathanach

Ceap Sinsear ó 1822	189
SÓC ag Ollscoil Maryland	190
SÓC ag Féile Idirnáisiúnta na Cláirsí Órga	190
SÓC ag Acadamh Ríoga Gustavus Adolphus, Uppsala	190
SÓC le Séamus Mac Mathúna, Proinsias Mac Cana, agus Seamus Heaney	190
Séamas Ó Catháin	191
Léarscáil de Thír Eoghain *[A.M. Perrot, 1823]*	194
'Na Cruacha' i nDún na nGall sna 1960dí	*Clúdach tosaigh*
Trasnú teorann in Éirinn sa bhliain 1932 *[fótó L.Puttnam]*	*Clúdach cúil*

BUÍOCHAS

Is mian liom buíochas ó chroí a ghabháil le gach éinne a chuidigh liom an leabhar seo a chur i dtoll a chéile agus, go speisialta le Hanna Ní Dhoimhin MA a thoiligh an téacs a léamh dom agus a chuir comhairle mo leasa orm.

Glacaim buíochas fosta le mo mhuintir féin i dTír Eoghain a chuidigh liom grianghraif a aimsiú agus le mo chairde sa Laplainn a thug eolas dom faoi ghrianghraif eile mar aon le comhairle faoi litriú na sleachta Sámaise atá sa leabhar.

Is mór atá mé faoi chomaoin ag Sheila Jones agus John D O'Dwyer (Phaeton Publishing) as a sárchúram maidir le dearadh agus clóchur an tsaothair seo mar aon lena chur ar fáil do phobal na Gaeilge.

Gabhaim buíochas fosta les an Dr Críostóir Mac Cárthaigh, Stiúrthóir Chnuasach Bhéaloideas Éireann, An Coláiste Ollscoile Baile Átha Cliath, as cead a thabhairt dom ábhar de chuid an Chnuasaigh a fhoilsiú.

Tá cuid mhaith dá bhfuil sa leabhar seo bunaithe ar sciar de *Cén Dochar? Cinnte!*, comhbhuaiteoir sa chomórtas do shaothar próis ag Oireachtas na Samhna 2016.

Séamas Ó Catháin, 2020

FOILSITHE AG PHÆTON PUBLISHING

JUMPING THE BORDER
Autobiography
by Séamas Ó CATHÁIN 210 pages, 80 illustrations

ISBNS (HBK): 9781908420275 (PBK): 9781908420268
(EAGRÁN BÉARLA DEN LEABHAR SEO)

'A Gem...' *'Leabhar an-bhreá* Jumping the Border – *bhaineas an-taitneamh as, agus táim cinnte go mbainfidh na léitheoirí sult as.'* —RTÉ RAIDIÓ NA GAELTACHTA

'Is beag duine nach mbainfeadh taitneamh as an gcuntas beathaisnéise seo.' — COMHAR MAGAZINE

'A timely look at borders here and elsewhere, written in an engaging style. ...Ó Catháin provides fascinating insights ... he got to do research among the Sámi people of Norway and Finland. In this remote area, far from Ireland, he encountered many of the same issues he grew up with in Tyrone. Here, too, was a minority-language community struggling to maintain their identity and language in face of an officialdom determined to assimilate them.' —BOOKS IRELAND MAGAZINE

'The extended descriptions of the people and life of the shrinking Gaeltacht area *Na Cruacha* in Donegal...and the Sámi people high above the Arctic Circle, stand out for their insights into lives and living that few of us might get the chance to glimpse. ...This warm book – a memoir of insights and inspirations...across many borders' —BÉALOIDEAS JOURNAL.

PHAETON PUBLISHING LTD. DUBLIN WWW·PHAETON·IE

CONFIDENT FRENCH from A to Z
—A Dictionary of Niceties and Pitfalls
by Michaël ABECASSIS 208 pages, 125 illustrations

ISBN (PBK): 9781908420183

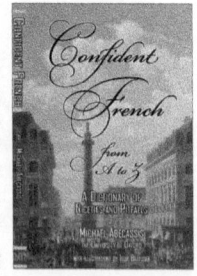

'...This is a lucid, informative and hugely entertaining book of French grammar and usage. ...a concise and illuminating explanation of all aspects of the language – ranging from general grammatical points to idiosyncratic usage of words and phrases, from pronunciation to orthography... This indexed and alphabetically-ordered book, abundant in quotations from authors and examples from everyday French, could be utilised by anyone studying French, but will appeal most to those with intermediate ability or above. It is a delightful book, with numerous illustrations by Igor Bratusek, visualising the content and thus facilitating its internalisation by the reader. This work should be heralded as **a major contribution to the pedagogy of French in our times**.' —GENGO NO SEKAI JOURNAL, TOKYO ['THE WORLD OF LANGUAGE JOURNAL.']

"Lovers of French will enjoy the latest book by Dr Michaël Abecassis" —WADHAM COLLEGE NEWS, UNIVERSITY OF OXFORD

"An amusing but serious guide to the vagaries of French from a lecturer at the University of Oxford" —BOOKS IRELAND MAGAZINE, DUBLIN

FOILSITHE AG PHÆTON PUBLISHING

POVERTY IN IRELAND 1837
A Hungarian's View — Szegénység Irlandban
by Baron József EÖTVÖS 216 pages, 70 illustrations, bilingual

ISBNS (HBK): 9781908420206 (PBK): 9781908420213

IRELAND BEFORE THE FAMINE

'An extraordinarily lucid and "modern" account of the desperate conditions and suffering that prevailed in Ireland in the decade preceding the Great Famine...'
—*DUBLIN REVIEW OF BOOKS*

'The Tragedy of the Irish – through Hungarian eyes ...Should be among the recommended readings for the responsible citizens of the European Union...'
—*CENTRAL EUROPEAN POLITICAL SCIENCE REVIEW*

'**One of the Best Irish Books of 2017** – The first thing the book does is demolish the fiction that Irish people were well-fed before the Famine. Ten years before it started they were already half starving in the streets...'
—*IRISH CENTRAL*, NEW YORK

'...acutely accurate...a vivid and gripping tale...totally contradicts the official story of Ireland peddled by its then administrators.'
—*BOOKS IRELAND MAGAZINE*, DUBLIN

'Baron József Eötvös was horrified by what he witnessed'—*HISTORY IRELAND*
'A wonderful text...a fascinating insight'—*HUNGARIAN CULTURAL STUDIES*, PA.

PHAETON PUBLISHING LTD. DUBLIN WWW·PHAETON·IE

BEHIND A GEORGIAN DOOR
— Perfect Rooms, Imperfect Lives
by Artemesia D'ECCA 132 pages, 3 novellas, 6 illustrations

ISBNS (HBK): 9781908420152 (PBK): 9781908420145

Chosen as '**BOOK OF THE WEEK**' by *THE LADY*:
'...Dublin's Georgian townhouses act as settings, characters and multilayered symbols in three compelling novellas...The houses...described in vivid detail – have biographies as carefully plotted as their inhabitants... from grand colonial residences to desirable flats, meagre bedsits or modern mansions...they chart developments in Ireland's troubled history. Symbols of a violent colonial past, and of modern-day bankers' greed, the houses are beautiful objects that elicit conflicted responses.'—*THE LADY MAGAZINE*, LONDON

'...firmly rooted in modern day Dublin...The idea behind the book must draw in anyone...who has wondered just what life is like behind those elegant neo-classical doors... Haunting all the stories is the history of the houses in which the action takes place... Dealing with difficult subjects with a light touch and even humour...D'Ecca has imaginatively responded to our curiosity about these old Georgian houses in three domestic dramas. ...wit and charm, but also portrayals of the hardships and cruelties that lie beneath the surface.'—*MIDWEST BOOK REVIEW*, U.S.A.

www.ingramcontent.com/pod-product-compliance
Lightning Source LLC
Chambersburg PA
CBHW020839160426
43192CB00007B/715